再保险契约

胡杜妮　著

中国财经出版传媒集团
经济科学出版社
Economic Science Press

图书在版编目（CIP）数据

再保险契约/胡杜妮著．—北京：经济科学出版社，2020.7

ISBN 978－7－5141－5466－5

Ⅰ.①再…　Ⅱ.①胡…　Ⅲ.①再保险－保险合同－研究　Ⅳ.①F840.69

中国版本图书馆CIP数据核字（2020）第125227号

责任编辑：宋　涛
责任校对：靳玉环
责任印制：李　鹏　范　艳

再保险契约
胡杜妮　著
经济科学出版社出版、发行　新华书店经销
社址：北京市海淀区阜成路甲28号　邮编：100142
总编部电话：010－88191217　发行部电话：010－88191522
网址：www.esp.com.cn
电子邮箱：esp@esp.com.cn
天猫网店：经济科学出版社旗舰店
网址：http://jjkxcbs.tmall.com
北京季蜂印刷有限公司印装
710×1000　16开　10.75印张　200000字
2020年9月第1版　2020年9月第1次印刷
ISBN 978－7－5141－5466－5　定价：48.00元
（图书出现印装问题，本社负责调换。电话：010－88191510）

前　言

保险是一个小到与个人、企业，大到与全球都息息相关的话题。保险公司是一种特殊的金融机构，它通过为消费者提供风险保障来获取利润，风险管理是其主要工作和基本职能。近年来，随着世界经济的快速发展和金融技术创新的日益活跃，新兴产业不断涌现，如互联网、云计算、大数据的迅猛发展，以及频频出现的自然灾害，使得保险公司面临的外部风险因素错综复杂，风险管理的压力也与日俱增。

2017 年 9 月，三场飓风（Harvey，Irma，Maria）席卷加勒比海和美国南部得克萨斯州和佛罗里达州，两场强震袭击墨西哥，全球保险损失高达 900 亿美元，其中一半由再保险公司承担。2018 年 8 月“温比亚”台风造成山东寿光直接经济损失高达 92 亿元，保险赔偿甚微。国际上重灾保险赔款一般占到灾害损失的 30% ~40%，而我国重灾风险分散能力较弱，巨灾保险体系尚不健全，保险赔偿占比不到 1%。近年来，随着风险本身及市场环境的变化，新的风险层出不穷，加大了国家对保险公司风险承保的关注，保险公司的风险分出（再保险）受到学者和政府的重视。史鑫蕊（2012）指出中国再保险行业还处于发展的初级阶段，有较大的发展潜力。十八届三中全会明确提出：“完善保险经济补偿机制，建立巨灾保险制度。”2017 年《中共中央国务院关于推进防灾减灾救灾体制机制改革的意见》提出“加快巨灾保险制度建设，逐步形成财政支持下的多层次巨灾风险分散机”。

然而，保险公司除了购买再保险分散索赔风险之外，还会将保险盈余投资于资本市场，那么保险公司的风险分摊决策和投资决策之间是否会存在相互影响呢？传统的外推原则是否可以改善保险公司的效用？另外再保险承保的大型风险项目可用索赔数据较少，未来索赔风险难于准确估计，且缺乏有效的定价方法，导致再保险市场处于一种低迷状态。怎样寻找合理的再保险定价机制，如何在索赔模型模糊（或称为模型不确定或模型错误设定）的条件下设置再保险需求和价格以增强再保险契约的稳健性，在一定程度上来说相比单单研究保险公司的再保险决策具有更高的重要性。

基于上述背景，本书将会从不同的角度对再保险契约的设计展开研究。

胡杜妮

2020年6月

目　　录

第 1 章

绪　论

1.1　研究背景及意义

保险是一个小到与个人、企业，大到与全球都息息相关的话题。保险公司是一种特殊的金融机构，它通过为消费者提供风险保障来获取利润，风险管理是其主要工作和基本职能。近年来，随着世界经济的快速发展和金融技术创新的日益活跃，新兴产业不断涌现，如互联网、云计算、大数据的迅猛发展，以及频频出现的自然灾害，使得保险公司面临的外部风险因素错综复杂，风险管理的压力也与日俱增。同时，由于金融资本具有的内在性扩张，很多保险公司在快速发展中忽略了风险的识别与控制，最终导致破产案例的出现。进入20世纪90年代，日本连续出现7家保险公司倒闭，而美国仅在2000～2001年就有60家保险公司破产（张敏，2010）。最令保险业震惊的是，在2008年的全球经济危机中，国际知名保险集团AIG（American International Group）也陷入了财务危机，最后不得不接受美国政府的救援和被收购的命运。

在近年来的巨灾事件中，如2001年美国“9·11”恐怖袭击，保险公司的赔偿高达190亿美元；2011年3月日本发生9.0级地震并引发海啸，本次地震给保险业带来的损失高达350亿美元，或成为保险史上最贵的自然灾害；相对比之下，2014年云南盈江地震损失约18.85亿元，而保险机构预计赔付金额仅为150万元，2008年的汶川大地震直接经济损失是8451亿元，保险合计赔付才16.6亿元，占比是0.2%，还不到1%[①]；

① 在国际上，巨灾保险赔款一般占到灾害损失的30%～40%，我国还不到1%。史鑫蕊（2012）指出中国再保险行业还处于发展的初级阶段，有较大的发展潜力。

2014年3月8日马来西亚航班MH370在南印度洋坠毁，机身险约1亿美元，综合责任险约17.5亿美元。最近几年，地震、洪涝等严重自然灾害频发，人们对巨灾保险的需求越来越强烈，这也加大了保险公司对再保险的需求。因此保险人资金的分配，以及保险人与再保险人索赔风险的分摊和再保险价格的设置问题引起了政府、保险业界及不少学者的重新反思①。

再保险作为保险的保险，是保险公司管理风险的有效工具，对其进行分析和研究是当今学术界的热点话题。目前关于再保险问题的研究主要集中于以保险人的视角，在不同的目标函数和再保险价格给定的情况下，研究最优风险自留、最优红利分配问题，或者是将再保险与投资相结合，研究最优再保险和投资决策，结合实际应用进行建模和分析的研究相对较少。再保险的现有研究主要存在以下几点不足。

首先，已有的关于保险人的再保险和投资组合的研究一般都假设保险索赔和风险资产的价格过程是相互独立的，并且直接使用扩散模型来近似跳跃模型，前者导致再保险决策和投资决策也是相互独立的，所以将二者结合起来研究的意义不大，后者导致近似的再保险决策误差较大。

众所周知，奖惩制是财产险中最常用的保险契约形式，即当前几个阶段的索赔额增加时，保险人在现阶段收取更高的保险费作为对自身的补偿和对客户的惩罚，否则收取较低的保险费作为对客户的奖励。一般研究中的经验费率是通过贝叶斯学习方法对保险费进行校正（Jean - Baptiste and Santomero，2000）。布朗和霍伊特（Browne and Hoyt，2000）通过实证研究证明洪涝保险的购买量与前一年的洪灾损失存在极大的正相关性②。现实中，更为真实的是客户和保险人是非理性的，他们的行为决策主要受最近发生的损失的影响，受较长时间以前的损失的影响相对较弱，即对不同时段发生的损失赋予不同的权重。这种现象本质上是行为决策中存在的外推偏见（Barberis and Thaler，2003；Cozzi and Davenport et al.，2017），并且是无法用贝叶斯更新来刻画的。如何结合实际影响因素建立连续时间奖惩制模型，分析奖惩制怎样影响保险人的再保险决策是两个贴近实际和值得讨论的问题。

到目前为止，关于再保险的研究主要集中于再保险的价格给定，即通

① 根据中国《保险法》规定，保险人是指与投保人签订保险契约，并承担赔偿或者给付保险金责任的保险公司。所以本书不对保险人和保险公司进行区分，二者交替使用。

② 2008年汶川地震后，2009年四川省一季度实现保费收入174.8亿元，同比增长17.6%，高于全国平均增速7.6个百分点。

过传统的保费原则，如期望值原则、方差原则等计算保险和再保险费，然后求解保险人的再保险优化问题。在这种情况下，再保险人没有讨价还价的权利，尽管他可以提前设定相对安全载荷，但是该载荷是给定的常数，不会随着投保期限和需求而改变，导致再保险的价格固定不变。价格过高，保险人买不起，但是如果价格过低，巨灾发生以后，再保险公司又赔不起。正如博尔奇（Borch，1969）指出的，对保险人来说一个最优的再保险契约，对再保险人来说未必是最优的，而且有时候可能是不能被接受的。这样的再保险市场是低效的。因此在再保险研究中令人关注的问题是如何设计合理的再保险契约，使得契约既考虑到保险人的利益又兼顾再保险人的利益。总的（再）保险费包含净保费、安全载荷和成本载荷，后面两部分合称为相对安全载荷。博尔奇认为有必要找出合理的规则确定相对安全载荷。本书的第 4 章、第 5 章和第 6 章使用委托代理的博弈框架来研究再保险契约的设计，采用期望保费原则中的再保险相对安全载荷来刻画再保险价格。相对于无差异定价和一般保费原则，讨价还价得到的均衡价格允许保险人和再保险人分享保险收益，是一种相对公平的价格。

其次，再保险通常承保的是稀有事件，如核泄漏、洪涝、地震等，几十年甚至上百年才发生一次，可供利用的历史数据很少（Chen et al.，2012）。承保人和精算师不能利用有限的数据准确地估计事故发生的频率和损失大小，例如他们无法拒绝在 5% 的显著性水平上，每一年 3% 的灾变强度。这意味着在研究中常用的概率测度已知的扩散模型和跳跃模型可能不能准确地描述索赔过程。因此，在一定程度上，主观期望效用理论得到的最优再保险契约可能会失效。而考虑模型模糊性的多先念效用模型得到的稳健再保险契约可以确保即使估计的模型存在偏差，但它对于保险人和再保险人而言依然是有效的。到目前为止，没有学者在连续时间的委托代理框架下研究稳健的再保险契约设计问题。

最后，一种保险产品或者是再保险产品是否是最优的到底应该站在保险人还是被保险人的角度考虑，这是一个值得思考的问题。对一般的商品而言，正常情况应该是市场上存在很多相同的或是类似功能的商品，消费者结合自己的偏好、商品的性价比等做出合理的选择，而不是销售方觉得出售某种商品可以带来更高的利润，就只提供此种商品。这是因为同行之间竞争的存在，其他销售方可能会提供多样化的商品，提供单一商品的商家会丢失客户。所以对保险人而言除了分析最优的风险自留，还应该分析他对再保险产品的选择。大量关于再保险的研究都是先救假设再保险人提供的是比例或超额损失再保险契约，几乎没有涉及最优再保险产品选择问题。本书的第5章和第6章，对此问题进行了分析。

1.2 选题来源

本书选题来自笔者导师主持、笔者本人参与的国家自然科学基金创新研究群体项目（编号：71521061）：金融创新与风险管理。

1.3 文献综述

有关最优再保险的理论模型研究最早可以追溯到20世纪60年代，参见博尔奇（Borch，1960b，1962）和阿罗（Arrow，1963）。经过半个多世纪的发展历史，再保险问题在近年来成为金融经济领域越来越热点的话题。尤其是2008年的全球金融海啸之后，金融机构的风险管理得到了学术界和业界以及政府前所未有的重视。保险公司作为专门为金融机构、组织和个人承保风险的金融机构可以通过购买再保险分散索赔风险。

1.3.1 再保险和投资问题综述

再保险是保险中的保险：再保险公司为保险公司提供保险。再保险的发展既有现实意义，也有减灾减损的经济意义，从全球主要灾难赔款情况来看，再保险公司发挥了重要作用，例如再保险公司承担了美国Sandy飓风总赔款（187.5亿美元）中的40%，承担了“9·11”赔款中的65%。

普朗坦（Plantin，2006）指出保险公司对再保险的需求可以从两个不同的观点来解释：一是保险公司可以用再保险作为风险管理的工具（Borch，1962；Lewis and Murdock，1996；Diasparra and Romera，2010；Froot，2001；Veprauskaite and Adams，2018）；二是可以从再保险公司对保险公司资本结构的影响方面来理解（Doherty and Tinic，1981；Garven and Tennant，2003；Sheikh et al.，2017）。对于资本结构的改变，再保险的作用主要体现在三个方面：再保险为保险公司提供额外的资本，使得保险公司可以增加市场供应，从而增加市场份额；再保险允许损失在全球范围分散化，从而减少风险的成本和增强应对重大损失的能力；再保险公司可以给保险公司提供专业化的风险管理方法。

然而目前学者关于再保险问题的研究主要是在资本约束的条件下与投资相结合，考虑保险人单方面的不同情形下的最优再保险和投资优化问题。比如布朗（1995）、施密德利（Schmidli，2001）、梁（Liang，2007）、普米斯洛和杨（Promislow and Young，2005）、兰德里奥（Landriault et al.，2016）假设索赔满足扩散近似模型（diffusion approximation，D－A 模型），保险人通过投资或者购买比例再保险，或者结合两个策略来最小化破产概率，他们得到了对应的最优决策的解析表达式。对于复合泊松（compound Possion，C－P）索赔模型，盖尔等（Gaier et al.，2003）、梁和杨（Liang and Young，2018）通过投资和比例再保险最小化保险人的破产概率，相关研究仅仅得到了部分解析解和近似解。

研究 D－A 模型和 C－P 模型结合得到的跳扩散风险模型（jump-diffusion，J－D）对应的破产概率最小化问题相对较困难。杨和张（Yang and Zhang，2005）、钟（Chung，2017）讨论了 J－D 模型下保险人的最优投资组合问题，但是仅仅得到了最小破产概率的数值解。西皮（Hipp，2004）研究了保险人的破产概率的上界—调节系数。森泰诺（Centeno，1986，2002a，2002b，2005）、胡等（Hu et al.，2018）假设索赔是 C－P 模型或 Sparre Andersen 模型，保险人通过购买比例再保险、超额损失再保险或者是同时够买两种再保险来最大化调节系数，这些研究得到了最优决策和调节系数的一些解析解。梁和郭（Liang and Guo，2007，2008）考虑 J－D 模型和 D－A 模型下的最优投资和比例再保险问题，使用哈尔德和施密德利（Hald and Schmidli，2004）的研究方法，他们得到了最优决策和最大调节系数的解析解，同时通过数例证明使用 D－A 模型近似 J－D 模型会低估保险人的破产概率，这种低估在实际应用中对保险人是很危险的。

此外，期望效用最大化作为保险金融中另一个重要的目标函数，也得到了学者越来越多的关注。在最大化终端财富的期望效用优化准则下，布朗（1995）、杨和张（Yang and Zhang，2005）分别在 D－A 模型和 J－D 模型下讨论了保险公司的最优投资组合问题，给出了最优投资策略和相应值函数的解析解。梁等（Liang et al.，2011）、胡和王（Hu and Wang，2018）分别在不同的情形下研究了以最大化保险公司终端财富的期望效用为目标的最优再保险和投资决策。伊尔根斯和保尔森（Irgens and Paulscn，

2004）讨论了一类更复杂的模型，风险资产的价格动态为跳扩散过程，对应的最优投资和再保险问题，并求得了最优策略的近似解。摩尔和杨（Moore and Young，2006）从个人的观点探讨了 C – P 模型下的最优投资、消费和保险问题，也得到了某些特殊情形下最优策略和最优值函数的解析解。然而以上学者进行的研究没有对保险人的再保险和投资控制变量进行限制。梁等（Liang et al.，2008）假设保险索赔是 J – D 模型，并且保险人和再保险人使用方差保费原则收取保费，保险人通过投资和比例再保险最大化终端财富的指数效用，研究得到的再保险比例只能在区间（0，1）取值。白和郭（Bai and Guo，2008）、沈和曾（Shen and Zeng，2014）假设保险索赔满足 D – A 过程，在禁止保险人借钱投资和接受再保险业务的条件下，得到了股票投资和比例再保险策略的解析解。

除了以上常用的优化准则之外，最小化风险价值或称为在险价值（value at risk，VaR）和条件尾部期望（conditional tail expectation，CTE）也是金融模型中常用的控制风险的优化准则。杜等（Du et al.，2017）在最小化 VaR 和最小化 CTE 的优化准则下，研究了单期保险中最优停止损失再保险问题，给出了最优策略存在的充分必要条件，并在该条件下得到了最优值的封闭解。更多关于 VaR 最小化准则在再保险中的应用可参照洛（Lo，2017）、王海燕和彭大衡（2011）。

1.3.2 外推信念及再保险综述

来自心理学和金融学的证据显示，外推偏见在人类决策和判断过程中是非常常见的（Barberis and Thaler，2003；Cozzi and Davenport，2017；Hirshleifer，2001；Barberis et al.，2015）。在个体消费中，外推偏见表现为个体内部的消费习惯：如果过去的消费水平较高，消费者预测未来的消费水平在一段时间内会继续增加。克拉夫特等（Kraft et al.，2017）建立外推消费模型，证明消费习惯可用于解释消费支出的驼峰现象，即一个生命周期内，消费支出呈现倒“U”型①。在资本资产定价中，外推偏见表现为外推过去的绩效（Hirshleifer et al.，2015），可用于解释期权溢价疑

① 瑟罗（Thurow，1969）提出消费支出的驼峰形式，大量的实证研究，包括阿塔纳西奥和韦伯（Attanasio and Weber，1995）、布朗宁和克罗斯雷（Browning and Crossley，2001）和费尔南德斯·维拉维德和克鲁格（Fernández – Villaverde and Krueger，2007），利用不同来源的数据证明了个体消费增长到 40 ~50 岁后，在余下的生命中会下降，即证实了消费支出呈现倒“U”型这一结论。

惑（Choi et al. , 2013）和宏观经济超额波动现象（Fuster et al. , 2010）。在保险和再保险应用中，外推偏见的具体的表现形式是经验费率（experience rating）和奖惩契约（bonus-malus contract）：如果规定时间内的索赔没有超过提前设定的量，保险人现阶段降低保险费，作为对客户的奖励；如果规定时间内的索赔超过设定的值，保险费升高作为惩罚（Watt and Vazquez，1997）。

保险人和再保险人根据历史索赔调整（再）保险契约条款是非常常见的一种现象。例如，日常生活中的机动车保险，如果今年的索赔次数或者是索赔的额度超过一定的水平，在下一年缴纳车险时，保险公司需要收取更高的保险费（Watt and Vazquez 1997）。托佩尔（Topel，1983）、托佩尔和韦尔奇（Topel and Welch，1980）的研究显示经验费率在美国的事业保险中扮演着重要的角色，失业率增加会使得承保公司向企业收取更高的费率，所以经验费率在一定程度上可以减少失业率。

外推偏见在保险和再保险中的存在可能有三个原因：一是为了弥补过去的超额索赔（Watt and Vazquez，1997）；二是保险人和再保险人主观认为前期记录不好的客户在未来出险的概率比较高，他们需要更高的保险费来预防高额索赔（Meyer，2012）；三是初始信息不足，保险人和再保险人联合利用初始风险预测和新的索赔信息校正对索赔风险的认知，如利用贝叶斯方法修正损失概率（Jean – Baptiste and Santomero，2000；Botzen and van den Bergh，2012，Viscusi，1979）。

这种奖惩形式的（再）保险契约不同于罗斯柴尔德和斯蒂格利茨（Rothschild and Stiglitz，1976）的单阶段保险契约的简单重复，当然它有可能会使得保险人面临道德风险。例如一个两阶段保险契约，奥西奥斯和彼得斯（Hosios and Peters，1989）认为高风险客户会在第一阶段少报损失，以影响委托人（保险人）在第二阶段对索赔概率的预测，将其归类于低风险客户。大量关于保险道德风险的研究专注于如何设计奖惩契约以减少由道德风险导致的契约无效性（Rubinstein and Yaari，1983；Fuller，2014；陈华和王玉红，2012；Li and Williams，2015）。

到目前为止，有关外推偏见在保险和再保险中的研究仅仅集中于实证和离散模型研究，无法得到解析结果，很少有学者建立连续时间模型来描述保险人的外推的偏见。陈等（Chen et al. , 2018）使用指数加权初始估计的索赔期望值和所有已经发生的索赔，并将其作为未来索赔期望的估计值。指数权重是加权时点的递增函数，即保险人和再保险人对近期的损失赋予更高的权重。当索赔增加时，保险人认为它会持续增加；当索赔减少时，保险人认为它会持续减少。这种加权的期望使得按照期望保费原则收取的保险费和再保险费具有奖惩性质。

1.3.3 保险人与再保险人的博弈及再保险定价问题综述

正如博尔奇等（Borch，1969，1960b，1975）指出的，再保险契约涉及保险人和再保险人双方，并且他们有冲突的利益关系，对一方来说有利的契约，对于另一方来说可能是不能接受的，所以最优的再保险契约应该作为他们利益的合理折中。博尔奇认为对再保险问题的最有前景的研究是契约研究，这是一种同时考虑保险人和再保险人利益的研究方法。奎金等（Quiggin et al.，2009）提出，在不完全和不对称信息条件下，大量的经济关系可建模成委托人和代理人的契约关系。这些契约中的大部分包含代理人和委托人之间某些形式的风险分摊，其中代理人承担一个有风险的行为，委托人接受能够抵抗风险的支付。他指出保险是一个典型的委托代理案例，其中保险人是委托人，客户是代理人。而且在现实中，高的价格导致保险人不愿意购买或者是少买再保险，低的价格导致再保险人不愿意为保险人承保。综上所述，使用委托代理理论框架研究（再）保险定价和需求问题是合理的。

尽管已经有一些关于再保险契约设计问题的研究，但是这些研究普遍存在的问题是仅仅考虑契约一方，保险人或者是再保险人的利益，或者仅仅研究静态问题而无法得到解析解。多尔蒂和史密特（Doherty and Smetters，2005）建立了一个多阶段再保险交易的委托代理模型，其中再保险人是委托人，保险人是代理人，他的模型可用于预测保费设计、监管、损失控制以及保险人风险分摊，但是他的研究并没有给出如何定价再保险，也没有求出再保险需求的具体表达式。至今从保险人和再保险人博弈的角度研究最优再保险问题的文献并不多，其主要原因是再保险市场是不完全竞争的，对其实行统一的定价很困难。

关于（再）保险契约设计的研究主要分为两大类：一类是使用给定的保费原则为再保险定价。即先假设保险和再保险费采用某一保费原则（期望值原则、方差原则、指数原则）计算，保险人依此确定最优风险分摊水平来最大化自身的目标函数，可以参考施密德利（2001）、施和谭（Chi and Tan，2011）、阿西米特等（Asimit et al.，2013）、纯等（Chun et al.，

2018)、王永茂和邓明民（2012）。定价保险和再保险契约的传统方法是布尔曼（Bühlmann，1970）提出的等效用原则。换句话说，此定价方法使得签订契约前和签订契约后保险人或者再保险人的效用是没有差异的。另一类是杨和扎里波普劳（Young and Zariphopoulou，2002）利用等效用原则定义动态保险风险，研究了保险人购买再保险愿意支付的价格和再保险人出售再保险愿意接受的价格。这种定价方法依赖交易双方的风险厌恶程度，得到的两个价格一般是不一致的，但是他们并没有给出保险人和再保险人怎样就价格达成协议，这样的契约并不一定能成交。同样的研究方法可以参照博尔奇（1961)、格伯和帕夫姆（Gerber and Pafum，1998)、博南等(Boonen et al.，2016)、艾希勒等（Eichler et al.，2017)。

传统的期望值保费原则和方差保费原则使得再保险价格不会随着需求的变化而变化，也就是说无论需求量为多少，再保险人承担每单位索赔风险得到相同的保险费。但是再保险人作为理性的决策者不会被动接受给定的价格和需求。亨利埃等（Henriet et al.，2016）使用方差保费原则中的保险相对安全载荷定价保险。在存在金融摩擦的竞争激烈的保险市场，假设再保险需求是给定的，他们求得竞争均衡的保险价格是保险部门准备金的确定函数，但是与保险规模无关。巴尔塔斯等（Baltas et al.，2012）采用期望值原则计算保险和再保险费，他们分别求解保险人愿意购买的再保险比例和再保险人愿意提供的再保险比例。然后假设市场只存在一家保险公司和一家再保险公司，在市场出清的条件下求得“公平”的动态再保险相对安全载荷，此“公平”再保险价格对保险人和再保险人都是最优的。

但是再保险不同于一般的商品。首先，再保险市场的竞争是不充分，市场上的再保险公司相对于保险公司少很多（Jean - Baptiste and Santomero，2000；Gilliam，1980)，比如中国的本土再保险公司只有中再集团，呈现寡头垄断特征；其次，由于存在重复的购买行为，并且多阶段契约在保险和再保险市场是很常见的，所以保险和再保险的价格呈现分散化的特征(Li et al.，2012；Mathewson，1983；Seog，2002)。综合上述分析，再保险产品的价格不能通过市场得到很好的调控，相同产品的价格会受需求量、投保期限，以及个人偏好等因素的影响。

胡等（Hu et al.，2018）提出委托代理的讨价还价框架来研究最优再保险需求和价格问题。他们使用期望保费原则中的再保险相对安全载荷来代表再保险价格，此时的相对安全载荷不再简单地代表保险公司和再保险公司运营的各种费用，而是会随着需求、契约期限、风险偏好的变化而变化。结论显示博弈框架下，再保险人不会被动地接受固定的价格，单位保险风险的价格会随着需求和保险期限降低。委托代理框架同时考虑保险人和再保险人的利益，有利于达成协议，并维持长期的契约关系。

1.3.4 模型模糊性和模糊厌恶综述

奈特（Knight，1921）首次提出在经济分析中应该区分模型的风险和模糊性。风险是指经济状态的概率分布是已知的，而模糊性或者称为不确定性或模型的错误设定是指经济状态不能用单一的概率测度来描述，而是用一组主观概率测度（即先念概率测度集）来预测。1944 年冯·诺依曼和摩根斯坦（Von Neumann and Morgenstern，1944）率先提出了风险条件下投资决策者的期望效用理论。萨瓦（Savage，1954）、安斯库姆和奥曼（Anscombe and Aumann，1963）指出传统金融模型假设投资者能够完全意识到他们的偏好，并将效用相关的经济状态映射到他们感知到的福利中，即他们最大化主观期望效用。然而大量的实验证据显示投资者真实的选择通常是与主观期望效用理论不相符的，即投资者的行为不能很好地用这个传统的范式来描述，其中最著名的是埃尔斯伯格（Ellsberg，1961）设计的对两个缸中的球进行赌博的实验。第一个缸中有 50 个红球，50 个黄球，第二个缸中也有 100 个球，但是两种颜色球的具体个数是未知的。如果决策者从其中一个缸中抽到给定颜色的球，他就会得到 10 美元的奖励。第一个缸产生已知的支付分布函数，存在风险；第二个缸产生未知的支付分布函数，存在模糊性。实验显示被试者系统地避免存在模糊性的缸而支持存在风险的缸。埃尔斯伯格通过一系列实验证明即使在不同的缸中抽到同样颜色球的期望概率是相同的，被试者仍然会选择概率分布是确定的缸，这证明风险和不确定性对决策者的策略产生不同的影响。

有限的数据使得决策者难以形成单个概率测度，即他们面临模型模糊性（Ellsberg，1961；Anderson et al.，2003）。自模型模糊性提出后，学者先后提出了多种方法解决和区分风险和模糊性，其中最著名的是吉尔博和施迈德勒（Gilboa and Schmeidler，1989）提出并公理化了的最大最小期望效用模型：

$$f \geqslant g \text{ 当且仅当} \min_{P \in \mathcal{P}} E_P[U(f)] \geqslant \min_{P \in \mathcal{P}} E_P[U(g)] \tag{1.1}$$

这里 f 和 g 是决策行为，$\mathcal{P}$是多先念概率测度集。此模型也称为多先念偏好（Multiple Prior Preference，MPP）模型。在 MPP 模型中，多个概率测度代表模型模糊性的存在，选择最差的概率测度代表决策者是模糊厌恶的。

仿照效用理论刻画风险偏好的方式，克里巴诺夫等（Klibanoff et al.，2005）提出了双重期望效用模型：

$$V(f) = \int \phi\left(\int u(f)\,\mathrm{d}\pi\right)\mathrm{d}\mu \equiv E_{\mu}\phi(E_{\pi}u^{\circ}f) \tag{1.2}$$

式（1.2）为KMM模型，其中行为f定义在状态空间S，π是概率测度，μ是π的概率测度，表示概率测度π的不确定性。u是Neumann－Morgenstern效用函数，代表决策者的纯风险态度。ϕ是实值到实值的映射，刻画决策者的模糊态度。凹的ϕ表示模糊厌恶，凸的ϕ表示模糊偏好，所以ϕ刻画模糊态度的方式与u刻画风险态度的方式是相同的。由于KMM模型明显分离了风险、模糊、风险厌恶和模糊厌恶，而且避免了最小化算子的不可微，所以在金融和保险研究中被广泛使用（Maccheroni et al.，2006；Klibanoff et al.，2009；Ju and Miao，2012；Alary et al.，2013；Huang et al.，2013；Kellner and Le，2018；Gollier，2014；Izhakian and Yermack，2016；Dietz and Walker，2017）。

MPP模型和KMM模型主要适合研究静态问题，并且没有明确给出如何确定多先念集合，而且在一般情况下不能得到解析解。安德森等（Anderson et al.，1998，2003）、汉森和萨金特（Hansen and Sargent，1995，2001，2011）指出最大最小期望效用理论在鲁棒控制理论中也被广泛用于处理模型的模糊性。鲁棒控制理论首先取一个基准或者是参照模型（一般是根据数据生成过程估计的模型），将其看成是真实模型的一个近似，然后扰动不确定的部分，使得额外的模型在统计上难于与参照模型进行区分。在保证模型之间绝对连续的基础上，可以使用相对熵来度量额外的模型与参照模型之间的偏离程度①。结合MPP模型和鲁棒控制理论，陈和爱泼斯坦（Chen and Epstein，2002）创建了一个时间一致的连续时间跨期递归多先念效用（recursive multiple-priors utility），汉森和萨金特（2001）创建了惩罚相关的多先念效用模型②。马恩霍特（Maenhout，2004，2006）在汉森和萨金特（2001）的基础上提出了同位相似的稳健性偏好，这种类

① 模型的非绝对连续的扰动在统计上是很容易进行区分的（Hansen and Sargent，2001）。更重要的是利用相对熵来参数化扩散模型的模糊性使得扰动的仅仅是模型的期望值部分，方差部分保持不变，这与默顿（Merton，1980）、科克伦（Cochrane，1997）和沙巴古里（Chabakauri，2015）提出的一阶矩很难估计的言论相一致。

② 汉森和萨金特（2008）的书中给出了利用鲁棒控制理论处理模糊性的一般方法。

型的稳健偏好既保留了稳健决策与财富之间的独立性又保留了期望效用模型的易处理性，还可以具体求解可用模型与参照模型之间的最大偏离程度。值得注意的是，安德森等（Anderson et al.，2000）指出稳健决策者不同于学习者，在动态背景下，稳健决策者接收模型模糊性作为时间的永久性状态，集中注意力设计稳健的控制决策而不是使用数据动态地改善模型的错误设定。

很多再保险契约承保的是飓风、恐怖袭击、政治动乱等大型事件的风险，几十年甚至上百年才发生一次，由于缺乏历史可观察数据，以及竞争的专家存在观点上的差异导致保险事件的概率很难精确地估计（Dietz and Walker，2017；Hogarth and Kunreuther，1989）。为了预防模型错误设定造成超额索赔，保险人和再保险人需要设定稳健的再保险需求和稳健的再保险价格。

国内对连续时间稳健再保险和投资决策的研究已经开始，如胡等（Hu et al.，2018）、伊等（Yi et al.，2015）、曾等（Zeng et al.，2016）、李等（Li et al.，2016）。模糊性分别针对的是带漂移的扩散模型和经典的Cramér－Lundberg（C－L）模型。曾等（2016）和伊等（2013）使用马恩霍特（2004）的同位相似的稳健偏好方法，分别在扩散模型和C－L模型模糊性下研究了模糊厌恶保险人终端财富的期望指数和均值—方差效用最大化对应的稳健比例再保险和投资决策。李等（2016）结合KMM模型对应的均值—方差形式以及汉森和萨金特（2001）提出的惩罚相关的多先念效用模型，研究了Levy索赔模型模糊时保险人的最优再保险和投资优化问题。胡等（2018）假设再保险人（委托人）或保险人（代理人）是模糊厌恶的，他们在连续时间委托代理框架下研究了带漂移的扩散模型存在模糊性时，模糊厌恶对稳健的比例再保险契约的影响。

1.4 研究思路与研究内容

1.4.1 研究思路

本书主要在不同的背景下，研究保险人的最优再保险决策以及保险人和再保险人之间的动态博弈问题。根据在研究背景中陈述的现有的再保险研究中存在的不足之处，本书根据研究思路图 1.1 以循序渐进的方式分为三个大的部分。第一部分为本书的第 2 章，在再保险价格给定的条件下，以保险人的视角研究最优再保险和投资决策，主要是为了说明在一般情况下再保险决策和投资决策不会产生交叉影响，并且类似的研究忽略了再保险价格的变化以及再保险人的利益。这一章是全书研究的基础，余下章节不再考虑保险公司对风险资产的投资。第二部分为本书的第 3 章，假设非理性保险人会随着索赔发生动态更新索赔的期望，这导致用期望保费原则计算的保险费随着索赔的发生不断变化，在此基础上研究外推期望下保险人的最优再保险决策，并分析此决策与缺少外推偏见时的标准决策的差异。第三部分包含本书的第 4 章、第 5 章和第 6 章，主要是在索赔模型存在不确定的条件下，研究作为再保险需求方的保险人和作为再保险供给方的再保险人通过讨价还价得到的稳健再保险契约，并分析由保险人单方最优确定的再保险契约与保险人和再保险人双方最优确定的再保险契约的相同和不同之处。

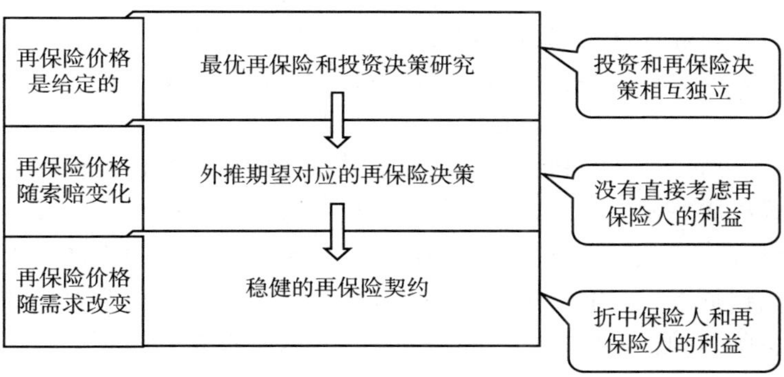

图 1.1　研究思路

1.4.2　研究内容

金融市场的迅速发展、新兴产业的不断涌现导致保险公司面临的风险种类和风险总量增加，保险公司的风险分出水平（再保险）受到政策制定者和学者的广泛关注。本书围绕上节叙述的研究思路展开，具体研究内容如下：

第 2 章：引入投资的保险公司再保险决策研究。本章假设保险人可投资于金融市场，保险索赔是 C－L 过程或者 D－A 过程，且再保险价格是给定的。通过求解保险人的最优超额损失再保险和投资决策发现，无论索赔是 C－L 过程还是 D－A 过程，只要保险索赔和股票的价格过程相互独立，最优再保险决策和投资决策就不会相互影响，所以保险人的最优再保险和投资可以看成是两个相互独立的优化问题。最后通过分析使用 D－A 模型近似 C－L 模型带来的再保险决策差异指出近似可能造成极大的误差。

第 3 章：外推期望下保险公司再保险决策研究。本章首先通过已有的理论和实证研究指出保险决策依赖于客户的损失经验，并且更多地依赖于近期发生的损失。在此基础上提出了用已经发生的索赔和对索赔期望的初始估计值的指数加权平均来作为未来索赔期望的预测值，称之为外推期望。然后假设保险人和再保险人都是外推者，在终端财富的期望指数效用最大化和均值—方差最大化的目标函数指导下求解保险人的最优再保险决策，证明了外推偏见对保险人而言是另一种形式的“再保险”，并且外推偏见导致指数效用优化者的再保险需求大于均值—方差准则优化者的再保险需求。

第 4 章：扩散模型不确定下的稳健再保险契约。本章首先指出单独从保险人视角研究最优再保险问题忽略了再保险人的利益，并且在保险市场上产品的差异定价是很普遍的。然后引入期望保费原则中再保险的相对安全载荷刻画再保险的价格。正如第 3 章所强调的，索赔的期望值比方差更难于估计，所以在研究再保险契约时引入模型的模糊性以及保险人和再保险人的模糊厌恶。假设索赔满足带漂移的扩散过程，分别在再保险人面临模型模糊性、保险人面临模型模糊性以及保险人和再保险人同时面临模型模糊性的情形下，研究主观上允许的模型最大偏离程度以及对应的稳健的比例再保险契约；最后求解保险人和再保险人选择错误模型的概率，以此确定他们的合理模糊厌恶水平，并结合数值实验分析保险人和再保险人的风险和模糊态度对再保险契约的影响。

第 5 章和第 6 章：跳跃模型及再保险人和保险人模型厌恶的稳健再保险契约。首先引入再保险人和保险人信念扭曲的刻画方式；其次给出稳健的比例和超额损失再保险契约的一般形式；再次假设跳跃的索赔幅度服从指数分布，求解对应的比例和超额损失再保险契约的解析表达式，并证明契约的存在唯一性；最后通过数值分析阐述风险和模糊厌恶对稳健再保险契约的影响，并通过分析两种形式的再保险契约对应到保险人的效用确定哪种再保险产品对他更有利。

最后对本书的主要研究内容进行了总结，并对可以深入研究的内容进行了展望。本书的研究框架如图 1.2 所示。

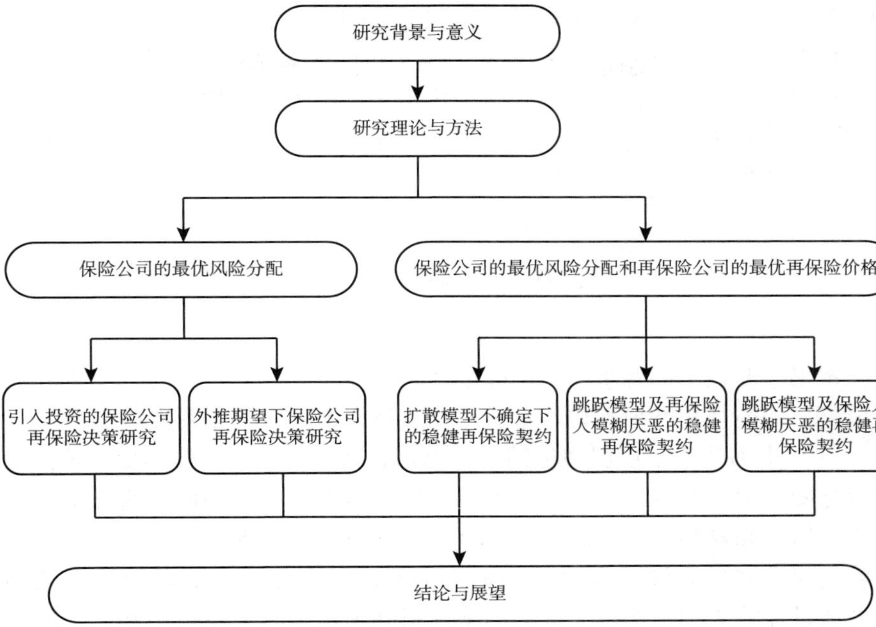

图 1.2　本书的研究框架

1.5　研究方法

本书进行研究时充分结合市场分析、经济建模、解析推导和数值实验。通过分析保险市场存在的一些现象，构建严谨的数理模型，在此基础上研究保险公司和再保险公司的行为决策。具体的研究方法如下：

（1）为了得到再保险契约和值函数的解析表达式，首先利用随机动态规划原理给出 HJB 方程的一般形式，然后利用随机控制优化中常用的猜测方法猜测值函数的形式，将优化问题转化为求解对应的（广义）HJB 方程，最后求解对应的最优决策以及值函数的解析表达式。

（2）为了研究模型不确定条件下的稳健再保险契约，本书使用稳健控制理论描述模型的不确定性：首先利用已有数据估计一个参照索赔过程，然后扰动参照模型得到一个与之等价的索赔概率测度集。引入惩罚相关的多先念效用模型对额外模型与参照模型之间的偏差进行限定，并利用同位相似的稳健偏好刻画保险人和再保险人的模糊厌恶，使得可以具体确定模型的最大偏离程度，确保了稳健再保险契约的解析性。

（3）为了使得再保险契约兼顾保险人和再保险人双方的利益，本书引入再保险相对安全载荷代表再保险的价格，使用了委托代理理论赋予保险人和再保险人决策的权利，使得均衡的再保险需求和价格由保险人和再保险人讨价还价确定①。

1.6 主要创新点

本书主要在不同背景下，研究最优再保险契约的设计问题。本书在研究思路、研究视角和模型构建上有一些独特之处，主要创新点如下：

（1）本书使用了层层递进的逻辑思路，从再保险的价格不变、再保险的价格随历史索赔变化，到再保险的价格随需求、投保期限、再保险契约双方的风险和模糊厌恶态度变化展开研究，研究思路新颖。现有的关于再保险的研究多数假设再保险价格是给定的，考虑保险人的再保险决策问题，通过保险人和再保险人之间的博弈来确定均衡再保险价格和需求的研究几乎没有。

（2）研究视角独特，本书从投资和再保险决策相关性的角度分析将保险公司的再保险和对风险投资结合研究的意义；从再保险策略的角度而不是常见的索赔模型的角度分析使用扩散模型近似跳跃模型的合理性。明确指出用扩散过程近似跳跃过程低估索赔风险，降低再保险需求；当索赔过程和风险资产的价格过程相互独立时，最优再保险和投资决策之间也是相互独立的，在这种意义下，将再保险和投资结合研究的经济意义不大。

（3）本书引入了一种非贝叶斯学习方法，构建了指数加权的外推索赔期望模型。实证和调查研究证明在现实保险市场，保险公司和再保险公司往往会根据客户已经发生的损失调整（再）保险价格。本书第3章建模的外推索赔期望模型使得当前一阶段索赔增加时，保险公司认为索赔在未来一段时间会继续增加，它需要更高的保险费预防这种风险；当索赔减小时，保险公司认为索赔在未来一段时间会继续减小，它适当地降低保险费作为对客户的一种奖励。本书的外推期望使得再保险价格随着损失的发生连续变化，并且主要由最近发生的索赔决定。这为现实中的奖惩再保险契

---

① 一般的（再）保险市场都是不完备的，使得对再保险进行统一的定价相当困难。通常学者也只是提前给定需求和价格之间的关系，再研究保险人的最优风险自留。

约和实证研究提供了理论支撑。

（4）本书引入再保险的相对安全载荷代表再保险的价格，使用委托代理方法确定均衡的再保险价格和需求。这使得再保险契约同时兼顾了保险人和再保险人双方的利益，给出了确定再保险相对安全载荷的一般方法，解决了再保险定价困难的问题。本书采用稳健控制理论刻画模型模糊性，使用多先念效用模型来描述决策者的稳健偏好，厘清了模型错误设定对比例和超额损失再保险契约的影响，使得再保险契约在模型存在错误设定时依然有效。通过比较不同再保险产品对应到保险人的均衡值函数分析了保险人对产品的选择问题。

第 2 章

引入投资的保险公司再保险决策研究

2008 年的全球金融危机导致保险业巨头美国国际集团陷入困境，美国政府采取紧急救助措施（Pu et al.，2016）。2009 美国国际集团公布 2008 年第四季度亏损 617 亿美元，创下美国有史以来最大公司季度损失。自美国国际集团陷入困境，保险公司的风险管理问题引起了极大的关注。保险汇聚了长期资金，可以进一步注入实体经济，成为金融市场的重要机构投资者。最近几年政府对保险公司投资限制的放松，使得保险人的最优再保险和投资成为热点研究话题。

布朗（1995）、费尔南德斯和埃尔南德斯 - 赫尔南德斯（Fernández and Hernández - Hernández，2008）采用 D - A 过程描述保险索赔，研究保险人的最大化终端财富的期望指数效用对应的最优投资策略。施密德利（2001）在 D - A 和 C - L 索赔过程下，研究了最小化破产概率的比例再保险。普米斯洛和杨（Promislow and Young，2005）、白和张（Bai and Zhang，2008）、塔克萨和马库森（Taksar and Markussen，2003）、蒋和基姆（Jang and Kim，2015）假设索赔满足 D - A 模型，他们研究保险人的最小化破产概率的最优比例再保险和资产分配问题。邦苏桑（Bensoussan et al.，2014）假设两个保险公司之间存在相对绩效关注，证明非零和随机微分博弈使得保险公司之间的投资和再保险决策产生相互影响。

上面提及的大部分研究假设风险资产的价格过程是几何布朗运动（geometric Brownian motions，GBMs），这意味着风险资产的回报率是确定的常数。因为 GBM 不能反映股票的价格变化与市场状态之间的相关性，会导致短视的投资行为，这不符合现实情况（Viceira，2001；Kim and Omberg，1996）。埃斯科瓦尔等（Escobar et al.，2018）指出，对长期风险投资来说，考虑随机利率是合理的。为了拓展对现有投资的研究，本章假设风险资产的价格过程依赖于市场状态，并用 Ornstein – Uhlenbeck（O – U）过程来刻画市场状态的变化。

除此之外，上述很多关于再保险的研究直接使用带漂移项的布朗运动，即扩散近似（D – A）过程，来近似 C – L 过程，很少有研究分析这种近似的合理性。普米斯洛和杨（Promislow and Young，2005）指出，当单位时间索赔的期望与方差的比值大于3，才能用 D – A 过程描述索赔，否则索赔会出现负值。曾（Zeng，2010）直接从索赔过程的参数出发，证明当保险组合足够大，单个索赔相对于总的准备金而言相当小时，D – A 过程是 C – L 过程的一个很好的近似。然而本章研究发现再保险策略除了依赖于索赔参数之外，还依赖于再保险的价格和保险人的风险厌恶程度等因素，无论单位索赔的期望和方差的大小，当且仅当再保险的相对安全载荷足够小时，用 D – A 过程近似 C – L 过程才是合理的。

本章首先假设索赔满足 C – L 过程，然后用 D – A 过程逼近 C – L 过程。保险人的目标是通过购买超额损失再保险和投资于金融市场以最大化终端财富的常数绝对风险厌恶（constant absolute risk aversion，CARA）效用函数。然后用随机动态规划原理求解两种情形下的最优比例再保险和投资决策。研究发现无论是 D – A 过程还是 C – L 过程，最优再保险决策和最优的投资决策总是相互独立的。

2.1 保险和投资模型设定

本章考虑连续时间有限期限的 $[0, T]$ 经济，其中风险厌恶的保险人（保险公司）购买再保险分散索赔风险，投资风险和无风险资产使保险盈余增值，$T>0$ 表示再保险的契约期限。$(\Omega, \mathcal{F}, \{\mathcal{F}_t\}_{0\leq t\leq T}, P)$ 是一个过滤的完备的概率空间，域流 $\mathcal{F}_t$ 包含到 t 时刻可用的所有信息。本章的所有随机变量都是 $\mathcal{F}_t$-可测的。

2.1.1 保险市场

购买再保险之前，保险人有如下的保险动态盈余过程：

$$R(t) = w + ct - \sum_{i=1}^{N(t)} Z_i \tag{2.1}$$

这是经典的 C－L（Cramér－Lundberg）风险模型（Grandell，1991）。其中 $w>0$ 是保险人的初始财富水平；$c>0$ 是保险费率，即单位时间单位风险的保险费；$\sum_{i=1}^{N(t)} Z_i$ 是一个复合泊松过程代表到时刻 t 的累计索赔额；$N(t)$ 是强度为 λ 的泊松计数过程，代表在时间区间 $[0, t]$ 的索赔要求的次数；$\{Z_i, i \geqslant 1\}$ 是一列正的独立同分布的随机变量，代表相继的索赔要求，并且独立于泊松过程 $N(t)$，其分布函数为 $F(Z)$，均值为 $\mu = E(Z) < \infty$。保险人的赔偿上限 $D:=\sup\{Z : F(Z) \leqslant 1\} < +\infty$。假设 $F(0)=0$，当 $0<Z<D$ 时，$0<F(Z)<1$；当 $Z \geqslant D$ 时，$F(Z)=1$。

跳跃风险可能导致保险人面临超额赔偿，他可以通过购买超额损失再保险将部分索赔风险分配给再保险人（再保险公司），以提高偿付能力。用 $a(t)$ 表示保险人在 t 时刻的风险自留额，本书称之为再保险策略。则第 i 次索赔中的 $Z_i^{(a)} = \min\{Z_i, a(t)\}$ 由保险人承担，余下的 $Z_i - Z_i^{(a)}$ 由再保险人承担。保验费和再保险费都是按照期望保费准则计算。购买再保险后，保险公司的保险费率为：

$$\begin{aligned} c^{(a)} &= (1+\theta)\lambda\mu - (1+\eta)\lambda\{\mu - E[\min(Z_i, a(t))]\} \\ &= (\theta-\eta)\lambda\mu + (1+\eta)\lambda\int_0^a \bar{F}(Z)\,\mathrm{d}Z \end{aligned} \tag{2.2}$$

其中参数 θ 和 η 是两个非负的常数，分别代表保险和再保险的相对安全载荷因子。为了消除套利行为要求 $\theta<\eta$，即再保险相对于保险来说是不便宜的，否则保险人会购买全额再保险，将所有的赔偿风险转移给再保险人，却能从中获利。购买再保险之后，保险人的保险盈余动态为：

$$R^{(a)}(t) = c^{(a)}\mathrm{d}t - \mathrm{d}\sum_{i=1}^{N(t)} Z_i^{(a)} \tag{2.3}$$

2.1.2 金融市场

除了购买再保险分散索赔风险，保险公司也可以将除了保险准备金之外的保险收入投资在金融市场，通过获取投资收益来增加赔偿能力。假设连续时间的金融市场包含两个资产：固定回报的无风险资产（债券、基金）和随机利率的风险资产（股票）。假设资产可以无限细分，并且两种投资都不发生任何的交易成本。无风险资产的价格过程为：

$$\mathrm{d}S_0(t) = r_0 S_0(t)\,\mathrm{d}t \tag{2.4}$$

其中 r_0 是无风险利率。

风险资产的价格过程为：

$$dS(t)=S(t)[(r_1+m(t))dt+\sigma dW_1(t)] \tag{2.5}$$

其中 $r_1+m(t)$ 是瞬时回报率；$r_1>r_0$ 是长期期望增长率；$\sigma>0$ 是股票波动率。$m(t)$ 是一个随机变量，刻画金融市场状态的变化对股票价格造成的影响，且服从均值为零的 O－U 过程：

$$dm(t)=\alpha m(t)dt+\beta dW_2(t)$$

其中 $\beta>0$ 是市场波动率参数；$-\alpha>0$ 是均值回归速率。$W_1(t)$ 和 $W_2(t)$ 是相关性为 ρ 的两个一维标准布朗运动，即

$$E[dW_1(t)dW_2(t)]=\rho dt$$

根据史蒂文（Steven，2007），定义在同一域流 $\mathcal{F}_t$ 上的布朗运动和泊松过程是相互独立的，所以保险索赔和股票的价格动态相互独立。

O－U 过程表明股票的瞬时回报率依赖于金融市场的总体状况。如果状态变量 $m(t)$ 在一段时间持续大于零，则金融市场处于较好的状态；如果状态变量 $m(t)$ 在一段时间持续小于零，则认为金融市场处于较差的状态。只要相关性系数 $\rho\neq\pm1$，金融市场就是不完备的，即市场状态变化不能完全对冲投资风险，不失一般性，本章假设 $\rho\neq\pm1$。

2.1.3　财富动态

假设保险人可以连续购买超额损失再保险、出售新的保险业务，同时将其盈余投资在金融市场。$X(t)$ 代表他在 t 时刻的财富水平，$b(t)$ 是投资在股票的货币金额，余下的 $X(t)-b(t)$ 是投资在无风险资产的货币金额。结合方程（2.2）~方程（2.5），保险人的动态财富过程可以表示为：

$$\begin{aligned}dX(t)&=dR^{(a)}(t)+b(t)\frac{dS(t)}{S(t)}+(X(t)-b(t))\frac{dS_0(t)}{S_0(t)}\\&=\left[(\theta-\eta)\lambda\mu+(1+\eta)\lambda\int_0^a\bar{F}(Z)dZ+r_0X(t)+rb(t)+m(t)b(t)\right]dt\\&\quad+b(t)\sigma dW_1(t)-d\sum_{i=1}^{N(t)}Z_i^{(a)}\end{aligned} \tag{2.6}$$

其中 $r=r_1-r_0>0$ 代表股票的长期期望超额回报率。如果决策变量 $\pi=(a(t),b(t))$ 是 $\mathcal{F}_t$ 适应的，并且动态过程式（2.6）有唯一的解 $X(t)$，则称 π 是一个可行的再保险—投资策略，所有的可行策略用集合 $\prod$ 表示。

标注 2.1 保险公司是否会破产不仅取决于其初始财富水平、保险费率、索赔，还取决于大事故后其融资能力，这超出了本书的研究范围。本章假设在再保险契约期间，保险公司和再保险公司都不会破产。

标注 2.2 一般情况下，均值为零的 O－U 过程应该表示为 $dm(t)=-\alpha m(t)dt+\beta dW_2(t)$，$\alpha>0$。本章用 α 代替 $-\alpha$ 并且令 $\alpha<0$ 并没有改变模型的真实含义。另外，当 $\alpha=\beta=0$，股票价格动态（2.5）简化为一个 GBM，这表明 GBM 是 O－U 过程的一种特殊情形。

2.2 跳跃模型对应的最优再保险及投资决策

本节在上节设置的财富动态下求解可行的再保险和投资决策来最大化保险人的终端财富的 CARA 效用函数。即保险人的目标函数为：

$$V(t,\ x,\ m)=\sup_{\pi\in\prod}E\left\{-\frac{1}{\gamma}\exp[-\gamma X(T)]\mid X(t)=x,\ m(t)=m\right\} \tag{2.7}$$

满足边界值条件 $V(T,\ x,\ m)=-\frac{1}{\gamma}e^{-\gamma x}$ 以及预算约束。其中参数 γ 是非负常数，代表保险人的绝对风险厌恶系数，$X(t)=x$，$m(t)=m$ 代表初始条件。使用指数效用函数主要有两个原因：一是为了得到解析解；二是因为在此效用函数下，零效用原则给出独立于保险公司财富水平的公平的保险费①。所以指数效用在保险精算中扮演着重要的角色（Gerber，1979）。

使用弗莱明和索内尔（Fleming and Soner，1993）提出的动态规划原理来求解优化问题。假设 $W(t,\ x,\ m)\in C^{1,2,2}([0,\ T],\ R,\ R)$，定义如下无穷小算子 $\mathcal{A}^{a,b}$：

$$\mathcal{A}^{a,b}W(t,\ x,\ m)=W_t+\left[(\theta-\eta)\lambda\mu+(1+\eta)\lambda\int_0^a\overline{F}(Z)dZ+r_0x+rb+mb\right]W_x+\frac{1}{2}b^2\sigma^2W_{xx}+\alpha mW_m+\frac{1}{2}\beta^2W_{mm}+\rho\sigma\beta bW_{xm}$$

---

① 设保险人的效用函数为 $u(x)=-\frac{1}{\alpha}e^{-\alpha x}$，$R$ 为索赔风险，$\prod_u(R)$ 为对应的保险费。根据零效用原则有

$$E[u(\prod_u(R)-R)]=u(0)$$

很容易算得保险费为 $\prod_u(R)=\frac{1}{\alpha}\ln Ee^{\alpha R}$，独立于保险人的财富水平 x。

$$+\lambda E[W(t,\ x-\min(Z_i,\ a),\ m)-W(t,\ x,\ m)] \tag{2.8}$$

W_t，W_x，W_{xx}，W_{mm}，W_{xm}表示对应下标变量的一阶和二阶偏导数。$\mathcal{A}^{a,b}W(t,\ x,\ m)$ 可以看成$\frac{1}{dt}E[dW]$，通过$It\hat{o}$引理很容易得到式（2.8）。

根据弗莱明和索内尔（1993）的标准言论，优化问题式（2.7）有如下验证定理。

定理2.1（验证定理） 如果对任意的 $t\in[0,\ T]$，$W(t,\ x,\ m)\in C^{1,2,2}([0,\ T],\ R,\ R)$ 是HJB方程

$$sup\mathcal{A}^{a,b}W(t,\ x,\ m)=0 \tag{2.9}$$

的解，则

$$V(t,\ x,\ m)=W(t,\ x,\ m)$$

如果存在可行策略（$a^*(t)$，$b^*(t)$）满足

$$(a^*(t),\ b^*(t))\in \mathrm{argsup}\mathcal{A}^{a^*,b^*}W(t,\ x,\ m)$$

则（$a^*(t)$，$b^*(t)$）是优化问题的最优再保险和投资策略。

根据定理2.1，求解优化问题式（2.7）转化为求解对应的HJB方程。假设 $V(t,\ x,\ m)$ 满足HJB方程

$$\sup\mathcal{A}^{a,b}V(t,\ x,\ m)=0 \tag{2.10}$$

并且 $V_x>0$，$V_{xx}<0$。猜想 $V(t,\ x,\ m)$ 有如下形式：

$$V(t,\ x,\ m)=-\frac{1}{\gamma}\exp\{-\gamma[xe^{r_0(T-t)}+f(t)+g(t,\ m)]\} \tag{2.11}$$

满足终端条件 $f(T)=0$，$g(T,\ m)=0$。只要能求得满足条件的 $f(t)$ 和 $g(t,\ m)$，值函数的猜想式（2.11）就是正确的。先假设猜想是正确的，则

$$V_t=\gamma(r_0xe^{r_0(T-t)}-f'-g_t)V$$

$$V_x=-\gamma e^{r_0(T-t)}V,\ V_{xx}=\gamma^2e^{2r_0(T-t)}V$$

$$V_m=-\gamma g_mV,\ V_{mm}=\gamma^2g_m^2V-\gamma g_{mm}V,\ V_{xm}=\gamma^2e^{r_0(T-t)}g_mV$$

$$E[V(t,\ x-\min(Z_i,\ a),\ m)-V(t,\ x,\ m)]$$

$$=\left\{\int_0^a e^{\gamma Ze^{r_0(T-t)}}dF(Z)+e^{\gamma ae^{r_0(T-t)}}(1-F(a))-1\right\}V$$

$$=\gamma e^{r_0(T-t)}V\int_0^a e^{\gamma Ze^{r_0(T-t)}}\bar{F}(Z)dZ$$

将这些偏导数代入HJB方程（2.10），可得

$$f' + g_t + (\theta - \eta)\lambda\mu e^{r_0(T-t)} + \alpha m g_m - \frac{1}{2}\beta^2\gamma g_m^2$$

$$+ \frac{1}{2}\beta^2 g_{mm} + \sup_b f_1(t) + \sup_a f_2(t) = 0 \qquad (2.12)$$

其中

$$f_1(t) = (r+m)be^{r_0(T-t)} - \frac{1}{2}b^2\sigma^2\gamma e^{2r_0(T-t)} - \rho\sigma\beta b\gamma e^{r_0(T-t)}g_m \qquad (2.13)$$

$$f_2(t) = (1+\eta)\lambda e^{r_0(T-t)}\int_0^a \bar{F}(Z)\mathrm{d}Z - \lambda e^{r_0(T-t)}\int_0^a e^{\gamma Z e^{r_0(T-t)}}\bar{F}(Z)\mathrm{d}Z \qquad (2.14)$$

很容易验证$f_1(t)$关于b，$f_2(t)$关于a的二阶导数小于零。求解$f_1(t)$关于b的一阶条件，可得最优投资策略为：

$$b^*(t) = \frac{r+m-\rho\sigma\beta\gamma g_m}{\sigma^2\gamma}e^{-r_0(T-t)} \qquad (2.15)$$

将式（2.15）代入式（2.13），整理可得

$$f_1(t) = \frac{(r+m-\rho\sigma\beta\gamma g_m)^2}{2\gamma\sigma^2} \qquad (2.16)$$

$f_2(t)$关于a的一阶条件为：

$$(1+\eta-e^{\gamma a e^{r_0(T-t)}})\bar{F}(a) = 0 \qquad (2.17)$$

当$a \in [0, D)$，有$0 < \bar{F}(a) \leqslant 1$，则方程（2.17）的解为：

$$a_1(t) = \frac{\ln(1+\eta)}{\gamma}e^{-r_0(T-t)}$$

当$a \in [D, +\infty)$，有$\bar{F}(a) = 0$，则方程（2.17）的解为：

$$a_2(t) = D$$

因为保险人的风险自留水平$a_1(t) = \frac{\ln(1+\eta)}{\gamma}e^{-r_0(T-t)} < D$，则$t < t_0 := T + \frac{1}{r_0}\ln\frac{\gamma D}{\ln(1+\eta)}$，下面以此分两种情况来讨论最优的再保险决策。

情形1：如果$D > \frac{\ln(1+\eta)}{\gamma}$，则$0 \leqslant t < T < t_0$。因此对任意的$t \in [0, T]$，最优的再保险策略为：

$$a^*(t) = a_1(t) = \frac{\ln(1+\eta)}{\gamma}e^{-r_0(T-t)}$$

将$a^*(t)$代入式（2.14）可得

$$f_2(t) = (1+\eta)\lambda e^{r_0(T-t)}\int_0^{\frac{\ln(1+\eta)}{\gamma}e^{-r_0(T-t)}}\bar{F}(Z)\mathrm{d}Z - \lambda e^{r_0(T-t)}\int_0^{\frac{\ln(1+\eta)}{\gamma}e^{-r_0(T-t)}}e^{\gamma Z e^{r_0(T-t)}}\bar{F}(Z)\mathrm{d}Z \tag{2.18}$$

将式（2.16）和式（2.18）代入 HJB 方程（2.12），根据函数 $f(t)$ 独立于状态变量 m，可将式（2.12）分成如下两部分：

$$f' + (\theta-\eta)\lambda\mu e^{r_0(T-t)} + (1+\eta)\lambda e^{r_0(T-t)}\int_0^{\frac{\ln(1+\eta)}{\gamma}e^{-r_0(T-t)}}\bar{F}(Z)\mathrm{d}Z - \lambda e^{r_0(T-t)}\int_0^{\frac{\ln(1+\eta)}{\gamma}e^{-r_0(T-t)}}e^{\gamma Z e^{r_0(T-t)}}\bar{F}(Z)\mathrm{d}Z = 0 \tag{2.19}$$

$$g_t + \alpha m g_m - \frac{1}{2}\beta^2\gamma g_m^2 + \frac{1}{2}\beta^2 g_{mm} + \frac{(r+m-\rho\sigma\beta\gamma g_m)^2}{2\gamma\sigma^2} = 0 \tag{2.20}$$

式（2.19）结合边界值条件 $f(T)=0$，可得

$$f(t) = \frac{\lambda\mu(\theta-\eta)}{r_0}\left[e^{r_0(T-t)} - 1\right] + \int_t^T f_2(s)\mathrm{d}s \tag{2.21}$$

式（2.20）表明 $g(t, m)$ 是关于 m 的二次函数。假设 $g(t, m)$ 有如下形式：

$$g(t, m) = H(t)m^2 + J(t)m + L(t) \tag{2.22}$$

满足终端条件 $H(T)=0$，$J(T)=0$，$L(T)=0$。将式（2.22）代入式（2.20），可得

$$\left[H'(t) + 2\left(\alpha - \frac{\rho\beta}{\sigma}\right)H(t) - 2\beta^2\gamma(1-\rho^2)H(t)^2 + \frac{1}{2\sigma^2\gamma}\right]m^2 + \left[J'(t) + \left(\alpha - \frac{\rho\beta}{\sigma}\right)J(t) - 2\beta^2\gamma(1-\rho^2)H(t)J(t) - \frac{2r\rho\beta}{\sigma}H(t) + \frac{r}{\sigma^2\gamma}\right]m + \left[L'(t) - \frac{1}{2}\beta^2\gamma(1-\rho^2)J(t)^2 - \frac{r\rho\beta}{\sigma}J(t) + \beta^2 H(t) + \frac{r^2}{2\sigma^2\gamma}\right] = 0$$

为了确保这个等式对任意的 m 成立，只需确保 m^2 和 m 的系数，以及常数项等于零，即

$$H'(t) + 2\left(\alpha - \frac{\rho\beta}{\sigma\gamma}\right)H(t) - 2\beta^2\gamma(1-\rho^2)H(t)^2 + \frac{1}{2\sigma^2\gamma} = 0 \tag{2.23}$$

$$J'(t) + \left(\alpha - \frac{\rho\beta}{\sigma}\right)J(t) - 2\beta^2\gamma(1-\rho^2)H(t)J(t) - \frac{2r\rho\beta}{\sigma}H(t) + \frac{r}{\sigma^2\gamma} = 0 \tag{2.24}$$

$$L'(t) - \frac{1}{2}\beta^2\gamma(1-\rho^2)J(t)^2 - \frac{r\rho\beta}{\sigma}J(t) + \beta^2 H(t) + \frac{r^2}{2\sigma^2\gamma} = 0 \tag{2.25}$$

上述三个方程依次包含 $H(t)$、$J(t)$ 和 $L(t)$ 三个函数，所以首先需要求解 $H(t)$。考虑边界值条件 $H(T)=0$，式（2.23）的解为：

$$H(t)=\begin{cases}\dfrac{v_1v_2-v_1v_2e^{-2\beta^2\gamma(1-\rho^2)(v_1-v_2)(T-t)}}{v_2-v_1e^{-2\beta^2\gamma(1-\rho^2)(v_1-v_2)(T-t)}}, & \rho\neq\pm1\\ \dfrac{1}{4\sigma\gamma(\alpha\sigma-\beta)}\left(e^{\frac{2(\alpha\sigma-\beta)}{\sigma}(T-t)}-1\right), & \rho=1\\ \dfrac{1}{4\sigma\gamma(\alpha\sigma+\beta)}\left(e^{\frac{2(\alpha\sigma+\beta)}{\sigma}(T-t)}-1\right), & \rho=-1,\ \alpha\neq-\dfrac{\beta}{\sigma}\\ \dfrac{1}{2\sigma^2\gamma}(T-t), & \rho=-1,\ \alpha=-\dfrac{\beta}{\sigma}\end{cases}\tag{2.26}$$

其中

$$v_{1,2}=\frac{\left(\alpha-\dfrac{\rho\beta}{\sigma}\right)\pm\sqrt{\left(\alpha-\dfrac{\rho\beta}{\sigma}\right)^2+\dfrac{\beta^2(1-\rho^2)}{\sigma^2}}}{2\beta^2\gamma(1-\rho^2)}\tag{2.27}$$

令 $p(t)=\alpha-\dfrac{\rho\beta}{\sigma}-2\beta^2\gamma(1-\rho^2)H(t)$，$q(t)=\dfrac{2r\rho\beta}{\sigma}H(t)-\dfrac{r}{\sigma^2\gamma}$。将式（2.26）代入式（2.24）和式（2.25）可得

$$J(t)=-e^{\int_t^T p(s)\mathrm{d}s}\int_t^T q(s)e^{-\int_s^T p(u)\mathrm{d}u}\mathrm{d}s\tag{2.28}$$

$$L(t)=\frac{r^2}{2\sigma^2\gamma}(T-t)-\int_t^T\left[\frac{1}{2}\beta^2\gamma(1-\rho^2)J(s)^2+\frac{r\rho\beta}{\sigma}J(s)-\beta^2H(s)\right]\mathrm{d}s\tag{2.29}$$

情形 2：如果 $D\leqslant\dfrac{\ln(1+\eta)}{\gamma}$，则 $0\leqslant t<t_0\leqslant T$。因此对任意 $t\in[0,t_0)$，$\tilde{a}^*(t)=a_1(t)$；$t\in[t_0,T)$，$\bar{a}^*(t)=D$。

当 $t\in[0,t_0)$，通过与情形 1 相似的计算过程可得保险人的值函数如下：

$$\tilde{V}(t,x,m)=-\frac{1}{\gamma}\exp\{-\gamma[xe^{r_0(T-t)}+\tilde{f}(t)+\tilde{g}(t,m)]\}\tag{2.30}$$

其中

$$\tilde{f}(t)=\frac{\lambda\mu(\theta-\eta)}{r_0}e^{r_0(T-t)}-\int_0^t f_2(s)\mathrm{d}s+c_1\tag{2.31}$$

$$\tilde{g}(t,m)=\tilde{H}(t)m^2+\tilde{J}(t)m+\tilde{L}(t)\tag{2.32}$$

$$\tilde{H}(t)=\begin{cases}\dfrac{v_1-c_2v_2e^{2\beta^2\gamma(1-\rho^2)(v_1-v_2)t}}{1-c_2e^{2\beta^2\gamma(1-\rho^2)(v_1-v_2)t}},\ \rho\neq\pm1\\ c_3e^{\frac{-2(\alpha\sigma-\beta)}{\sigma}t}-\dfrac{1}{4\sigma\gamma(\alpha\sigma-\beta)},\ \rho=1\\ c_4e^{\frac{-2(\alpha\sigma+\beta)}{\sigma}t}-\dfrac{1}{4\sigma\gamma(\alpha\sigma+\beta)},\ \rho=-1,\ \alpha\neq-\dfrac{\beta}{\sigma}\\ -\dfrac{1}{2\sigma^2\gamma}t+c_5,\ \rho=-1,\ \alpha=-\dfrac{\beta}{\sigma}\end{cases}\tag{2.33}$$

$$\tilde{J}(t)=c_6e^{-\int_0^t\tilde{p}(s)\mathrm{d}s}\left[\int_0^t\tilde{q}(s)e^{\int_0^s\tilde{p}(u)\mathrm{d}u}c_7\mathrm{d}s+c_8\right]\tag{2.34}$$

$$\tilde{L}(t)=-\frac{r^2}{2\sigma^2\gamma}t+\int_0^t\left[\frac{1}{2}\beta^2\gamma(1-\rho^2)\tilde{J}(s)^2+\frac{\gamma\rho\beta}{\sigma}\tilde{J}(s)-\beta^2\tilde{H}(s)\right]\mathrm{d}s+c_9\tag{2.35}$$

当 $t\in[t_0,T)$，$\bar{a}^*(t)=D$，此时保险人的财富动态为

$$\begin{cases}\mathrm{d}X(t)=[(1+\theta)\lambda\mu+r_0X(t)+(r+m)\bar{b}(t)]\mathrm{d}t+\bar{b}(t)\sigma\mathrm{d}W_1(t)-\mathrm{d}\sum\limits_{i=1}^{N(t)}Z_i\\ \mathrm{d}m(t)=\alpha m(t)\mathrm{d}t+\beta\mathrm{d}W_2\end{cases}\tag{2.36}$$

猜想值函数的形式为：

$$\bar{V}(t,x,m)=-\frac{1}{\gamma}\exp\{-\gamma[xe^{r_0(T-t)}+\bar{f}(t)+\bar{g}(t,m)]\}\tag{2.37}$$

满足边界值条件 $\bar{f}(T)=0$，$\bar{g}(T,m)=0$。优化问题式（2.7）在预算约束式（2.36）下对应的 HJB 方程为：

$$\begin{aligned}&\bar{f}'+\bar{g}_t+\lambda\mu(1+\theta)e^{r_0(T-t)}+\alpha m\bar{g}_m\\&-\frac{1}{2}\beta^2\gamma\bar{g}_m^2+\frac{1}{2}\beta^2\bar{g}_{mm}-\frac{\lambda}{\gamma}\int_0^De^{\gamma Ze^{r_0(T-t)}}\mathrm{d}F(Z)+\frac{\lambda}{\gamma}\\&+\sup_{\bar{b}}\{(r+m)\bar{b}e^{r_0(T-t)}-\frac{1}{2}\bar{b}^2\sigma^2\gamma e^{2r_0(T-t)}-\rho\sigma\beta\bar{b}\gamma e^{r_0(T-t)}\bar{g}_m\}=0\end{aligned}\tag{2.38}$$

通过一阶条件可得保险人的最优投资策略为：

$$\bar{b}^*(t)=\frac{r+m-\rho\sigma\beta\gamma g_m}{\sigma^2\gamma}e^{-r_0(T-t)}$$

将 $\bar{b}^*(t)$ 代回 HJB 方程（2.38），根据函数 $\bar{f}(t)$ 不依赖于状态变量 m，可将等式（2.38）分成如下两个微分方程：

$$\bar{f}' + \lambda\mu(1+\theta)e^{r_0(T-t)} - \frac{\lambda}{\gamma}\int_0^D e^{\gamma Z e^{r_0(T-t)}}\mathrm{d}F(Z) + \frac{\lambda}{\gamma} = 0$$

$$\bar{g}_t + \alpha m\bar{g}_m - \frac{1}{2}\beta^2\gamma\bar{g}_m^2 + \frac{1}{2}\beta^2\bar{g}_{mm} + \frac{(r+m-\rho\sigma\beta\gamma\bar{g}_m)^2}{2\sigma^2\gamma} = 0$$

结合终端条件 $\bar{f}(T)=0$，易得

$$\bar{f}(t) = \frac{\lambda\mu(1+\theta)}{r_0}(e^{r_0(T-t)}-1) + \frac{\lambda}{\gamma}(T-t) - \frac{\lambda}{\gamma}\int_t^T\int_0^D e^{\gamma Z e^{r_0(T-s)}}\mathrm{d}F(Z)\mathrm{d}s \tag{2.39}$$

设 $\bar{g}(t, m)=\bar{H}(t)m^2+\bar{J}(t)m+\bar{L}(t)$，很容易证明 $\bar{g}(t, m)=g(t, m)$。

根据上面的讨论，如果 $D\leqslant\frac{\ln(1+\eta)}{\gamma}$，保险人的值函数为：

$$\bar{V}(t, x, m)=\begin{cases}-\frac{1}{\gamma}\exp\{-\gamma[xe^{r_0(T-t)}+\tilde{f}(t)+\tilde{g}(t, m)]\}, & 0\leqslant t<t_0\\ -\frac{1}{\gamma}\exp\{-\gamma[xe^{r_0(T-t)}+\bar{f}(t)+g(t, m)]\}, & t_0\leqslant t\leqslant T\end{cases}$$

现在需要确定待定系数 $c_i(i=1, 2, \cdots, 9)$。因为值函数在 t_0 时刻是连续的，所以

$$\tilde{f}(t_0)+\tilde{g}(t_0, m)=\bar{f}(t_0)+g(t_0, m)$$

通过直接的计算可得

$$c_1 = \bar{f}(t_0) - \frac{\lambda\mu(\theta-\eta)}{r_0} + \int_0^{t_0}f_2(s)\mathrm{d}s$$

$$c_2 = \frac{v_1}{v_2}e^{-2\beta^2(1-\rho^2)(v_1-v_2)T}$$

$$c_3 = \frac{1}{4\sigma\gamma(\alpha\sigma-\beta)}e^{\frac{2(\alpha\sigma-\beta)}{\sigma}}$$

$$c_4 = \frac{1}{4\sigma\gamma(\alpha\sigma+\beta)}e^{\frac{2(\alpha\sigma+\beta)}{\sigma}}$$

$$c_5 = \frac{T}{2\sigma^2\gamma}$$

$$c_6 = e^{\int_0^T p(s)\mathrm{d}s}$$

$$c_7 = e^{-\int_0^T p(s)\mathrm{d}s}$$

$$c_8 = -\int_0^t q(s)e^{-\int_s^T p(u)\mathrm{d}u}\mathrm{d}s$$

$$c_9 = \frac{r^2}{2\sigma^2\gamma}T - \int_0^T \left[\frac{1}{2}\beta^2\gamma(1-\rho^2) J(s)^2 + \frac{r\rho\beta}{\sigma} J(s) - \beta^2 H(s) \right] \mathrm{d}s$$

标注 2.3　当 $\rho \neq \pm 1$ 时，式（2.23）是一个 Riccati 方程。令 $A = 2\beta^2\gamma(1-\rho^2)$，$B = -2\left(\alpha - \frac{\rho\beta}{\sigma}\right)$，$C = -\frac{1}{2\sigma^2\gamma}$。因为

$$B^2 - 4AC = 4\left(\alpha - \frac{\rho\beta}{\sigma}\right)^2 + \frac{4\beta^2(1-\rho^2)}{\sigma^2} > 0$$

所以方程 $AH^2(t) + BH(t) + C = 0$ 有两个不同的实数解，记为 v_1，v_2，则

$$H'(t) = 2\beta^2\gamma(1-\rho^2)(H(t) - v_1)(H(t) - v_2)$$

结合边界值条件 $H(T) = 0$ 有

$$H(t) = \frac{v_1 v_2 - v_1 v_1 e^{-2\beta^2\gamma(1-\rho^2)(v_1-v_2)(T-t)}}{v_2 - v_1 e^{-2\beta^2\gamma(1-\rho^2)(v_1-v_2)(T-t)}}, \quad \rho \neq \pm 1$$

命题 2.1　$H(t) = \tilde{H}(t)$，$J(t) = \tilde{J}(t)$，$L(t) = \tilde{L}(t)$，因此 $g(t, m) = \tilde{g}(t, m)$。

综合上面的讨论，有如下结论。

定理 2.2　如果保险索赔服从 C－P 过程，风险资产的价格动态是 O－U 过程，保险人的最优超额损失再保险和投资策略 $\pi^* = (a^*(t), b^*(t))$，以及对应的值函数 $V(t, x, m)$ 有如下两种情况：

（1）如果 $D > \frac{\ln(1+\eta)}{\gamma}$ 有

$$a^*(t) = \frac{\ln(1+\eta)}{\gamma} e^{-r_0(T-t)}, \quad 0 \leqslant t \leqslant T \tag{2.40}$$

$$b^*(t) = \frac{r+m}{\sigma^2\gamma} e^{-r_0(T-t)} - \frac{\rho\sigma\beta\gamma g_m}{\sigma^2\gamma} e^{-r_0(T-t)}, \quad 0 \leqslant t \leqslant T \tag{2.41}$$

$$V(t, x, m) = -\frac{1}{\gamma}\exp\{-\gamma[xe^{r_0(T-t)} + f(t) + g(t, m)]\}, \quad 0 \leqslant t \leqslant T \tag{2.42}$$

（2）如果 $D \leqslant \frac{\ln(1+\eta)}{\gamma}$ 有

$$a^*(t) = \begin{cases} \frac{\ln(1+\eta)}{\gamma} e^{-r_0(T-t)}, & 0 \leqslant t < t_0 \\ D, & t_0 \leqslant t \leqslant T \end{cases} \tag{2.43}$$

$$b^*(t) = \frac{r+m}{\sigma^2\gamma} e^{-r_0(T-t)} - \frac{\rho\sigma\beta\gamma g_m}{\sigma^2\gamma} e^{-r_0(T-t)} \tag{2.44}$$

$$V(t, x, m)=\begin{cases}-\dfrac{1}{\gamma}\exp\{-\gamma[xe^{r_0(T-t)}+\tilde{f}(t)+g(t, m)]\}, & 0\leqslant t<t_0\\ -\dfrac{1}{\gamma}\exp\{-\gamma[xe^{r_0(T-t)}+\bar{f}(t)+g(t, m)]\}, & t_0\leqslant t\leqslant T\end{cases} \tag{2.45}$$

其中函数 $g(t, m)$，$f(t)$，$\tilde{f}(t)$，$\bar{f}(t)$ 分别由式（2.22），式（2.21），式（2.31）以及式（2.39）给出。

首先，定理 2.2 表明保险人的最优超额损失再保险和投资策略都不依赖于他的财富水平 $X(t)$。这主要是源于指数效用函数的绝对风险厌恶系数 $-\dfrac{u''(x)}{u'(x)}=\gamma$ 独立于财富水平，在本章的模型设计下，此结论对密效用函数和对数效用函数不成立。

其次，保险人的最优风险自留额和最优投资组合是两个相互独立的决策变量。这主要是因为索赔过程和风险资产的价格过程是相互独立的。然而这两个策略都依赖于无风险利率 r_0，越低的无风险利率，越低的风险自留额和投资水平。式（2.40）和式（2.43）表明当索赔的上极限 D 或者是风险厌恶系数 γ 足够大时，会产生情形（1），此时随着决策时间靠近契约终点，保险人趋向于增加风险自留额，即减少再保险需求，但是他不会保留所有的索赔风险。然而当上极限 D 或者是当保险人的风险厌恶系数 γ 足够小时，会产生情形（2），此时随着决策时间靠近 t_0，保险人仍然趋向于减少再保险需求，从 t_0 到 T，保险人将持有所有的索赔风险，即他不会购买任何的再保险。

如果将对股票的货币投资量 $b^*(t)$ 表示为终端时刻 T 的货币单位，则

$$\psi(t):=b^*(t)e^{r_0(T-t)}=\frac{r+m}{\sigma^2\gamma}-\frac{\rho\sigma\beta\gamma g_m}{\sigma^2\gamma}$$

这里 $e^{r_0(T-t)}$ 代表单位货币的累计因子（Henderson，2005）。$\psi(t)$ 包含两部分：第一部分源于风险的市场价格 $\dfrac{r+m}{\sigma}$。这一部分与默顿（1969）在 GBM 价格过程和常数相对风险厌恶（constant relative risk aversion，CRRA）的偏好下求得的最优投资策略相等，表示对股票的最优投资额与风险溢价成正比，与绝对风险厌恶系数成反比（对 CRRA 效用来说是相对风险厌恶系数）。这个短视的投资策略对应到一个静态问题。如果风险溢价是正的，对股票的持有量为正，并随风险厌恶递减；如果风险溢价是负的，保险人做空股票，做空量随风险厌恶的增加而增加。这一项忽略对冲

市场波动的需求，称为短视需求量（Kim and Omberg，1996；Merton，1969），即它仅仅是瞬时最优的。第二部分不仅依赖于市场状态 m，还依赖于投资期限 $T-t$。这一项存在当且仅当股票的价格过程与市场状态存在相关性，它使得保险人根据市场状态动态地调整股票需求量，称之为跨期对冲需求。这说明长期动态股票投资不同于短期投资：非短视的长期投资者不仅考虑当前的风险状态，而且还会考虑未来的投资机会。

如果股票的价格过程是一个 GBM，通过上面的分析，有如下结论。

推论 2.1　当 $\alpha=0$，$\beta=0$，O－U 过程简化为 GBM。在这种情形下，最优超额损失再保险和投资策略，以及对应的值函数为：

（1）如果 $D>\frac{\ln(1+\eta)}{\gamma}$，对任意的 $t\in[0,\ T]$

$$a^*(t)=\frac{\ln(1+\eta)}{\gamma}e^{-r_0(T-t)}$$

$$b^*(t)=\frac{r}{\sigma^2\gamma}e^{-r_0(T-t)}$$

$$V(t,\ x)=-\frac{1}{\gamma}\exp\{-\gamma[xe^{r_0(T-t)}+f(t)]\}$$

其中

$$f(t)=\frac{\lambda\mu(\theta-\eta)}{r_0}(e^{r_0(T-t)}-1)+\frac{r^2}{2\sigma^2\gamma}(T-t)+\int_0^t f_2(s)\mathrm{d}s$$

$f_2(t)$ 如式（2.14）所示；

（2）如果 $D\leqslant\frac{\ln(1+\eta)}{\gamma}$，则

$$a^*(t)=\begin{cases}\frac{\ln(1+\eta)}{\gamma}e^{-r_0(T-t)},\ 0\leqslant t<t_0\\ D,\ t_0\leqslant t\leqslant T\end{cases}$$

$$b^*(t)=\frac{r}{\sigma^2\gamma}e^{-r_0(T-t)}$$

$$V(t,\ x)=\begin{cases}-\frac{1}{\gamma}\exp\{-\gamma[xe^{r_0(T-t)}+\tilde{f}(t)]\},\ 0\leqslant t<t_0\\ -\frac{1}{\gamma}\exp\{-\gamma[xe^{r_0(T-t)}+\bar{f}(t)]\},\ t_0\leqslant t\leqslant T\end{cases}$$

其中

$$\tilde{f}(t)=\frac{\lambda\mu(\theta-\eta)}{r_0}e^{-r_0(T-t)}-\frac{r^2}{2\sigma^2\gamma}t-\int_0^t f_2(s)\mathrm{d}s+c$$

$$\bar{f}(t) = \frac{\lambda\mu(1+\theta)}{r_0}(e^{r_0(T-t)}-1) + \frac{r^2}{2\sigma^2\gamma}(T-t) + \frac{\lambda}{\gamma}(T-t) - \frac{\lambda}{\gamma}\int_t^T\int_0^D e^{\gamma Z e^{r_0(T-s)}} dF(Z)ds$$

$c=\bar{f}(t_0)-\tilde{f}(t_0)$ 使得值函数 $V(t, x)$ 在 t_0 点是连续的。

上面的分析显示最优的再保险需求与无风险利率 r_0 有关，下面考虑保险公司没有任何投资机会时的再保险问题。

推论 2.2 假设保险人没有投资于风险和无风险资产，则他的最优超额损失再保险策略为：

$$a^*(t)=\min\left(\frac{\ln(1+\eta)}{\gamma}, D\right)$$

对应的值函数为：

$$V(t, x, m)=\begin{cases} -\frac{1}{\gamma}\exp\{-\gamma[x+\tilde{f}(t)]\}, & a^*(t)=\frac{\ln(1+\eta)}{\gamma} \\ -\frac{1}{\gamma}\exp\{-\gamma[x+\bar{f}(t)]\}, & a^*(t)=D \end{cases}$$

其中

$$\tilde{f}(t) = \left[\lambda\mu(\theta-\eta)+\lambda(1+\eta)\int_0^{\frac{\ln(1+\eta)}{\gamma}}\bar{F}(Z)dZ - \lambda\int_0^{\frac{\ln(1+\eta)}{\gamma}}e^{\gamma Z}\bar{F}(Z)dZ\right](T-t)$$

$$\bar{f}(t) = \left[\lambda\mu(1+\theta)-\frac{\lambda}{\gamma}\int_0^D e^{\gamma Z}dF(Z)+\frac{\lambda}{\gamma}\right](T-t)$$

当不存在任何的投资机会时，也可以理解为投资收益为零，对保险人而言将盈余留在手中或用来投资没有任何的差异，此时货币也就失去了时间价值，所以最优的再保险策略为常数，且仅仅取决于再保险的相对安全载荷以及保险人的风险厌恶程度。

2.3 扩散近似模型对应的最优再保险投资决策

除了在 2.2 节介绍的经典 C－L 保险索赔模型，另一个常用的保险索赔模型是格兰德尔（Grandell，1991）引进的扩散近似模型（D－A）[①]。

① 之所以称为扩散近似模型是因为它的漂移项和波动项都取决于 C－L 模型。

由于 D－A 模型很容易在各种目标函数下求得最优决策的解析表达式，所以在（再）保险研究中被广泛应用（Browne，1995；Jang and Kim，2015；刘洁和赵秀兰，2013 等）。本节用带漂移项的扩散模型来近似 C－L 模型（2.1），并在此基础上研究保险人的最优超额损失再保险和投资问题。

在 D－A 索赔过程下，仅仅考虑再保险时，保险人的财富动态为：

$$d\hat{R}(t)=c^{(\hat{a})}dt-[\lambda\mu_0(\hat{a})dt-\sigma_0(\hat{a})dW(t)]$$

其中 $c^{(\hat{a})}$ 由式（2.2）给出，a 用 $\hat{a}$ 替换；$W(t)$ 是一维标准布朗运动，并且独立于 $\{W_1(t),\ W_2(t)\}$；$\mu_0(\hat{a})=E[Z_i^{(\hat{a})}]$，$\sigma_0{}^2(\hat{a})=\lambda E[Z_i^{(\hat{a})}]^2$，且①

$$\mu_0(\hat{a}(t))=E[Z_i^{(\hat{a})}]=E[\min(Z_i,\ \hat{a}(t))]$$
$$=\int_0^{\hat{a}(t)}ZdF(Z)+\hat{a}(t)[1-F(\hat{a}(t))]=\int_0^{\hat{a}(t)}\bar{F}(Z)dZ$$

$$\sigma_0{}^2(\hat{a}(t))=\lambda E[Z_i^{(\hat{a})}]^2=\lambda E[\min(Z_i,\ \hat{a}(t))]^2$$
$$=\lambda\left[\int_0^{\hat{a}(t)}Z^2dF(Z)+\hat{a}(t)^2(1-F(\hat{a}(t)))\right]=2\lambda\int_0^{\hat{a}(t)}Z\bar{F}(Z)dZ$$

股票价格过程与 2.1 节的设置相同，超额损失再保险和投资策略为 $\hat{\pi}=(\hat{a}(t),\ \hat{b}(t))$。此时保险人的财富动态为：

$$\begin{cases}dX(t)=[(\theta-\eta)\lambda\mu+\eta\lambda\mu_0(\hat{a}(t))+r_0X(t)+r\hat{b}(t)+m(t)\hat{b}(t)]dt\\ \qquad\qquad+\hat{b}(t)\sigma dW_1(t)+\sigma_0(\hat{a}(t))dW(t)\\ dm(t)=\alpha m(t)dt+\beta dW_2(t)\end{cases}\tag{2.46}$$

目标函数为：

$$V(t,\ x,\ m)=\sup_{\hat{\pi}\in\hat{\Pi}}E\left\{-\frac{1}{\gamma}\exp[-\gamma X(T)]\mid X(t)=x,\ m(t)=m\right\}$$

满足终端值条件 $V(T,\ x,\ m)=-\frac{1}{\gamma}e^{-\gamma x}$ 和预算约束（2.46）。通过与定理 2.2 相同的讨论方法可得如下结论。

定理 2.3　当保险索赔服从 D－A 过程，股票价格动态是 O－U 过程时，保险人的最优超额损失再保险和投资策略，以及对应的值函数有如下

① 陈（Chen）等（2010）、塔克萨和马库森（2003）提出另一种定义 σ_0 的方式，$\sigma_0=\sqrt{E^2[Z]+E[Z^2]}$。

两种情况：

（1）如果 $D>\frac{\eta}{\gamma}$，则对任意的 $t\in[0,T]$ 有

$$\hat{a}^*(t)=\frac{\eta}{\gamma}e^{-r_0(T-t)}$$

$$\hat{b}^*(t)=\frac{r+m}{\sigma^2\gamma}e^{-r_0(T-t)}-\frac{\rho\sigma\beta\gamma g_m}{\sigma^2\gamma}e^{-r_0(T-t)}$$

$$V(t,x,m)=-\frac{1}{\gamma}\exp\{-\gamma[xe^{r_0(T-t)}+f(t)+g(t,m)]\}$$

其中

$$f(t)=\frac{\lambda\mu(\theta-\eta)}{r_0}(e^{r_0(T-t)}-1)+\int_t^T\hat{f}_2(s)\mathrm{d}s$$

$$\hat{f}_2(t)=\lambda\eta\epsilon^{r_0(T-t)}\int_0^{\frac{\eta}{\gamma}e^{-r_0(T-t)}}\bar{F}(Z)\mathrm{d}Z-\lambda\gamma e^{2r_0(T-t)}\int_0^{\frac{\eta}{\gamma}e^{-r_0(T-t)}}Z\bar{F}(Z)\mathrm{d}Z$$

（2）如果 $D\leqslant\frac{\eta}{\gamma}$，则

$$\hat{a}^*(t)=\begin{cases}\frac{\eta}{\gamma}e^{-r_0(T-t)}, & 0\leqslant t<\hat{t}_0\\ D, & \hat{t}_0\leqslant t\leqslant T\end{cases}$$

$$\hat{b}^*(t)=\frac{r+m}{\sigma^2\gamma}e^{-r_0(T-t)}-\frac{\rho\sigma\beta\gamma g_m}{\sigma^2\gamma}e^{-r_0(T-t)},\quad 0\leqslant t\leqslant T$$

$$V(t,x,m)=\begin{cases}-\frac{1}{\gamma}\exp\{-\gamma[xe^{r_0(T-t)}+\tilde{f}(t)+g(t,m)]\}, & 0\leqslant t<\hat{t}_0\\ -\frac{1}{\gamma}\exp\{-\gamma[xe^{r_0(T-t)}+\bar{f}(t)+g(t,m)]\}, & \hat{t}_0\leqslant t\leqslant T\end{cases}$$

其中 $\hat{t}_0=T+\frac{1}{r_0}\ln\frac{\gamma D}{\eta}$，$g(t,m)$ 由式（2.22）给出，

$$\tilde{f}(t)=\frac{\lambda\mu(\theta-\eta)}{r_0}e^{r_0(T-t)}+\int_t^T\hat{f}_2(s)\mathrm{d}s+\hat{c}_1$$

$$\bar{f}(t)=\frac{\theta\lambda\mu}{r_0}(e^{r_0(T-t)}-1)+\frac{\sigma^2\gamma}{4r_0}(1-e^{2r_0(T-t)})$$

$\hat{c}_1$ 确保值函数 $V(t,x,m)$ 在 $\hat{t}_0$ 时刻是连续性，所以

$$\hat{c}_1=\bar{f}(\hat{t}_0)-\tilde{f}(\hat{t}_0)$$

从定理 2.2 和定理 2.3 很容易看出保险人在 C－L 索赔风险和 D－A 索赔风险下有完全相同的股票投资量。所以对保险人而言，只要索赔过程

和股票价格过程是相互独立的，他的最优再保险决策和最优投资决策就是相互独立的①。这意味着单独选择投资以最大化效用和单独选择再保险以最大化效用，与同时选择再保险和投资以最大化效用得到的策略完全相同，不同的仅仅是值函数，很容易验证单独优化的两个值函数的乘积刚好等于联合优化的值函数。所以最优再保险和投资可以看成两个独立优化问题的合成，将二者结合起来研究的意义并不大。下面通过对比最优再保险策略分析 D－A 过程逼近 C－L 过程的合理性问题。

推论 2.3　有 C－L 索赔风险的保险人比有 D－A 索赔风险的保险人预留更少的索赔风险，即他需要购买更多的再保险。

证明：定义 $\varepsilon(t)=\hat{a}^*(t)-a^*(t)$ 代表采用 D－A 模型近似 C－L 模型导致的再保险决策误差。根据定理 2.2 和定理 2.3，如果 $D>\frac{\eta}{\gamma}$，对于任意的 $t\in[0,T]$，有

$$\varepsilon(t)=\frac{\eta-\ln(1+\eta)}{\gamma}e^{-r_0(T-t)}>0$$

如果$\frac{\ln(1+\eta)}{\gamma}<D\leqslant\frac{\eta}{\gamma}$，有

$$\varepsilon(t)=\begin{cases}\frac{\eta-\ln(1+\eta)}{\gamma}e^{-r_0(T-t)}>0,\ 0\leqslant t<\hat{t}_0\\ D-\frac{\ln(1+\eta)}{\gamma}e^{-r_0(T-t)}>0,\ \hat{t}_0\leqslant t\leqslant T\end{cases}$$

如果 $D\leqslant\frac{\ln(1+\eta)}{\gamma}$，有

$$\varepsilon(t)=\begin{cases}\frac{[\eta-\ln(1+\eta)]}{\gamma}e^{-r_0(T-t)}>0,\ 0\leqslant t<\hat{t}_0\\ D-\frac{\ln(1+\eta)}{\gamma}e^{-r_0(T-t)}>0,\ \hat{t}_0\leqslant t\leqslant t_0,\\ 0,\ t_0\leqslant t\leqslant T\end{cases}$$

综合可得，使用 D－A 模型刻画保险索赔的保险人比使用 C－L 模型刻画保险索赔的保险人有更高的风险自留水平。

证明完毕。

推论 2.2 证明使用 D－A 过程近似 C－L 过程使得风险厌恶的保险人对索赔变得更加乐观。因为 C－L 模型是一个跳跃过程，有肥尾，其发生

① 很容易验证对保险人的比例再保险和投资优化问题，此结论依然成立。

超额索赔的可能性相对于连续变化的 D－A 过程更大，所以保险人购买相对更多的超额损失再保险来提高偿付能力。而且当且仅当再保险的相对安全载荷 η 足够小时，$\ln(1+\eta)$ 近似等于 η，从决策误差的角度，这种类型的近似才是精确的。

2.4 数值实验

由于本章的再保险价格是给定的，本章的研究仅仅是已有研究的一个延伸，所以将本章的保险人称为代表性代理人。前面两节分别在保险索赔是 C－L 模型和 D－A 模型，股票价格动态是 O－U 模型的前提下求解了常数绝对风险厌恶保险人的最优超额损失再保险和投资决策。为了方便后面章节使用委托代理的博弈理论得到的结论与本章使用代表性代理人得到的结论进行对比，本节结合图形分析参数的连续变化对最优超额损失再保险和投资决策的影响。

2.4.1 再保险策略的灵敏性

首先结合三维图形分析 C－L 模型和 D－A 模型对应的最优再保险决策对参数变化的灵敏性。这部分的基本参数值为：$r_0=0.03$，$\eta=0.25$，$\gamma=0.5$，$t=0$，$T=10$。在这些图形中，图 2.1（a）是 C－P 过程对应的风险自留额的变化情况，图 2.1（b）是 D－A 过程对应的风险自留额的变化情况。

首先需要强调的是 C－L 索赔过程和 D－A 索赔过程对应的最优再保险策略随参数变化呈现相同的变化趋势，所以下面对图形的解释不对两个再保险决策进行区分。保险人购买超额损失再保险主要是为了控制保险的索赔风险，所以最优再保险策略依赖于保险人的风险厌恶水平。图 2.1 表明保险人的风险自留水平随着他的风险厌恶系数的增加而减少，即风险厌恶越高的保险人需要更多的再保险来分散索赔风险。除了再保险之外，在遇到大额索赔时，保险人也可以通过以无风险利率向银行借贷的方式来偿还高额索赔，所以图 2.1 显示保险人的风险自留关于无风险利率 r_0 递减，即再保险需求关于无风险利率递增。

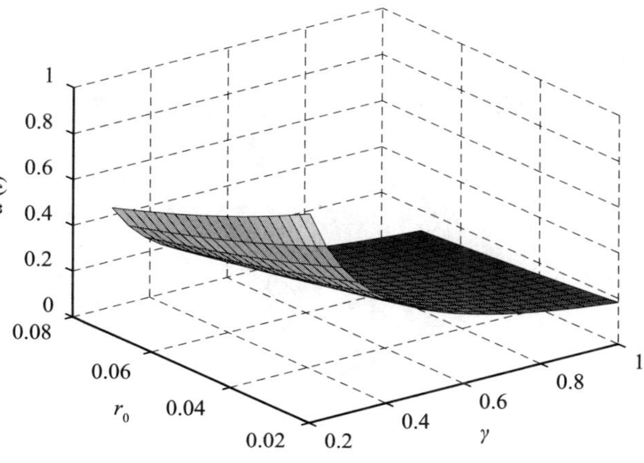

（a）

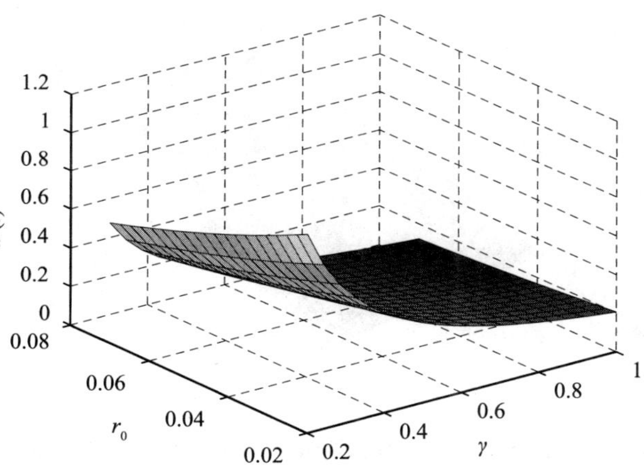

（b）

图 2.1　最优再保险随无风险利率 r_0 和风险厌恶系数 γ 的变化

图 2.2 描述再保险期限 $T-t$，再保险价格 η 与最优再保险策略的相关性。高的再保险相对安全载荷意味着高的再保险价格，所以本章采用相对安全载荷 η 来代表再保险价格。价格降低，风险自留自然减小，即需求增加。这个图形也揭示随着决策时点接近契约终点，$T-t$ 减小，发生巨灾风险的有效时间区间减小，因此保险人增加风险自留水平，减少再保险需求。

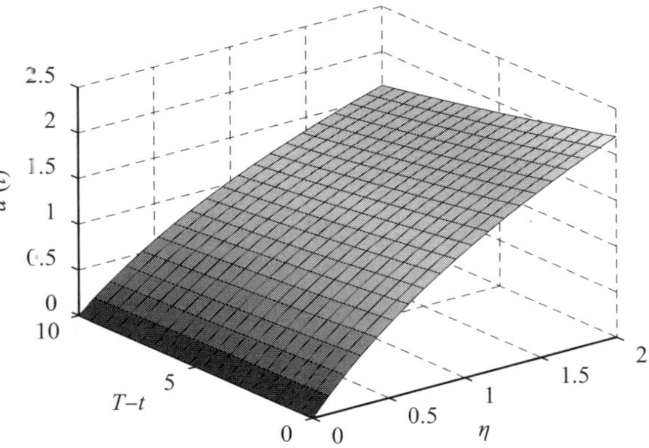

（a）

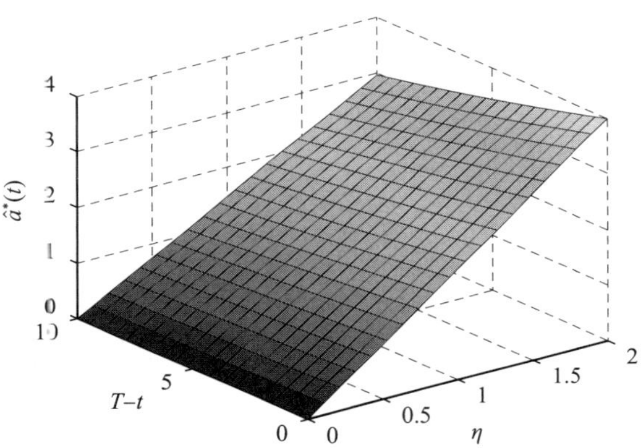

（b）

图 2.2　最优再保险随契约期限 $T-t$ 和再保险价格 η 的变化

2.4.2　投资策略的灵敏性

结合图 2.3 分析主要模型参数的变化对最优投资决策的影响。根据马恩霍特（2006），设基本的参数值为：$r_0=0.03$，$r=0.05$，$m=0.01$，$\gamma=0.5$，$\sigma=0.25$，$\beta=0.2$，$\rho=-0.03$，$\alpha=-0.0439$，$t=0$，$T=10$。

股票波动率 σ 增加意味着股票的价格稳定性减弱，所以图 2.3（a）显示增加的 σ 减少保险人对股票的投资额。但是市场波动与股票波动有负的相关关系，即市场波动可以对冲部分股票波动。所以当市场波动率 β 增加，或者是市场波动与股票波动之间的负相关程度越高，即 ρ 越小，对冲强度增加，保险人就会增加对股票的持有量子。

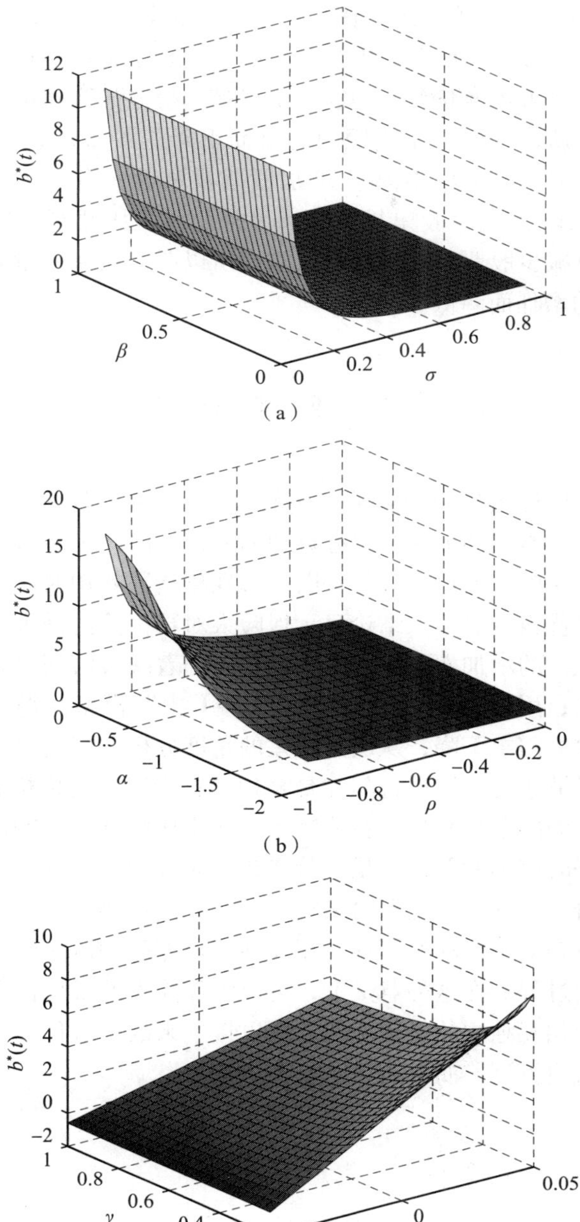

图 2.3　参数 β，σ，α，ρ，γ，m 对最优投资决策的影响

图 2.3（b）还表明高的均值回归速率 $-\alpha$ 导致保险人的投资欲望降低。保险人之所以持有股票是因为股票的收益高于无风险资产，而高的均值回归速率暗含着当前状态下的股票价格是不稳健的，随机收益会快速收敛到均值零，所以回归速率高吸引力反而下降。图 2.3（c）显示当金融市场处于牛市时，$m>0$，保险人增加股票投资额；当金融市场处于熊市时，$m<0$，保险人减少股票投资额。另外，风险厌恶越高的保险人，就越趋向于通过减少股票头寸来规避风险，所以股票的持有量随着他的风险厌恶系数 γ 的增加而降低。

2.5 本章小结

本章首先假设保险索赔满足经典的 C－L 过程，股票价格满足 O－U 过程，然后使用常用的 D－A 过程近似 C－L 过程，在这两种模型设计下研究风险厌恶保险人的最大化终端财富的期望指数效用对应的最优超额损失再保险和最优投资决策。结论显示保险人对再保险的需求量随着再保险的相对安全载荷的增加而减小，减小的趋势随着决策时间逐渐靠近契约终点进一步增加；用 D－A 索赔模型近似 C－L 索赔模型使得风险厌恶的保险人对再保险的需求下降，从决策误差的角度分析，当且仅当再保险的相对安全载荷足够小时，这种近似才是合理的；当股票的价格满足 O－U 过程时，保险人的股票持有量存在依赖于金融市场状态的跨期对冲需求：在市场状态较好时增加股票持有量，状态较差时减少股票持有量。

本章的研究发现，无论保险索赔是 C－L 过程还是 D－A 过程，只要保险索赔和股票的价格动态不存在相关性，再保险和风险资产投资就是两个独立的决策过程。在这种意义上，可以将保险人的最优再保险和最优投资看成是两个相互独立的优化问题。所以接下来的章节仅仅考虑保险人的再保险和无风险投资，而忽略风险投资。

第 3 章

外推期望下保险公司再保险决策研究

在传统的很多关于保险和再保险的研究中，不管多少索赔已经发生，学者经常假设索赔发生的概率，因此索赔过程的参数是确定的，可以参考博尔奇（1960）、阿斯穆森等（Asmussen et al.，2000）、贡和谭（Cong and Tan，2016）、罗琰和杨招军（2009）、帕莫夫斯基和图米莱维奇（Palmowski and Tumilewicz，2018）。如果保险人和再保险人使用传统的期望值原则或者是方差原则计算保险费，确定的索赔过程导致他们每单位风险每单位时间得到固定的保险费，即再保险价格是给定的，如本书第 2 章的模型设计就复合这种情形。然而来自心理学和金融学的证据显示外推偏见在人类判断和决策过程中是很常见的，参考瓦特和巴斯克斯（Watt and Vazquez，1997）、迈耶（Meyer，2012）、布里盖蒂等（Brighetti et al.，2014）、李和森多瓦（Li and Sendova，2015）、兰亚德和麦克休（Ranyard and Mchugh，2012）。

兰亚德和麦克休（2012）通过对 2000 个成年人的问卷调查发现消费者以往的经历会对他们的保险决策产生重要的影响。在两个控制的实验室实验，迈耶（2012）检验在预防巨灾风险的保险投资经历中学习的真实形式。结果显示对保险的投资与短期遭受的损失存在很大的相关性。瓦特和巴斯克斯（1997）证明在现实中保险公司通常会根据客户的历史损失更新保险契约的条款。他们在贝叶斯更新的损失概率下研究保险契约，即保险人对损失的信念随着损失的发生而更新。在离散的环境下，他们证明了贝叶斯更新的契约优于经典的 Rothschild – Stiglitz 分离契约[①]。机动车保险是

① 在罗斯柴尔德和斯蒂格利茨（Rothschild and Stiglitz，1976）的离散均衡中，一个多阶段的保险契约仅仅是初始保险契约的一个重复，即契约条款不会发生变化。

现实生活中的外推的实例，今年的索赔额增加会直接导致保险公司在明年的车险中收取更高的保险费（Lemaire，2012；Li et al.，2012；Guelman and Guillén，2014），这是无法用贝叶斯学习来解释的。另外迪翁（Dionne，1983），库珀和海斯（Cooper and Hayes，1987）、加尔和兰德斯伯格（Gal and Landsberger，1988）、奥洛斯比坎（Olaosebikan，2013）指出不一定要使用理性的贝叶斯学习作为更新模型的基准，决策者往往是非理性的。

本章假设保险公司在 t 时刻的决策过程与 t 时刻以前保险公司的赔偿相关，即保险公司存在外推偏见。具体地，保险人使用所有已经发生的索赔和初始估计的索赔期望的指数加权平均来预测未来索赔的期望值①，称这个期望为外推期望，对应的保险人或者再保险人称为外推者。指数加权使得最近发生的损失在期望值估计中占有更大的权重，这是一种不同于贝叶斯更新的非理性学习过程。在这个模型设计下，外推者相信索赔具有惯性：如果索赔在一段时间内增加（下降），外推者认为它在未来会继续增加（下降）。更重要的，采用期望保费原则时，如果索赔增加，保险人提供保险费的增加作为惩罚；如果索赔减少，保险人提供保险费的减少作为奖励，所以外推期望使得（再）保险契约包含了奖惩机制（bonus-malus contract）。根据索赔实行奖惩机制是保险市场的标准做法，也反映了（再）保险市场相同产品的价格分散化现象。希亚格（Seog，2002）、伯杰等（Berger et al.，1989）、达尔比和韦斯特（Dahlby and West，1986）、施莱辛格和舒伦堡（Schlesinger and Schulenburg，1991）指出，价格分散化反映了保险市场的复杂性，这是因为存在重复的购买行为以及多阶段保险契约是非常普遍的。在这种意义下，本章的外推模型正好刻画了这些现象。

均值—方差准则首先由马科维茨（Markowitz，1952）引入来分析资产分配问题。不同于一般的优化问题，条件方差失败的迭代期望性质使得均值—方差优化问题不能用传统的贝尔曼（Bellman）优化原则求解（Basak and Chabakauri，2010；Lin and Qian，2016），所以它是时间不一致的。而时间一致性是理性决策者的一个必然要求，否则今天的决策，明天他就想着要更改。有两种常用的方法可获得时间一致性策略。早期学者通常采用提前承诺的策略（Bajeux－Besnainou and Portait，1998；Bielecki et al.，

① 本章的索赔期望值都是指单位时间索赔的期望值。

2005)：即决策者在初始时刻选择一个策略并且承诺在后期会遵守这个策略。但是值得注意的是提前承诺的决策仅仅在初始时刻是最优的，在后面时刻，决策者会后悔当初的选择。另一种方法是比约克和穆尔戈奇（Björk and Murgoci，2010）提出的自我博弈方法和对应的广义 HJB 方程系统。将优化问题转化为广义的 HJB 求解的是时间一致的最优策略，即决策者在任何时刻都不会偏离此决策。这种方法广泛用于再保险研究中处理均值—方差优化问题（Yi et al.，2015；Li et al.，2016；Zeng et al.，2013）。本章将均值—方差优化推广到更一般情形，并给出了对应的广义 HJB 方程系统和验证定理。

假设风险厌恶的保险人可以连续购买比例再保险分散索赔风险，并且保险人和再保险人都是外推者。保险人的目标是通过购买再保险最大化终端财富的期望指数效用或者是均值—方差效用。本书主要有以下几点发现：（1）当索赔模型具有外推期望时，预防相同的潜在索赔，指数效用最大化的保险人相对于均值—方差最大化的保险人需要购买更多的再保险，即使他们有相同的风险厌恶系数；但是在没有外推偏见的标准模型下，他们的最优比例再保险需求是相等的。（2）与标准风险自留比例的变化趋势完全相反，外推期望对应的风险自留比例关于决策时点不是递减的，而是递增的。（3）因为历史索赔的增加使得保险人能够得到更多的保险费处理未来的索赔，所以反直觉地，当过去的索赔增加时，外推保险人的再保险需求反而减少。

3.1　外推信念引入及相关模型设定

考虑连续时间有限期的［0，T］经济，其中风险厌恶的保险人购买比例再保险分散索赔风险，通过外推过去的索赔来预测未来索赔的期望值。不确定性由过滤的完备的概率空间（Ω，F，$\{\mathcal{F}_t\}_{t\in[0,T]}$，$P$）刻画，滤波 $\mathcal{F}_t$ 包含了 t 时刻可用的所有信息，并且本章所有的随机过程都是 $\{\mathcal{F}_t\}_{t\in[0,T]}$ 适应的。

假设保险人初始估计的索赔过程是一个带漂移的布朗运动：

$$\mathrm{d}L(t)=\mu\mathrm{d}t-\sigma\mathrm{d}B(t) \tag{3.1}$$

这里 $L(t)$ 代表在时间区间［0，t］的总赔偿额；μ 和 σ 是非负的常数，分别代表单位时间索赔的期望值和标准差；$B(t)$ 是一维的标准布朗运动。

假设初始保单持有人的保险覆盖范围在整个契约期限 T 不会发生改变，所以本章交替使用损失和索赔。

在保险市场存在两种类型的保险人：外推保险人和理性保险人。他们的区别是理性保险人对损失的期望值有正确的信念，即他认为模型（3.1）能正确代表索赔过程，但是外推保险人的信念是不正确的，他通过一种非贝叶斯学习方法来更新索赔的期望值。

外推者形成未来索赔信念通过外推过去的索赔。受巴尔贝里斯（Barberis et al.，2015）和克拉夫特等（Kraft et al.，2017）的启发①，本章引进的外推偏见的测度为：

$$S(t) = \beta\int_0^t e^{-\beta(t-s)}\mathrm{d}L(s-\mathrm{d}t)$$

其中 $\mathrm{d}L(s-\mathrm{d}t)=L(s)-L(s-\mathrm{d}t)$ 代表在较小的时间间隔 $[s-\mathrm{d}t, s]$ 的索赔。所以 $S(t)$ 表示到 t 时刻为止所有已经发生的索赔的一个指数加权平均。参数 $\beta>0$ 起着重要的作用，它决定了保险人是否关注已经发生的索赔以及关注的程度。当 β 较大时，加权平均主要由最近发生的损失决定；当 β 较小时，发生在遥远过去（靠近零点）的损失也会对加权平均产生较大的影响；当 β 等于零时，加权平均也等于零。β 由保险人的主观信念确定，称之为外推强度参数。

对任意给定的 t，权重 $\beta e^{-\beta(t-s)}$ 关于时间 s 指数递增，这表明保险人更加关注最近发生的损失。因为加权平均 $S(t)$ 的定义包含当前的损失 $\mathrm{d}L(t-\mathrm{d}t)=L(t)-L(t-\mathrm{d}t)$，所以它也是一个随机变量，其微分形式为：

$$\mathrm{d}S(t) = -\beta S(t)\mathrm{d}t+\beta\mathrm{d}L(t) \tag{3.2}$$

鉴于随机变量的方差很容易用平方变差估计，而估计其期望值相对于估计方差更加困难（Merton，1980；Basak，2000，2005），所以保险人对初始估计的损失期望值 μ 持怀疑态度，随着索赔不断实现，他更新 μ 并考虑加权平均 $S(t)$。然而过去损失的总权重 $\beta\int_0^t e^{-\beta(t-s)}\mathrm{d}s = 1-e^{-\beta t} < 1$，所以加权平均 $S(t)$ 不足以代表单位时间的“平均”索赔。另外，初始估计的损失期望值 μ 是数据生成过程的直接应用，不能完全被忽略。本章赋予初始估计的索赔期望 μ 权重 $e^{-\beta t}$ 使得 $e^{-\beta t}\mu+S(t)$ 在平均意义上代表单位

① 巴尔贝里斯等（2015）使用与本章相同的加权方法估算股票价格变化的期望值，但是他们的加权区间是（$-\infty$，t）并且完全忽略了初始估计的期望值；克拉夫特等（2017）采用类似的加权平均值作为消费者期望的消费水平增量。

时间的赔偿的期望值。即外推的保险人预知的索赔期望为：

$$\hat{\mu}=e^{-\beta t}\mu+S(t)$$

显然，初始期望 μ 的影响随着时间衰退。随着索赔的发生，新的信息添加到初始的信息集，使得保险人动态更新索赔期望值。如果索赔在一段时间增加，他们认为索赔在未来的一段时间内会持续增加；如果索赔在一段时间下降，他认为索赔在未来一段时间会持续下降。在这种情形下，索赔过程（3.1）转化为：

$$\mathrm{d}L(t)=(e^{-\beta t}\mu+S(t))\mathrm{d}t-\sigma\mathrm{d}B(t) \tag{3.3}$$

当 $\beta=0$ 时，模型（3.3）退化为模型（3.1）。将式（3.3）代入式（3.2）可得

$$\mathrm{d}S(t)=\beta e^{-\beta t}\mu\mathrm{d}t-\beta\sigma\mathrm{d}B(t) \tag{3.4}$$

为了使得上述引进的外推索赔模型是有效的，需要如下假设：客户的过去损失是公共信息，会在任何新的保险和再保险契约中使用。此假设确保了初始的客户没有动机临时终止保险契约，保险人也没有动机临时终止再保险契约，因此本章的研究仅仅关注信息对称的长期再保险契约。

保险人可以连续购买比例再保险，接受新的保险业务，并投资保险盈余在无风险利率为 r 的货币市场账户。对每一次索赔，$0<a(t)<1$ 是保险人承担的赔付比例，$1-a(t)$ 是再保险人承担的赔付比例。如果 $a(t)>1$，则认为保险人承保再保险业务。保险费和再保险费根据期望值原则计算，但是这里的期望值为 $e^{-\beta t}\mu+S(t)$，而不是 μ。这意味着保险人和再保险人都是外推者，且他们的外推强度相同。签订再保险契约之后，保险人的财富动态为：

$$\begin{aligned}\mathrm{d}W(t)=\ &rW(t)\mathrm{d}t+(1+\theta)(e^{-\beta t}\mu+S(t))\mathrm{d}t-(1+\eta)(1-a(t))(e^{-\beta t}\mu\\&+S(t))\mathrm{d}t-a(t)[(e^{-\beta t}\mu+S(t))\mathrm{d}t-\sigma\mathrm{d}B(t)]=[rW(t)+(\theta-\eta\\&+\eta a(t))(e^{-\beta t}\mu+S(t))]\mathrm{d}t+a(t)\sigma\mathrm{d}B(t)\end{aligned} \tag{3.5}$$

其中 $W(t)$ 是保险人在 t 时刻的财富水平；$\theta>0$，$\eta>0$ 分别代表保险和再保险的相对安全载荷。为了避免保险人的套利行为，要求 $\eta>\theta$，否则保险人可以将全部保险以更高的价格出售给再保险人而获得纯利润。

定义 3.1（可行策略） 一个再保险策略 $a(t)$ 是可行的当且仅当对任意的 $t\in[0,T]$ 满足如下条件：

（1）$a(t)>0$ 并且是 $\mathcal{F}_t$ 可测的；

（2）$\int_t^T a^2(s)\mathrm{d}s<\infty$；

(3) 随机过程 (3.5) 有唯一的解 $W(t)$。

标注 3.1 根据式 (3.4) 易得

$$S(t) = \mu(1 - e^{-\beta t}) - \beta\sigma\int_0^t \mathrm{d}B(s)$$

当过去索赔的加权平均 $S(t)$ 超过期望值 $\mu(1 - e^{-\beta t})$，即索赔产生负向的冲击使得平均波动率 $\beta\sigma\int_0^t \mathrm{d}B(s) < 0$，则有外推期望 $e^{-\beta t}\mu + S(t) > \mu$。所以如果索赔增加（下降），外推的保险人预知它将继续增加（下降），并且随着外推强度 β 的增加，这种趋势变得越来越明显。这种现象很容易从心理学的角度来理解（Barberis，2011）。

标注 3.2 更新的期望使得保险费也随着索赔的发生而不断变化。索赔增加，保险人增加保险费作为对客户的惩罚；反之索赔降低，保险人减少保险费作为对客户的奖励，所以本章的再保险契约设计具有奖惩特点。这是一个与很多现有的代表性模型研究明显不同的特征，因为很多研究都假设保险费率是固定的常数，可参考蒋和基姆（2015）、邦苏桑等（2014）和本书的第 2 章。

3.2 最优再保险决策问题求解

本节假设保险人是 CARA 的效用优化者或者是均值—方差（M－V）准则优化者，分别给出两种优化问题对应的验证定理，并求解对应保险人的最优风险自留比例。然后指出不存在外推偏见时，两种效用优化者的最优再保险策略是相等的，但是此结论对存在外推偏见的保险人而言不再成立。

3.2.1 CARA 效用函数下的解

首先假设保险人有 CARA 的偏好，他的目标是通过购买比例再保险最大化终端财富的期望效用，其值函数为：

$$\tilde{J}(t, W, S) = \sup_{\tilde{a}(t)} E_{t,W,S}\left[-\frac{1}{\gamma}\exp(-\gamma(W(T)))\right] \tag{3.6}$$

满足边界值条件 $\tilde{J}(T, W, S) = -\frac{1}{\gamma}e^{-\gamma W}$ 以及预算约束式（3.5）。其中

$E_{t,W,S}[\cdot]=E[\cdot|W(t)=W,\ S(t)=S]$ 是以 W 和 S 为初始条件的条件期望算子，参数 $\gamma>0$ 代表保险人的风险厌恶系数。对任意给定的函数 $\Psi(t,W,S)\in C^{(1,2,2)}([0,T],R,R^{+})$，定义无穷小算子：

$$\begin{aligned}\mathcal{A}^{a}\Psi(t,W,S)=&\Psi_t+[rW+(\theta-\eta+\eta a(t))(e^{-\beta t}\mu+S)]\Psi_W\\&+\beta e^{-\beta t}\mu\Psi_S+\frac{1}{2}a(t)^2\sigma^2\Psi_{WW}+\frac{1}{2}\beta^2\sigma^2\Psi_{SS}-\beta\sigma^2a(t)\Psi_{WS}\end{aligned}$$

采用弗莱明和索内尔（1993）提出的动态规划原理，优化问题式（3.6）有如下验证定理。

定理3.1　如果 $V(t,W,S)\in C^{(1,2,2)}$ 是HJB方程

$$\sup_{\tilde{a}(t)}\mathcal{A}^{\tilde{a}}V(t,W,S)=0\tag{3.7}$$

的解，则值函数 $\tilde{J}(t,W,S)$ 与 $V(t,W,S)$ 是一致的，即

$$\tilde{J}(t,W,S)=V(t,W,S)\tag{3.8}$$

如果存在可行策略 $\tilde{a}^{*}(t)$ 使得

$$\mathcal{A}^{\tilde{a}^{*}}V(t,W,S)=0\tag{3.9}$$

对任意的 $t\in[0,T]$ 成立，则 $a^{*}(t)$ 是对应到优化问题式（3.6）的最优比例再保险策略。

根据此验证定理，可得如下结论。

定理3.2　对外推的保险人而言，最大化终端财富的期望CARA效用的最优比例再保险决策为：

$$\tilde{a}^{*}(t)=\frac{\eta(e^{-\beta t}\mu+S)}{\gamma\sigma^2}e^{-r(T-t)}+\beta e^{-r(T-t)}[2\tilde{H}(t)S+\tilde{I}(t)]\tag{3.10}$$

对应的最优值函数为：

$$\tilde{J}(t,W,S)=-\frac{1}{\gamma}\exp\{We^{r(T-t)}+\tilde{f}(t)+\tilde{g}(t,S)\}\tag{3.11}$$

其中函数 $\tilde{H}(t)$，$\tilde{I}(t)$，$\tilde{f}(t)$，$\tilde{g}(t,S)$ 分别在式（3.23），式（3.24），式（3.17）以及式（3.18）中给出。

证明：根据定理3.1，求解优化问题式（3.6）只需求解对应的HJB方程。HJB方程（3.7）为：

$$\begin{aligned}\sup_{\tilde{a}(t)}\{&\tilde{J}_t+[rW+(\theta-\eta+\eta\tilde{a}(t))(e^{-\beta t}\mu+S)]\tilde{J}_W+\beta e^{-\beta t}\mu\tilde{J}_S\\&+\frac{1}{2}\tilde{a}(t)^2\sigma^2\tilde{J}_{WW}+\frac{1}{2}\beta^2\sigma^2\tilde{J}_{SS}-\beta\sigma^2\tilde{a}(t)\tilde{J}_{WS}\}=0\end{aligned}\tag{3.12}$$

受邦苏桑等（2014）的启发，猜想 $\tilde{J}(t,W,S)$ 有如下形式：

$$\tilde{J}(t,W,S)=-\frac{1}{\gamma}\exp\{We^{r(T-t)}+\tilde{f}(t)+\tilde{g}(t,S)\}$$

满足边界值条件 $\tilde{f}(T)=0$，$\tilde{g}(T)=0$。只要能求得 $\tilde{f}(t)$ 和 $\tilde{g}(t, S)$ 的解析表达式，就证明此猜想是正确的，首先假设猜想是正确的。将偏导数

$$\begin{cases}\tilde{J}_t=\gamma(rWe^{r(T-t)}-\tilde{f}'-\tilde{g}_t)\tilde{J}\\ \tilde{J}_W=-\gamma e^{r(T-t)}\tilde{J},\quad \tilde{J}_{WW}=\gamma^2 e^{2r(T-t)}\tilde{J}\\ \tilde{J}_S=-\gamma\tilde{g}_S\tilde{J},\quad \tilde{J}_{SS}=\gamma^2\tilde{g}_S{}^2\tilde{J}-\gamma\tilde{g}_{SS}\tilde{J}\\ \tilde{J}_{SW}=\gamma^2 e^{r(T-t)}\tilde{g}_S\tilde{J}\end{cases} \tag{3.13}$$

代入 HJB 方程（3.12）可得

$$\tilde{f}'+\tilde{g}_t+(\theta-\eta)(e^{-\beta t}\mu+S)e^{r(T-t)}+\beta\mu e^{-\beta t}\tilde{g}_S-\frac{1}{2}\beta^2\sigma^2\gamma\tilde{g}_S{}^2+\frac{1}{2}\beta^2\sigma^2\tilde{g}_{SS}$$

$$+\sup_{\tilde{a}(t)}\left\{\tilde{a}(t)\eta(e^{-\beta t}\mu+S)e^{r(T-t)}-\frac{1}{2}\tilde{a}^2(t)\sigma^2 me^{2r(T-t)}\right.$$

$$\left.+\tilde{a}(t)\beta\sigma^2\gamma e^{r(T-t)}\tilde{g}_S\right\}=0 \tag{3.14}$$

式（3.14）左端关于 $\tilde{a}(t)$ 的二阶导数小于零，所以通过求解一阶条件可得最优的比例再保险策略为：

$$\tilde{a}^*(t)=\frac{\eta(e^{-\beta t}\mu+S)}{\gamma\sigma^2}e^{-r(T-t)}+\beta e^{-r(T-t)}\tilde{g}_S$$

将 $\tilde{a}^*(t)$ 代回 HJB 方程（3.14）可得

$$\tilde{f}'+\tilde{g}_t+(\theta-\eta)(e^{-\beta t}\mu+S)e^{r(T-t)}+\beta\mu e^{-\beta t}\tilde{g}_S+\frac{1}{2}\beta^2\sigma^2\tilde{g}_{SS}$$

$$+\frac{\eta^2(e^{-\beta t}\mu+S)^2}{2\gamma\sigma^2}+\beta\eta(e^{-\beta t}\mu+S)\tilde{g}_S=0$$

因为函数 $\tilde{f}(t)$ 与状态变量 S 无关，依此可将上式分解成如下两个常微分方程：

$$\tilde{f}'+(\theta-\eta)\mu e^{r(T-t)-\beta t}+\frac{\eta^2\mu^2}{2\gamma\sigma^2}e^{-2\beta t}=0 \tag{3.15}$$

$$\tilde{g}_t+(\theta-\eta)Se^{r(T-t)}+\beta\mu e^{-\beta t}\tilde{g}_S+\frac{1}{2}\beta^2\sigma^2\tilde{g}_{SS}$$

$$+\frac{\eta^2(2\mu e^{-\beta t}S+S^2)}{2\gamma\sigma^2}+\beta\eta(e^{-\beta t}\mu+S)\tilde{g}_S=0 \tag{3.16}$$

式（3.15）结合边界值条件 $\tilde{f}(T)=0$ 有

$$\tilde{f}(t)=\frac{\eta^2\mu^2}{4\gamma\beta\sigma^2}(e^{-2\beta t}-e^{-2\beta T})+\frac{\mu(\theta-\eta)}{r+\beta}\left[e^{rT-(r+\beta)t}-e^{-\beta T}\right] \tag{3.17}$$

式（3.16）显示函数 $\tilde{g}(t, S)$ 是关于状态变量 S 的二次函数，设其有如

下形式：

$$\tilde{g}(t, S) = \tilde{H}(t)S^2 + \tilde{I}(t)S + \tilde{K}(t) \tag{3.18}$$

满足边界值条件 $\tilde{H}(T)=0$，$\tilde{I}(T)=0$，$\tilde{K}(T)=0$。将式（3.18）代入式（3.16）可得

$$\tilde{H}'S^2 + \tilde{I}'S + \tilde{K}' + (\theta-\eta)Se^{r(T-t)} + \beta\mu e^{-\beta t}(2\tilde{H}S + \tilde{I}) + \beta^2\sigma^2\tilde{H} + \frac{\eta^2(2\mu e^{-\beta t}S + S^2)}{2\gamma\sigma^2} + \beta\eta(e^{-\beta t}\mu + S)(2\tilde{H}S + \tilde{I}) = 0 \tag{3.19}$$

因为式（3.19）对任意大于零的状态变量 S 都成立，所以关于 S 的一次项系数和二次项系数，以及常数项分别等于零，即

$$\tilde{H}' + 2\beta\eta\tilde{H} + \frac{\eta^2}{2\gamma\sigma^2} = 0 \tag{3.20}$$

$$\tilde{I}' + \beta\eta\tilde{I} + (\theta-\eta)e^{r(T-t)} + \frac{\eta^2\mu}{\gamma\sigma^2}e^{-\beta t} + 2\beta\mu(1+\eta)e^{-\beta t}\tilde{H} = 0 \tag{3.21}$$

$$\tilde{K}' + \beta\mu(1+\eta)e^{-\beta t}\tilde{I} + \beta^2\sigma^2\tilde{H} = 0 \tag{3.22}$$

由式（3.20）以及边界条件 $\tilde{H}(T)=0$，可得

$$\tilde{H}(t) = \frac{\eta}{4\gamma\beta\sigma^2}\left[e^{2\beta\eta(T-t)} - 1\right] \tag{3.23}$$

由式（3.21）和式（3.23），以及边界条件 $\tilde{I}(T)=0$ 可得

$$\tilde{I}(t) = \frac{\theta-\eta}{\beta\eta - r}\left[e^{\beta\eta(T-t)} - e^{r(T-t)}\right] + \frac{\mu\eta e^{\beta\eta(2T-t)}}{2\gamma\beta\sigma^2}\left[e^{-\beta(1+\eta)t} - e^{-\beta(1+\eta)T}\right] + \frac{\mu\eta e^{-\beta\eta t}}{2\gamma\beta\sigma^2}\left[e^{\beta(\eta-1)T} - e^{\beta(\eta-1)t}\right] \tag{3.24}$$

由式（3.21）~式（3.24）以及边界条件 $\tilde{K}(T)=0$ 有

$$\tilde{K}(t) = \beta\mu(1+\eta)\int_t^T e^{-\beta s}\tilde{I}(s)\,ds + \beta^2\sigma^2\int_t^T \tilde{H}(s)\,ds \tag{3.25}$$

证明完毕。

3.2.2　M－V 效用函数下的解

本小节假设保险人有均值—方差（mean-variance，M－V）偏好。均值—方差准则关于财富基本是线性的，通过条件方差惩罚风险。保险人的动态优化问题为：

$$\hat{J}(t, W, S) = \sup_{\hat{a}(t)}\left\{E_{t,W,S}[W(T)] - \frac{\gamma}{2}Var_{t,W,S}[W(T)]\right\} \tag{3.26}$$

满足边界值条件 $\hat{J}(T, W, S)=W$ 以及预算约束（3.5）。其中 $E_{t,W,S}[\cdot]=E[\cdot \mid W(t)=W, S(t)=S]$，$Var_{t,W,S}[W(T)]=Var[\cdot \mid W(t)=W, S(t)=S]$ 分别表示以 W 和 S 为初始条件的条件均值和条件方差。根据总方差法则（Weiss，2006），终端时刻财富的波动率为：

$$Var_{t,W,S}[W(T)]=E_{t,W,S}[Var_{t+\tau}(W(T))]+Var_{t,W,S}[E_{t+\tau}(W(T))],\ \tau>0 \tag{3.27}$$

则在 t 时刻的方差大于 $t+\tau$ 时刻的方差的期望值[167]。记

$$U(t)=E_{t,W,S}[W(T)]-\frac{\gamma}{2}Var_{t,W,S}[W(T)] \tag{3.28}$$

将式（3.27）代入式（3.28），并且使用迭代期望性质有

$$U(t)=E_{t,W,S}[U(t+\tau)]-\frac{\gamma}{2}Var_{t,W,S}[E_{t+\tau}(W(T))] \tag{3.29}$$

由于方差不满足迭代期望性质，所以在 t 时刻的最优决策包含了最大化未来目标函数的期望值减去一个校正项。校正项的存在说明 $t+\tau$ 时刻的最优再保险策略将会偏离在 t 时刻得到的最优再保险策略。为了得到时间一致策略，保险人在 t 时刻做决策时会考虑未来的决策。这可以看成保险人的一种自我非合作博弈：每一个时刻的保险人是博弈的一个参与者，当前的自己是未来自己的化身，即当前的自己与未来的自己进行博弈，使得选择的策略在任何时刻都是最优的。根据这种思想，比约克和穆尔戈奇（2010）构建了一个广义的 HJB 方程系统用于处理均值—方差的时间不一致性问题。为了使验证定理的实用性更强，首先将优化问题式（3.26）推广到更一般的情形：

$$\sup_{\hat{a}(t)} F(t, W, S, Y, Z) \tag{3.30}$$

这里 $F(t, W, S, Y, Z)\in C^{(1,2,2,2,2)}$，$Y(t, W, S)=E_{t,W,S}[W(T)]$，$Z(t, W, S)=E_{t,W,S}[(W(T))^2]$。如果

$$F(t, W, S, Y, Z)=Y-\frac{\gamma}{2}(Z-Y^2) \tag{3.31}$$

则优化问题式（3.30）简化为均值—方差优化问题式（3.26）。

根据曾等（2013），可以为优化问题（3.30）定义如下的博弈均衡策略。

定义 3.2（均衡策略） 对可行策略 $\hat{a}^*(t)$，选择实数 $a>0$，$\varepsilon>0$，定义策略

$$\hat{a}_\varepsilon(t)=\begin{cases} a, & t\leqslant u<t+\varepsilon \\ \hat{a}^*(t), & t+\varepsilon<u\leqslant T \end{cases}$$

如果

$$\liminf_{\varepsilon\to 0}\frac{F^{\hat{a}^*(t)}(t,\ W,\ S,\ Y,\ Z)-F^{\hat{a}_\varepsilon(t)}(t,\ W,\ S,\ Y,\ Z)}{\varepsilon}\geqslant 0$$

对任意的 $t\in[0,\ T]$ 成立，则$\hat{a}^*(t)$ 称为优化问题式（3.30）的均衡再保险策略，并且

$$V(t,\ W,\ S)=F^{\hat{a}^*(t)}(t,\ W,\ S,\ Y,\ Z)$$

是相应的均衡值函数。

上述均衡的再保险策略是时间一致的。根据比约克和穆尔戈奇（2010），优化问题式（3.30）有如下验证定理。

定理3.3（验证定理）　对优化问题式（3.30），如果存在三个函数 $\hat{f}(t,\ W,\ S)$，$\hat{g}(t,\ W,\ S)$，$\hat{h}(t,\ W,\ S)\in C^{(1,2,2)}$ 满足以下广义的HJB方程系统：

$$\sup_{\hat{a}(t)}\{\mathcal{A}^{\hat{a}}\hat{f}(t,\ W,\ S)-l(t,\ W,\ S)\}=0 \tag{3.32}$$

$$\hat{f}(T,\ W,\ S)=F(T,\ W,\ S,\ W,\ W^2) \tag{3.33}$$

$$\mathcal{A}^{\hat{a}^*}\hat{g}(t,\ W,\ S)=0,\ \hat{g}(T,\ W,\ S)=W \tag{3.34}$$

$$\mathcal{A}^{\hat{a}^*}\hat{h}(t,\ W,\ S)=0,\ \hat{h}(T,\ W,\ S)=W^2 \tag{3.35}$$

其中

$$\hat{a}^*(t):=\arg\sup_{\hat{a}(t)}\{\mathcal{A}^{\hat{a}}\hat{f}(t,\ W,\ S)-l(t,\ W,\ S)\} \tag{3.36}$$

$$\begin{aligned}l(t,\ W,\ S)=&F_t+F_W[rW+(\theta-\eta+\eta\hat{a}(t))(e^{-\beta t}\mu+S)]\\&+F_S\beta e^{-\beta t}\mu+\frac{k_1}{2}\hat{a}(t)^2\sigma^2+\frac{k_2}{2}\beta^2\sigma^2-k_3\hat{a}(t)\beta\sigma^2\end{aligned} \tag{3.37}$$

$$k_1=F_{WW}+2F_{WY}Y_W+2F_{WZ}Z_W+F_{YY}(Y_W)^2+F_{ZZ}(Z_W)^2+2F_{YZ}Y_WZ_W \tag{3.38}$$

$$k_2=F_{SS}+2F_{YS}Y_S+2F_{ZS}Z_S+F_{YY}(Y_S)^2+F_{ZZ}(Z_S)^2+2F_{YZ}Y_SZ_S \tag{3.39}$$

$$k_3=F_{WS}+F_{WY}Y_S+F_{WZ}Z_S+F_{YS}Y_W+F_{ZS}Z_W+F_{YY}Y_WY_S+2F_{YZ}Y_WZ_S+F_{ZZ}Z_WZ_S \tag{3.40}$$

则 $V(t,\ W,\ S)=\hat{f}(t,\ W,\ S)$，$Y^{\hat{a}^*}(t,\ W,\ S)=\hat{g}(t,\ W,\ S)$，$Z^{\hat{a}^*}(t,\ W,\ S)=\hat{h}(t,\ W,\ S)$，并且$\hat{a}^*(t)$ 是应对的最优的时间一致的再保险策略。

证明：见附录C－1。

根据上述验证定理，可得如下结论。

定理3.4　对外推保险人而言，均值—方差优化问题对应的最优时间

一致的再保险策略为：

$$\hat{a}^*(t)=\frac{\eta(e^{-\beta t}\mu+S)}{\gamma\sigma^2}e^{-r(T-t)}+\beta e^{-r(T-t)}[2B_2(t)S+B_3(t)] \tag{3.41}$$

相对应的值函数为：

$$\hat{J}(t,\ W,\ S)=We^{r(T-t)}+\left[\frac{\eta}{2\gamma\beta\sigma^2}(e^{2\beta\eta(T-t)}-1)-\frac{\eta^2}{2\gamma\sigma^2}(T-t)\right]S^2+A_3(t)S+A_4(t) \tag{3.42}$$

终端财富水平的期望值为

$$E_{t,W,S}[W(T)]=We^{r(T-t)}+\frac{\eta}{2\gamma\beta\sigma^2}[e^{2\beta\eta(T-t)}-1]S^2+B_3(t)S+B_4(t) \tag{3.43}$$

其中 $A_3(t)$，$A_4(t)$，$B_2(t)$ $-B_4(t)$ 由附录 B 中式（B. 29）~式（B. 35）给出。

证明：见附录 B－2。

式（3. 10）和式（3. 41）表明外推期望导致最优的比例再保险策略是状态相关的，它们依赖于过去索赔的加权平均 $S(t)$。为了分析外推期望对再保险决策的影响，需要比较定理 3. 2 和定理 3. 4 的结论与标准索赔模型对应的结论。在标准索赔模型中，保险人和再保险人都是理性的决策者，不存在任何的外推偏见，即 $\beta=0$。

推论 3. 1 当不存在外推偏见时，指数效用优化者和均值—方差效用优化者的最优再保险策略是相同的，这个相同的策略为：

$$a^*(t)=\frac{\mu\eta}{\gamma\sigma^2}e^{-r(T-t)}$$

此时 CARA 效用对应的值函数为：

$$J^E(t,\ W,\ S)=-\frac{1}{\gamma}\exp\left\{-\gamma\left[We^{r(T-t)}+\frac{\mu(\theta-\eta)}{r}[e^{r(T-t)}-1]+\frac{\mu^2\eta^2}{2\gamma\sigma^2}(T-t)\right]\right\}$$

M－V 对应的值函数为：

$$J^M(t,\ W,\ S)=We^{r(T-t)}+\frac{\mu(\theta-\eta)}{r}[e^{r(T-t)}-1]+\frac{\mu^2\eta^2}{2\gamma\sigma^2}(T-t)$$

推论 3. 1 说明当保险人和再保险人都是理性的，指数效用优化者和均值—方差优化者有相同的再保险需求。然而当外推偏见存在时，这个结论不再成立。而且外推保险人并不是简单地使用外推期望 $e^{-\beta t}\mu+S$ 替代初始估计的期望 μ。这是因为过去索赔的加权平均是一个随机过程，它不仅改变保险人预知的未来索赔期望而且改变了索赔过程的波动率，具体分析参考标注3.2。这导致式（3.10）和式（3.41）中的最优风险自留比例不仅包含相同的标准自留比例$\frac{\eta(e^{-\beta t}\mu+S)}{\gamma\sigma^2}e^{-r(T-t)}$，而且包含对冲自留比例$\beta e^{-r(T-t)}[2\tilde{H}(t)S+\tilde{I}(t)]$和$\beta e^{-r(T-t)}[2B_2(t)S+B_3(t)]$，两个策略的差异源于对冲项的不相同。

3.3 数值结果分析

前面的研究说明外推的指数效用优化者的再保险策略与外推的均值—方差优化者的再保险策略是不相同的，要分析差距的大小，需要进一步做量化分析。本节结合图形分析模型参数变化对外推的指数效用优化者的再保险策略$\tilde{a}^*(t)$，外推的均值—方差优化者的再保险策略$\hat{a}^*(t)$和理性优化者的标准再保险策略$a^*(t)$的影响。基本的参数值为：$\beta=0.1$，$\gamma=0.8$，$r=0.05$，$\mu=1$，$\sigma=1$，$\theta=0.2$，$\eta=0.05$，$S=0.4$，$t=0$，$T=10$。

图3.1证实了结论：外推偏见使得最大化指数效用的最优再保险决策不再等于最大化均值—方差的最优再保险决策。特别地，即使保险人有相同的风险厌恶系数，外推的指数效用优化者仍然比均值—方差优化者更加保守，他需要购买更多的再保险规避相同的潜在索赔风险，即风险自留$\hat{a}^*(t)>\tilde{a}^*(t)$。另一个明显的特征是，随着参数变化，两个最优的再保险策略$\tilde{a}^*(t)$和$\hat{a}^*(t)$呈现相同的变化趋势，而且指数效用对应的保险人的风险自留$\tilde{a}^*(t)$对参数的变化更加敏感。

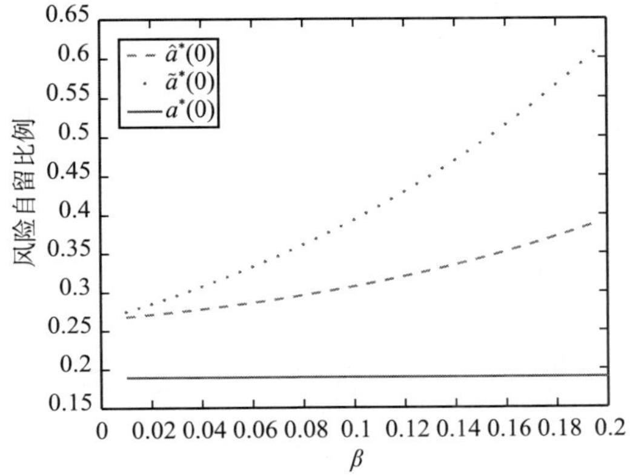

（a）外推强度β

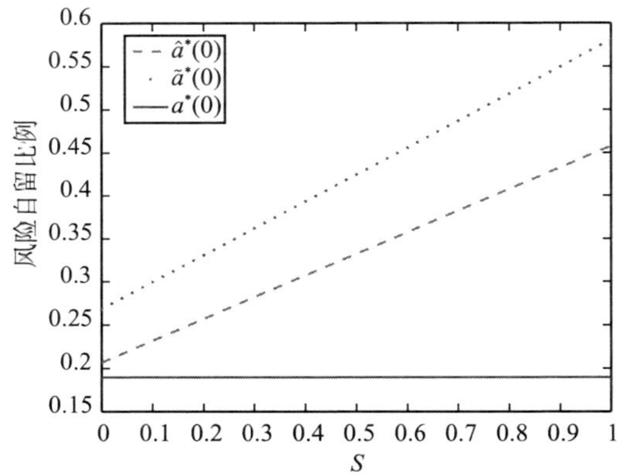

（b）历史加权平均S

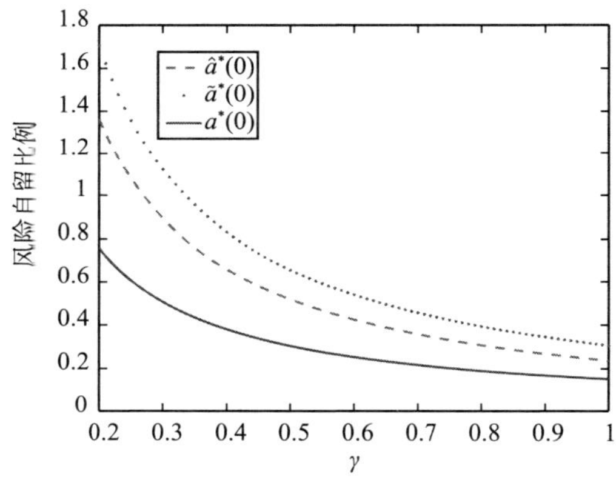

（c）风险厌恶系数γ

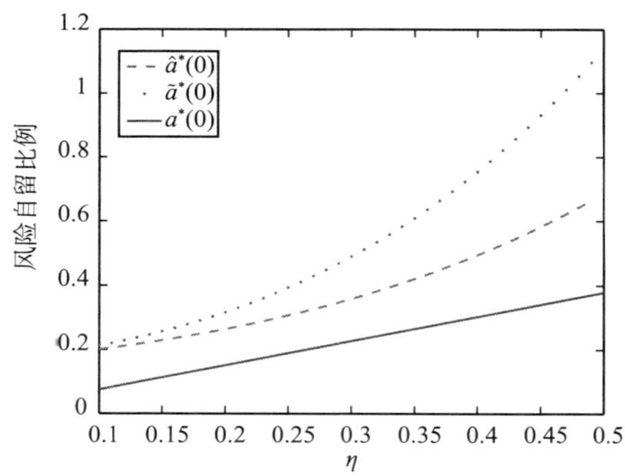

（d）再保险价格η

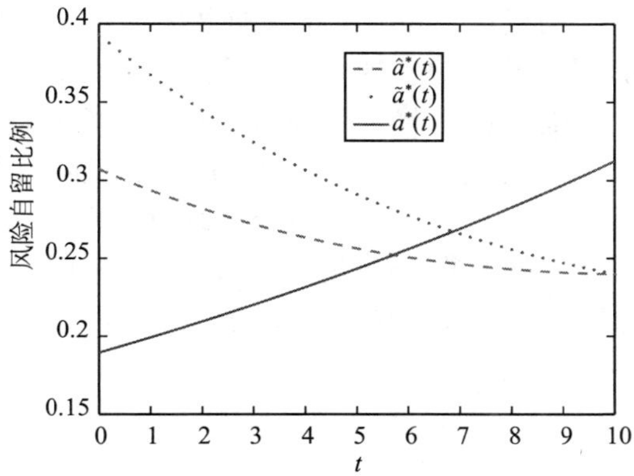

（e）决策时点t

图3.1　最优比例再保险策略随主要模型参数的变化情况

图3.1（a）表明两种效用函数对应的最优再保险策略都随外推强度β的增强而增加，即当保险人对历史损失赋予更高的权重时，他的再保险需求会减少。这是因为加权平均S的动态（3.2）与财富的动态（3.5）有负的相关性，风险之间可以相互对冲。当其他条件不变时，越大的β意味着风险对冲效应越强。在这种意义下，外推期望可以为保险公司分散索赔风险。因此再保险需求随β增加而减小。

图3.1（b）描述已经发生的索赔的加权平均S的变化对最优再保险策略的影响。保险人的风险预留关于S递增。这是因为越高的S表明外推期望越大，保险人在当前时刻可以得到更高的保险费来处理未来的索赔，即他有更高的偿付能力，这也说明外推偏见能在发生较大的索赔后给保险人提供一定的补偿，这为保险人提供了一种类似于再保险的保护。但是随着保险人的风险厌恶水平的提高，他的风险承担能力下降，需要购买更多的再保险来预防意外的索赔风险（见图3.1（c））。

因为高的再保险相对安全载荷η使得保险人通过购买再保险预防单位索赔风险的成本更高，所以可以用η来代表再保险的价格。图3.1（d）说明保险人的风险自留比例随再保险价格的上升而增加。而且随着η增加，指数效用函数对应的最优再保险策略$\tilde{a}^*(t)$以更高的速度递增，而均值—方差对应的再保险策略$\hat{a}^*(t)$的递增速度相对缓慢。比较图3.1（d）中三种不同情形下的最优再保险策略$\tilde{a}^*(t)$，$\hat{a}^*(t)$和$a^*(t)$，很容易发现外推偏见加速了再保险价格对风险自留额的影响。

最后需要强调的是决策时间t也对再保险决策产生重要影响。图3.1（e）

证明了随着决策点 t 的变化，外推保险人的最优再保险策略与标准再保险策略呈现完全相反的变化趋势。随着 t 靠近契约终点 T，外推保险人减少风险自留比例，而理性保险人增加风险自留比例。而且对较小的 t，外推保险人的最优风险自留比例大于理性保险人的最优风险自留比例，达到某一时点后，外推保险人的最优风险预留小于理性保险人的最优风险预留。这是因为对给定的 S，外推的索赔期望 $e^{-\beta t}\mu + S$ 随时间 t 递减，这导致外推保险人获得的保险费关于 t 递减，保险费先大于后小于理性保险人的保险费。

3.4 本章小结

由于（再）保险契约具有重复性且索赔期望较难估计的特点，所以保险和再保险公司通常会采取差异定价的方法，并根据前期的索赔情况调整契约条款。即根据索赔情况的好坏，对同一产品收取不同的保险费，特别是对一些大型的保险项目。为了建模这种信念，本章引入外推期望，即采用契约期间所有已经发生的索赔和初始估计的索赔期望值的指数加权平均估计未来的索赔期望，这是一种不同于贝叶斯更新的非理性学习方式。外推期望使得保险人和再保险人相信如果索赔已经上升或下降，那么在未来的一段时间它会保持这种趋势，继续上升或下降。上升或下降的期望使得期望保费原则计算的保险费也随之上升或下降。

研究发现，在缺乏外推偏见时，最优风险自留比例随决策时间递增；当外推偏见存在时，最优风险自留比例决策随时间递减。另外，最优风险预留水平会随着外推强度和过去索赔的加权平均的增加而增加。而且即使有相同的风险厌恶系数，外推的均值—方差偏好的保险人预留的索赔风险会也会大于外推的指数效用偏好的保险人预留的索赔风险，尽管在缺乏外推偏见时，二者的风险预留水平总是相同的。

第 4 章

扩散模型不确定下的稳健再保险契约

正如第 3 章所言，对相同的保险产品进行差异定价在现实保险中是普遍存在的。在此言论下，第 3 章提出了外推的索赔期望模型使得保险公司和再保险公司会随着索赔的发生动态调整保险和再保险的价格。但是对价格的调整仅仅是基于保险公司对索赔期望预测的角度，并没有考虑再保险需求以及参与者的主观风险态度，如风险和模糊厌恶，以及再保险人的偏好等对价格的影响。

前面两章都是以保险公司的视角分析最优再保险决策，但事实上再保险契约涉及保险人和再保险人双方利益。正如博尔奇（1960a，1962，1969）、杨和扎里波普劳（2002）指出的对一方有吸引力的再保险契约对另一方可能是不能接受的。博尔奇认为关于再保险的最有前景的研究应该是契约研究。让・巴普蒂斯特和圣梅罗（Jean – Baptiste and Santomero，2000）、阿斯（Aase，2009）指出再保险市场是不完备的，所以再保险人不可能在公平的保险费原则下收取再保险费。博南等（2016）指出不同于无差异定价方法，讨价还价可以让保险人和再保险人共享交易收益。

再保险契约通常是在保险契约之后，因此如果不考虑初始的投保人改变他们的投保范围，则一旦保险契约签订之后，总的期望收益（总保险费减去总的期望索赔）就是固定的。在这种意义下，保险人和再保险人之间的交易关系就像是通过讨价还价来划分给定尺寸的“蛋糕”，在讨价还价的过程中，双方都想分得更多的净利润。如果再保险价格太高，保险人不愿意购买再保险，然而如果价格过低，则再保险人不愿意为保险人提供保险服务。所以，如果每一个参与者仅仅想着最大化自身的效用，一般不能达到帕累托市场均衡（Borch，1962；Quiggin and Chambers，2009；Kihlstrom and Roth，1982）。因此设计合理的再保险价格和理性的风险分摊机制是达成一个再保险契约的必要条件，这也揭示许多已有的研究假设再保险价格是提前设定的常数，仅仅考虑保险人的风险分配问题是不合理的，可参考施密德利（2001）、李等（2016）、维拉卡和贝兰特（Verlaaka and Beirlant，2003）、张秀萍和赵明清（2010）。

类似于其他的交易契约，再保险契约也包含两个基本要素：再保险价格以及再保险需求（或风险自留）①。讨价还价使得再保险人可以根据保险人的再保险需求调整价格，保险人可以根据再保险人给出的价格调整自身需求。这样得到的再保险契约是双方都可以接受的，因此在一个讨价还价的框架下处理再保险契约问题是合理的。鉴于目前大部分关于再保险研究的文献仅仅局限于考虑保险人的最优风险分配问题，而忽略再保险人的利益，所以动态委托代理框架是本章的一个创新点②。现在的问题是：再保险市场是不完备的，再保险的统一定价很困难，那么怎样刻画再保险的价格呢？

杨和扎里波普劳（2001）采用等效用原则研究保险风险的动态定价问题。博南等（2016）指出这种定价方法容易导致极端情形，比如对一方来说交易与否是没有差异的，但是对另一方来说交易可以获得最大收益。埃姆斯和哈伯曼（Emms and Haberman，2005）假设保险费策略为 $p(t)=k(t)\bar{p}$，其中 $\bar{p}$ 是正的随机变量，代表市场平均保险费，$k(t)$ 是相对保险费。对给定的需求函数，他们得到最优保险费策略 $k(t)$ 是常数。埃姆斯等（2007）和埃姆斯（2007a，2007b）考虑保险费策略 $p(t)=k(t)\bar{p}$ 和 $p(t)=\pi+r(t)(\bar{p}-\pi)$，其中 π 是收支均衡保险费。提前给定竞争的需求函数，保险人通过选择相对保险费 $k(t)$ 和 $r(t)$ 来优化目标函数。

博尔奇（1960a，1960b）指出为了使再保险价格相对“公平”，有必要找出一般规则来确定再保险的相对安全载荷。亨利埃等（Henriet et al.，2016）采用方差保费原则中的相对安全载荷刻画保险价格，在市场完全竞争的条件下求得均衡的保险价格动态。受这些研究的启发，本章及后面章节延伸传统的再保险相对安全载荷来代表再保险价格。尽管仍然采用期望

---

① 当然一般的契约还包含契约期限，这里假设保险契约期限为 T，并且在 $[0,T]$ 保险人和再保险人都承诺不会临时终止契约。

② 基尔斯特龙和罗斯（Kihlstrom and Roth，1982）在静态环境下采用委托代理框架研究风险厌恶对讨价还价保险契约条款的影响；多尔蒂和斯特梅尔（Doherty and Smetters，2005）在多阶段离散的委托代理框架中定义了道德风险，研究了保险费设计，保险监管，保险人的风险预留。但是这两个研究都没有得到解析结果。

保费原则来计算保险费，但是此时的相对安全载荷不再是提前给定的常数，而是随着需求、决策时间和偏好等发生变化。用传统的期望值原则或方差原则计算保险费，相对安全载荷是给定的常数，不管有多少再保险需求，再保险人单位时间单位风险暴露得到相同的保险费。这些保险费原则忽略了保险人和再保险人之间讨价还价的特征。高的相对安全载荷表示再保险更加昂贵。因此再保险人的决策行为可以用非负的相对安全载荷来刻画，本书的后面章节称其为再保险价格。

本章引入了模型不确定性或称为模型模糊性。大部分在保险经济学中使用的效用模型都是源于主观期望效用理论，因此这些文献假设对概率的模糊性不会影响决策行为。然而阿罗（Arrow，1982）通过控制的实验和实地调查数据显示个体不会根据期望效用模型决定要不要购保险。霍加斯和昆鲁特（Hogarth and Kunreuther，1985，1989）、昆鲁斯（Kunreuther，1989）、宫晓琳等（2015）、卡邦托斯（Cabantous，2007）、卡邦托斯等（2011）通过调查研究也指出这个假设与很多实验结果是不相符的，现实中，精算师和承保人都是在损失概率未知的情形下为保险和再保险契约报价。

考虑模型模糊性有如下原因。首先，风险和模糊性有明显的不同：风险是指状态变量的概率分布是已知的，而模糊性是指单一的概率测度不能准确地描述状态变量（Knight，1921；Alary et al.，2013；Gollier，2014）。其次，埃尔斯伯格悖论（Ellsberg，1961）及相关的实验证明决策者会不同的对待风险和模糊性，因为模糊厌恶的决策者考虑多个概率测度（Gilboa and Schmeidler，1989）。另外，众所周知，采用扩散模型代表索赔过程仅仅是真实索赔的一个近似。最后，梅尔顿（Merton，1980）和科克兰（Cochrane，1997）指出扩散模型中的漂移项是非常难以估计的，而且最优决策和值函数对漂移参数是相当敏感的。弗罗特（Froot，2001）指出损失概率的极大不确定性导致再保险市场失灵。因此考虑保险人或者是再保险人对扩散模型持怀疑态度是合理的。对模型模糊性的厌恶诱导保险人和再保险人做出稳健的决策来对冲模糊性的不利影响，使得再保险契约在真实索赔偏离参照值时也是适用的。

获得稳健决策的两个常用方法是吉尔博阿和施梅德勒（Gilboa and Schmeidler，1989）提出的最大最小（max-min）期望效用模型和克利巴诺夫等（Klibanoff et al.，2005）提出的光滑模糊性偏好模型，然而这两种方法均没有解决如何确定多先念集合。稳健控制理论通过统计扰动近似模型来设置概率集合，使得额外模型在统计上难以与近似模型进行区分（Anderson et al.，2000；Hansen and Sargent，2001）。具体的模型有安德森等（2003）的递归多先念模型，陈和爱泼斯坦（Chen and Epstein，2002）的惩罚相关的多先念效用模型。为了确定合理的模糊厌恶水平以及量化模糊厌恶对最优再保险契约的影响，本章及后面章节都采用惩罚相关的多先念效用模型，这个效用模型分离和参数化了模型模糊性和模糊性厌恶，并且可以通过错误概率将模糊厌恶水平限定在一个合理的范围。

本章在连续时间委托代理框架下研究稳健的比例再保险契约设计问题。本研究对现有研究有如下几个方面的补充。(1) 充实了现有的关于保险人通过购买再保险来分散风险的相关研究。(2) 提出了一种简单的（再）保险定价方法。(3) 在不完备的再保险市场，再保险人不会被动地接受再保险需求和价格，而是积极地调整价格来刺激需求。最优再保险价格随时间递减，使得保险人将需求量维持在常数水平。(4) 模糊厌恶的决策者悲观地认为实际的索赔大于初始的预估值。所以当保险人是模糊厌恶时他会增加需求，当再保险人是模糊厌恶时他会抬高价格。

4.1 稳健再保险契约设计

这一节在连续时间委托代理框架下设置保险人和再保险人之间的稳健讨价还价模型，其中风险厌恶的保险人是代理人，风险和模糊厌恶的再保险人是委托人，再保险人为保险人提供比例再保险。考虑由一维标准布朗运动 $B(t)$ 产生的滤波空间（Ω，$\mathcal{F}$，$\{\mathcal{F}_t\}_{t\in[0,T]}$，$P$），其中 T 是有限的常数代表契约期限，$\mathcal{F}_t$ 是信息流，包含到 t 时刻为止可用的所有信息。

4.1.1 代理人偏好及激励相容限制

根据伊格莱哈（Iglehart，1969），假设保险人的索赔过程是一个带漂移项的布朗运动，即

$$dL(t) = \mu dt - \sigma dB(t) \tag{4.1}$$

这是经典的 C－L 模型的一个近似过程（Grandell，1991）。由于应用此模型更容易求得解析解，所以在保险和再保险研究中被广泛使用（Jang and

Kim，2015；Bensoussan et al.，2014；Zeng，2010）①。$L(t)$ 是到 t 时刻为止发生的索赔总额，$\mu>0$ 是索赔率，即单位时间索赔要求的期望值，$\sigma>0$ 是索赔的波动率。

再保险人是委托人，有决策权。他为保险人提供比例再保险契约，设定再保险价格 $\eta=\{\eta(t):0\leqslant t\leqslant T\}$ 以及建议保险人的风险自留比例 $a=\{a(t)\in[0,1]:0\leqslant t\leqslant T\}$。则对每一次索赔，$a(t)$ 是保险人承担的赔偿比例，余下的 $1-a(t)$ 是再保险人承担的赔偿比例②。除了购买再保险和预留保险准备金之外，保险人可以将保险盈余投资于无风险资产（债券，基金），来确保资产的保值增值。无风险资产的收益按照连续复率来计算，其利率为 r。保险费和再保险费根据期望保费原则计算，购买再保险之后，保险人的财富动态为：

$$\begin{aligned}dW(t)&=rW(t)dt+[(1+\theta)\mu-(1+\eta(t))(1-a(t))\mu]dt-a(t)(\mu dt-\sigma dB(t))\\&=[rW(t)+(\theta-\eta(t))\mu+a(t)\eta(t)\mu]dt+a(t)\sigma dB(t)\end{aligned}\tag{4.2}$$

其中非负参数 θ 和 η 分别表示保险和再保险的相对安全载荷。在传统的研究中，θ 和 η 是源于保险的管理成本、营业成本等，用于生成保险和再保险的附加费用，一般都假设是契约之前设定的常数。因为相对安全载荷越高，保险费越高，所以作为理性经纪人的保险人和再保险人可以根据需求设定“公平”的相对安全载荷来最大化自身目标函数。本章将保险和再保险相对安全载荷延伸为保险和再保险的价格。因为保险契约在再保险契约之前就已经签订了，不失一般性，假设初始投保人不改变保险覆盖范围，即保险需求是不变的，所以可以认为保险价格 θ 是常数，仅有再保险价格 η 随着需求的变化而调整。

为了得到再保险契约的解析表达式，厘清再保险需求与价格之间的相关性，本章假设保险人和再保险人都有常数绝对风险厌恶的偏好，且风险厌恶系数分别为非负的参数 γ 和 m。首先考虑保险人的优化问题，以此确定激励相容机制。在时间 t，对给定的再保险价格 $\eta(t)$，保险人的目标是通过控制索赔风险的自留比例 $a(t)$ 来最大化终端财富的期望指数效用。即他的值函数为：

$$J(t,W)=\sup_{a(t)}E_t^P\left[-\frac{1}{\gamma}\exp[-\gamma W(T)]\right]\tag{4.3}$$

---

① 曾（2010）证明当保险组合的准备金相对于单个索赔足够大，或者期望值 μ 相对于波动率 σ 足够大，扩散模型是 C－L 模型的一个很好的近似。

② 对比例再保险，称 $1-a(t)$ 为再保险需求。

满足终端条件 $J(T,\ W) = -\frac{1}{\gamma}e^{-\gamma W}$ 以及预算约束式（4.2）。其中 $E_t^P[\ \cdot\ ]$ 表示根据信息集 $\mathcal{F}_t$，在概率测度 P 下确定的条件期望。

一个再保险契约是激励相容的当且仅当保险人的风险自留比例 $a(t)$ 是优化问题式（4.3）的最优解。根据标准的动态规划原理，可得如下结论。

命题 4.1 对给定的再保险价格 $\eta(t)$，再保险契约是激励相容的当且仅当保险人的最优风险自留比例满足如下关系式：

$$a^*(t) = \frac{\mu\eta(t)}{\gamma\sigma^2}e^{-r(T-t)} \tag{4.4}$$

此式也称为保险人对价格 $\eta(t)$ 的最佳反应函数。

证明： 命题 4.1 的证明类似于定理 4.1，在此省略。

式（4.4）表明当索赔满足扩散模型时，保险人的最优风险自留比例 $a^*(t)$ 是再保险价格 $\eta(t)$ 的线性函数。再保险的价格越高，风险自留比例越大，比例再保险的需求越小。

4.1.2 模型模糊性及委托人偏好

所谓的模型模糊性，或者称为模型错误设定或模型不确定性，是指用一个概率测度难以准确地刻画模型。这一部分首先引入由于关心模型模糊性而导致的信念扭曲。在传统的期望效用理论中，一个重要的假设是：保险人和再保险人相信过程（4.1）能准确地描述索赔变化，他们使用共同的概率测度 P 估算收益和效用。但是，在现实中，有很多因素使得这一假设被违背，即他们对同一信息流存在不同的信念。霍加斯和昆鲁特（1989）通过问卷调查证明投保人对保险事故发生的概率往往是不确定的。保险人和再保险人仅仅将索赔过程（4.1）或者是概率测度 P 作为真实索赔过程的近似估计。所以保险人和再保险人在做决策时可能会考虑除 P 以外的模型。

本章首先假设保险人认为概率测度 P 能完全刻画索赔过程，而再保险人认为概率测度 P 不能准确地描述索赔过程。在设定再保险契约时，模糊厌恶的再保险人会考虑额外的概率测度，这些概率测度在统计上是难以与 P 区分开的，称之为再保险人的扭曲的信念。考虑到 P 是对数据生成过程的直接估计，再保险人将模型（4.1）作为参照（基准）模型。类似于马恩霍特（2004）、苗和里维拉（Miao and Rivera，2016），本章用与概率测

度 P 相互绝对连续和等价的概率测度来描述再保险人的扭曲的信念①。$\wp$是代表所有这样的概率测度的集合，即

$$\wp := \{Q : Q \sim P\}$$

根据 Girsanov's 定理，随机过程的概率测度的连续变化可以用非负的鞅表示。对任意的 $Q \in \wp$，存在可测的实值过程 $\upsilon(t)$，满足

$$\upsilon(t) = \frac{\mathrm{d}Q}{\mathrm{d}P}\bigg|_{\mathcal{F}_t}$$

其中

$$\upsilon(t) = \exp\left\{\int_0^t l(s)\mathrm{d}B(s) - \frac{1}{2}\int_0^t l(s)^2\mathrm{d}s\right\}$$

是一个 P - 鞅（Karatzas and Shreve，1988）。$l(t)$ 称为密度算子（Miao and Rivera，2016），满足 Novikov's 条件②

$$E_t^P\left[\exp\left(\frac{1}{2}\int_0^T \| l(s)^2 \| \mathrm{d}s\right)\right] < \infty$$

这进一步限制了额外的模型，使得这些模型仅仅只有漂移项是不相同的。根据 Girsanov's 定理，"通过一个测度变换，一个给定的伊藤过程被转化为另外一个漂移项不同的伊藤过程"，则对任意给定的 $Q \in \wp$，可以定义它上面的一个标准布朗运动

$$\mathrm{d}B_Q(t) = \mathrm{d}B(t) - l(t)\mathrm{d}t$$

所以模糊厌恶的再保险人担心索赔过程不能被均值为零的高斯过程 $B(t)$ 刻画。在这个额外的概率测度 Q 下，索赔过程式（4.1）可以重新表示为：

$$\mathrm{d}L(t) = \mu\mathrm{d}t - \sigma(\mathrm{d}B_Q(t) + l(t)\mathrm{d}t) = (\mu - \sigma l(t))\mathrm{d}t - \sigma\mathrm{d}B_Q(t) \qquad (4.5)$$

从模型（4.1）到模型（4.5）只有漂移系数发生了变化，波动率是相同的③。所以此种类型的模型模糊性可以理解为索赔过程的漂移函数（索赔率）是不确定的，它添加内生的漂移项到参照模型。鉴于扩散模型式（4.1）仅仅是真实索赔过程的一个近似，并且均值比方差更加难以估计（Merton，1980；Basak，2000，2005），这种不确定性是符合实际情况的。函数 $l(t)$ 是待定的，它参数化了模型不确定性。当 $l(t) > 0$，再保险

---

① 安德森等（2000）指出概率测度之间的绝对连续性是连续时间扩散模型的一个必要要求，因为非绝对连续的模型在统计上很容易区分。

② 为了确保 $\upsilon(t)$ 是一个 P - 鞅，邦苏桑（2004）的引理 4.1.1，宏达和卡米穆拉德（Honda and Kamimurade，2011）的引理 2 证明 Novikov's 条件是充分的。

③ 在没有绝对连续性的假设条件下，爱泼斯坦和吉（Epstein and Ji，2013）在模型的漂移和波动率不确定性的情形下研究连续资产定价。

人对参照模型（4.1）持悲观态度，他认为实际索赔额大于估计值；当 $l(t)<0$，再保险人对参照模型持乐观态度，他认为实际索赔额小于估计值；当 $l(t)=0$，再保险人完全相信参照模型。

保险人完全相信参照模型，他按照参照模型来收取保险费，自然也只愿意按照参照模型来支付再保险费。所以内生的漂移项 $l(t)$ 仅仅影响再保险人承担的索赔风险，再反过来影响再保险价格，而没有直接改变用来计算再保险费的索赔期望值。再保险人的盈余投资在与保险人相同的货币市场账户。在概率测度 Q 下，他的财富动态表示为：

$$\begin{aligned} dX(t) &= [rX(t)+(1+\eta(t))(1-a(t))\mu]dt-(1-a(t))[(\mu-\sigma l(t))dt-\sigma dB_Q(t)] \\ &= [rX(t)+(1-a(t))(\mu\eta(t)+\sigma l(t))]dt+\sigma(1-a(t))dB_Q(t) \end{aligned} \tag{4.6}$$

再保险人是模糊厌恶的，为了获得稳健的再保险契约，使得契约在状态变量准确和存在错误设定时都是适用的，他考虑最差的密度算子 $l^*(t)$。但是，并非所有的偏差都是可以接受的，因为对参照模型的偏离导致再保险人的效用受到相对熵惩罚，这进一步限定了可用模型的范围。为了使契约成交，再保险人设置满足保险人激励相容限制的再保险价格。因此再保险人的优化问题分为两步：首先确定最小化算子 $l^*(t)$，对应到最差概率测度 Q^*；再确定最优再保险价格 $\eta^*(t)$。他的惩罚相关的目标函数表示为：

$$V(t, X)=\sup_{\eta(t)}\inf_{l(t)} E_t^Q\left\{\int_t^T \frac{1}{2\phi(s)}l(s)^2 ds+\left[-\frac{1}{m}\exp(-mX(T))\right]\right\} \tag{4.7}$$

满足激励相容限制（4.4）、财富预算（4.7）以及终端条件 $V(T, X)=-\frac{1}{m}e^{-mX}$。

在优化问题（4.7）中，对给定的信息流 $\mathcal{F}_t$，期望效用是采用概率测度 Q 计算的。安德森等（2000，2003）指出这种类型的稳健模型保留了理性期望模型的解析易处理性。其中积分项源于对模型模糊性的相对熵惩罚，它测量了额外模型 Q 对参照模型 P 的偏离程度（Hansen and Sargent，2001；Dupuis and Ellis，1997）。这一项等于零当且仅当概率测度 Q 和 P 是相等的。$\phi(t)\geqslant 0$ 表示在 t 时刻再保险人对模型稳健性的关注程度。当 $\phi(t)=0$，再保险人完全相信索赔过程是参照模型 P，此时优化问题式（4.7）退化到标准的效用最大化问题，任何的偏离会受到惩罚 $\frac{1}{\phi}l^2$。$\phi(t)$

越大意味着对参照模型的信任越小，越是关注模型的稳健性。因此，再保险人的模糊厌恶关于 $\phi(t)$ 递增。

为了求解封闭形式的再保险契约，本章采用马恩霍特（2004，2006）提出的状态相关的稳健偏好参数

$$\phi(t) = -\frac{\beta}{mV(t,\ X)} \geqslant 0$$

这种形式的 $\phi(t)$ 保留了同位相似的性质，即它使得最优决策独立于财富状况，这确保了最优决策的稳定性，马恩霍特称之为同位相似的稳健偏好①。其中参数 β 和 m 是非负的常数，分别是再保险人的模糊厌恶系数和风险厌恶系数。当 $\beta=0$ 时，再保险人是模糊中性的。下一小节将证明 $\beta=0$ 导致最差情形的密度算子 $l^*(t)=0$，并且不确定模型退化到基准模型。

4.2　稳健再保险契约求解

本节根据4.1节的模型设置来求解稳健的比例再保险契约，并分析契约的相关性质。

定理4.1　当保险索赔是扩散过程并且再保险人认为索赔过程存在错误设定时，稳健的最优比例再保险契约为：

$$\begin{cases} a^*(t) = \dfrac{\gamma+m+\beta}{2\gamma+m+\beta} \\ \eta^*(t) = \dfrac{\gamma\sigma^2(\gamma+m+\beta)}{\mu(2\gamma+m+\beta)}e^{r(T-t)} \end{cases} \tag{4.8}$$

最差情形的密度算子为：

$$l^*(t) = -\frac{\beta\gamma\sigma}{2\gamma+m+\beta}e^{r(T-t)} \tag{4.9}$$

在此稳健的再保险契约下，保险人的值函数为：

$$J(t,\ W) = -\frac{1}{\gamma}\exp\{-\gamma[We^{r(T-t)}+g(t)]\} \tag{4.10}$$

其中

① 马恩霍特（2004）对此表达式给出了详细的推导，并结合实际数据证明了它的合理性。稳健偏好的这种定义方式不仅适用于指数效用、密效用（Maenhout，2004，2006；Escobar et al.，2015），而且适用于均值—方差准则（Yi et al.，2015；Li et al.，2016），也可以理解为 ϕ 依赖于状态变量 X。

$$g(t)=\frac{\theta\mu}{r}[e^{r(T-t)}-1]-\frac{\gamma\sigma^2}{2r}\left[\frac{\gamma+m+\beta}{2\gamma+m+\beta}-\frac{(\gamma+m+\beta)^2}{2(2\gamma+m+\beta)^2}\right][e^{2r(T-t)}-1] \tag{4.11}$$

再保险人的值函数为：

$$V(t, X)=-\frac{1}{m}\exp\{-m[Xe^{r(T-t)}+h(t)]\} \tag{4.12}$$

其中

$$h(t)=\frac{\sigma^2}{4r}\left[\frac{(\gamma+m+\beta)^2}{2\gamma+m+\beta}-(m+\beta)\right][e^{2r(T-t)}-1] \tag{4.13}$$

证明：在设定再保险价格时，再保险人已经知道保险人的最优风险自留比例满足式（4.4），下面应用动态规划原理求解优化问题（4.7）。安德森等（2000）指出（4.7）有如下稳健的 HJB 方程

$$\sup_{\eta(t)}\inf_{l(t)}\{V_t+[rX-(1-a^*)(\mu\eta+\sigma l)]V_X+\frac{1}{2}\sigma^2(1-a^*)^2V_{XX}-\frac{1}{2\beta}ml^2V\}=0$$

猜想值函数 $V(t, X)$ 有如下形式：

$$V(t, X)=-\frac{1}{m}\exp\{-m[Xe^{r(T-t)}+h(t)]\}$$

满足边界值条件 $h(T)=0$。只要能求得待定函数 $h(t)$ 的解析表达式，就证明对值函数的猜想是正确的。假设猜想是正确的，则

$$V_t=m[rXe^{r(T-t)}-h']V,\quad V_X=-me^{r(T-t)}V,\quad V_{XX}=m^2e^{2r(T-t)}V$$

将这些偏导数代入上述 HJB 方程有

$$\sup_{\eta(t)}\inf_{l(t)}\left\{h'-\frac{1}{2}m\sigma^2e^{2r(T-t)}+\frac{m\mu\eta}{\gamma}e^{r(T-t)}+(\mu\eta+\sigma l)e^{r(T-t)}-\frac{\mu\eta(\mu\eta+\sigma l)}{\gamma\sigma^2}\right.$$
$$\left.-\frac{m\mu^2\eta^2}{2\gamma^2\sigma^2}+\frac{1}{2\beta}l^2\right\}=0 \tag{4.14}$$

首先求解最优密度算子。式（4.14）左端关于 $l(t)$ 的二阶导数大于零，根据一阶条件，最小化密度算子为：

$$l^*(t)=\beta\left[\frac{\mu\eta}{\gamma\sigma}-\sigma e^{r(T-t)}\right] \tag{4.15}$$

内生的漂移项 $l^*(t)$ 对应到再保险人意识到的最糟糕的索赔过程，再保险人在此基础上设置稳健的再保险契约。将式（4.15）代入式（4.14）有

$$\sup_{\eta(t)}\left\{h'-\frac{1}{2}m\sigma^2e^{2r(T-t)}+\mu\eta e^{r(T-t)}+\frac{m\mu\eta}{\gamma}e^{r(T-t)}-\frac{\mu^2\eta^2}{\gamma\sigma^2}-\frac{m\mu^2\eta^2}{2\gamma^2\sigma^2}\right.$$
$$\left.-\frac{1}{2}\beta\sigma^2e^{2r(T-t)}+\frac{\beta\mu\eta}{\gamma}e^{r(T-t)}-\frac{\beta\mu^2\eta^2}{2\gamma^2\sigma^2}\right\}=0 \tag{4.16}$$

式（4－16）左端关于 $\eta(t)$ 的一阶条件为：

$$\mu e^{r(T-t)}+\frac{m\mu}{\gamma}e^{r(T-t)}-\frac{2\mu^2\eta}{\gamma\sigma^2}-\frac{m\mu^2\eta}{\gamma^2\sigma^2}+\frac{\beta\mu}{\gamma}e^{r(T-t)}-\frac{\beta\mu^2\eta}{\gamma^2\sigma^2}=0 \quad (4.17)$$

关于 $\eta(t)$ 的二阶导数为：

$$-\frac{2\mu^2}{\gamma\sigma^2}-\frac{m\mu^2}{\gamma^2\sigma^2}-\frac{\beta\mu^2}{\gamma^2\sigma^2}<0$$

则通过求解式（4.17）即可得最优的再保险价格 $\eta^*(t)$。代 $\eta^*(t)$ 到反应函数式（4.4）以及式（4.15），可得最优再保险策略式（4.8）和最优密度算子式（4.9）。

下面求解保险人和再保险人的值函数。首先考虑再保险人的，这仅仅需要求解函数 $h(t)$。将 $\eta^*(t)$ 代入 HJB 方程（4.16）有

$$h'-\frac{1}{2}m\sigma^2e^{2r(T-t)}-\frac{1}{2}\beta\sigma^2e^{2r(T-t)}+\frac{\sigma^2(\gamma+m+\beta)^2}{2(2\gamma+m+\beta)}e^{2r(T-t)}=0$$

结合边界值条件 $h(T)=0$，可得式（4.13）。用同样的方法可以证明命题4.1，并求解保险人的值函数式（4.10）。证明完毕。

（1）首先分析式（4.7）中对应的最小优化问题。最差情形的密度算子 $l^*(t)$ 是再保险人认为模型存在错误设定时，概率测度 P 允许的最大偏离量。这也从侧面说明了并不是任意的程度的偏离都是有效的，相对熵惩罚限定了偏离范围。当 $\beta=0$ 时，$l^*(t)=0$，即不存在模糊厌恶时，就算模型的错误设定确实存在也不会对契约和值函数造成影响。不失一般性，本章假设不存在模型的错误设定和不存在模糊厌恶是等价的。当 $\beta>0$ 时，$l^*(t)\leqslant 0$，此时模糊厌恶的再保险人增加正的漂移 $-\sigma l^*(t)$ 到原始的索赔过程，他悲观地认为真实的索赔额大于参照模型估计的值。并且

$$\frac{\partial l^*}{\partial\beta}=-\frac{\gamma\sigma(2\gamma+m)}{(2\gamma+m+\beta)^2}e^{r(T-t)}<0$$

所以再保险人的模糊厌恶系数 β 越高，他认为偏离程度会越大，真实索赔越高。另外

$$\frac{\partial l^*}{\partial\sigma}=\frac{-\beta\gamma}{2\gamma+m+\beta}e^{r(T-t)}<0$$

这说明索赔波动率越大，再保险人认为参照过程的可信度越低，真实可用的模型集合越大。

（2）再分析式（4.8）中的稳健比例再保险契约（$a^*(t)$，$\eta^*(t)$）。

①如果再保险价格 $\eta^*(t)$ 为给定的常数，反应函数（4.4）显示保险人的最优风险自留比例 $a^*(t)$ 关于时间 t 递增，$\frac{\partial a^*(t)}{\partial t}=ra^*(t)>0$，也

就是说再保险需求随时间 t 递减。但是这种情况仅仅发生在第 2 章给出的代表性代理人模型，在代表性代理人模型中，保险人和再保险人都是价格的接受者，并且价格是给定的常数。在当前的委托代理框架下，再保险人有讨价还价的能力。式（4.8）显示 $\frac{\partial\eta^{*}(t)}{\partial t}=-r\eta^{*}(t)<0$，即为了获得更多的保险份额和更高的终端效用，再保险人动态下调再保险价格，而不是消极地接受不变的价格和下降的需求。乘积形式 $a^{*}(t)=\frac{\mu e^{-r(T-t)}}{\gamma\sigma^{2}}\cdot\eta(t)$ 导致时间对风险自留比例的影响正好相互抵消。递减的价格激励保险人的风险自留比例等于常数，并且仅仅依赖于博弈双方的风险和模糊厌恶系数，因此对于每一次索赔，再保险人只需要承担固定比例的索赔额。

②在委托代理框架下，对任意的 $t\in[0,T]$，保险人的风险预留水平 $a^{*}(t)\in(0,1)$，即存在再保险需求，再保险交易总是可以成交的。因此不需要讨论极端情形 $a^{*}(t)=0$ 和 $a^{*}(t)\geqslant 1$，或者强加额外的条件限制 $a^{*}(t)$ 的取值范围①。$a^{*}(t)=0$ 意味着保险人购买全额再保险，如果 $\eta^{*}(t)>\theta$，则保险人得到负的收益，只有当保险人意识到未来索赔带来的损失大于购买全额再保险带来的损失时，此情形才会出现。这种情形对应的再保险市场是不可持续的。$a^{*}(t)=1$ 意味着没有任何的再保险需求，再保险人不会任由这种情形发生。幸运的是本章的模型设计使这两种情形不会出现，这是委托代理框架的一个优势，更加符合再保险在实际生活中的应用。这是因为在讨价还价过程中保险人有机会调整需求，这迫使再保险人设置合理的价格；再保险人有机会调整价格，这诱导保险人自愿购买再保险。在契约初始阶段，再保险价格较高，但是如果保险人没有临时终止契约，价格会逐渐降低以阻止下降的需求。这可以理解为再保险人通过降低价格提供激励机制以刺激需求，并维持与保险人之间的长期合作关系。

③另一个非常重要的结论是保险人的最优风险预留水平独立于索赔的波动率 σ，即对索赔的正向冲击和负向冲击都不会影响再保险需求。这是一个反直觉的结论。直觉上，对索赔的正向冲击降低风险自留比例。当价格是给定的常数时，这种情形就会发生。委托代理框架下的风险预留独立

① 李等（2012）、曾等（2013）以及第 2 章和第 3 章的研究允许 $a^{*}(t)>1$。在这些的研究中，这种情形表示保险人接受新的保险业务。但是这是一个限制很强的假设，因为保险人现存的保险业务与新的保险业务一般存在不同的索赔过程。

于波动率源于两个相反的影响。如果再保险价格 $\eta^*(t)$ 是给定的常数，由式（4.4）可知风险预留 $a^*(t)$ 与波动率 σ 呈反比关系；如果再保险价格 $\eta^*(t)$ 源于讨价还价，式（4.8）显示 $\eta^*(t)$ 与波动率 σ 呈正比关系。乘积形式 $a^*(t)=\frac{\mu e^{r(T-t)}}{\gamma\sigma^2}\cdot\eta^*(t)$ 导致正向和负向的影响正好相互抵消。

标注 4.1　（1）对静态的或者说是单阶段的再保险契约（$T=t$），再保险的费率（单位时间单位风险的保险费）为：

$$(1+\eta)\mu=\mu+\frac{\gamma(\gamma+m+\beta)}{2\gamma+m+\beta}\sigma^2$$

在这种情形下，保险费率不仅依赖于期望值还依赖于波动率，延伸的期望值原则简化到方差原则。此时的再保险相对安全载荷为 $\frac{\gamma(\gamma+m+\beta)}{2\gamma+m+\beta}$，完全由保险人和再保险人的风险和模糊厌恶系数决定。所以这个保费原则结合了指数保费原则的特征，即再保险费随着再保险人的风险和模糊厌恶水平的增加而增加。

（2）对动态的再保险契约，再保险费率为：

$$(1+\eta(t))\mu=\mu+\frac{\gamma(\gamma+m+\beta)e^{r(T-t)}}{2\gamma+m+\beta}\sigma^2$$

在这种情形下，延伸的期望值原则结合了期望值原则、方差保费原则、指数保费原则的优势，并且考虑了货币的时间价值。除了纯保费 μ，额外的再保费 $\frac{\gamma(\gamma+m+\beta)e^{r(T-t)}}{2\gamma+m+\beta}\sigma^2$ 随着时间 t 贬值，即随着时间 t 递减。最重要的是本章的研究给出了一种确定再保险相对安全载荷的一般方法。

标注 4.2　因为市场上再保险人的数量相对于保险人来说较少，所以一旦保险人临时终止再保险契约，他将很难找到再保险人分摊风险。所以本章假设保险人和再保险人可以承诺长期的合作关系（Jean - Baptiste and Santomero，2000；Gilliam，1980），并且赋予再保险人更多的调整价格的灵活性。另外连续时间模型便于得到契约的解析表达式。尽管连续时间变动的再保险价格在现实中并不存在，但是它可以指导现实定价，再保险人可以利用连续价格来指导统一定价、区间定价以及对相同再保险产品的差异定价。例如，在现实应用中，取某一时间段的中间价格或者平均价格作为实际价格。

4.3 其他情形

在定理4.1给出的稳健比例再保险契约中，再保险人认为索赔过程是模糊的，他通过设置一个稳健的再保险价格将模型模糊性可能带来的索赔风险部分转移给保险人。在现实中，相对于再保险人而言，保险人承保相对较少的高风险保险项目（Deelstra and Plantin，2014），所以他对观察到的索赔信息也有可能存在不同的看法。这一节首先假设保险人不相信参照模型 P，但再保险人完全相信 P。保险人通过对价格做出稳健的反应使得即使模型存在错误设定，购买的再保险也可以很好地控制意外的索赔风险。保险人考虑与 P 等价的概率测度 $\widetilde{Q}$，设此时对应的再保险契约为（$\widetilde{a}(t)$，$\widetilde{\eta}(t)$），保险人的密度算子为 $\widetilde{l}(t)$。则购买再保险之后，保险人的财富动态可以表示为：

$$\begin{aligned} \mathrm{d}W(t) &= rW(t)\mathrm{d}t + [(1+\theta)\mu - (1+\widetilde{\eta}(t))(1-\widetilde{a}(t))\mu]\mathrm{d}t \\ &\quad - \widetilde{a}(t)[(\mu - \sigma\widetilde{l}(t))\mathrm{d}t - \sigma \mathrm{d}B_{\widetilde{Q}}(t)] \\ &= [rW(t) + (\theta - \widetilde{\eta}(t))\mu + \widetilde{a}(t)(\mu\widetilde{\eta}(t) + \sigma\widetilde{l}(t))]\mathrm{d}t \\ &\quad + \sigma\widetilde{a}(t)\mathrm{d}B_{\widetilde{Q}}(t) \end{aligned} \tag{4.18}$$

随机过程 $\{B_{\widetilde{Q}}(t)\}_{t\in[0,T]}$ 是概率测度 $\widetilde{Q}$ 下的标准布朗运动。这个财富动态表明尽管保险人根据概率测度 P 收取保险费和支付再保险费，但是他相信真实的保险赔偿将会偏离预测值。

在这种情形下，模糊中性的再保险人的财富动态为：

$$\begin{aligned} \mathrm{d}X(t) &= rX(t)\mathrm{d}t + (1+\widetilde{\eta}(t))(1-\widetilde{a}(t))\mu\mathrm{d}t - (1-\widetilde{a}(t))(\mu\mathrm{d}t - \sigma\mathrm{d}B(t)) \\ &= [rX(t) + \mu\widetilde{\eta}(t)(1-\widetilde{a}(t))]\mathrm{d}t + \sigma(1-\widetilde{a}(t))\mathrm{d}B(t) \end{aligned} \tag{4.19}$$

尽管对再保险人而言索赔过程的漂移项并没有改变，但是保险人的稳健偏好会影响再保险需求，进而影响再保险价格。

类似于优化问题式（4.7），稳健偏好的保险人受到相对熵惩罚。他的惩罚相关的多先念目标函数为：

$$\widetilde{J}(t,W) = \sup_{\widetilde{a}(t)} \inf_{\widetilde{l}(t)} E_t^{\widetilde{Q}}\left\{\int_t^T \frac{1}{2\widetilde{\phi}(s)}\widetilde{l}(s)^2\mathrm{d}s + \left[-\frac{1}{\gamma}\exp(-\gamma W(T))\right]\right\}$$

满足终端条件 $\widetilde{J}(T,W) = -\frac{1}{\gamma}e^{-\gamma W}$ 和财富预算（4.18）。其中 $\widetilde{\phi}(s) = -\frac{\varepsilon}{\gamma\widetilde{J}(s,W)}$ 是保险人的稳健偏好参数，$\varepsilon>0$ 是他的模糊厌恶系数。

采用与上一节相同的方法求解上述优化问题，可以得到再保险契约的激励相容限制为

$$\tilde{a}^{*}(t)=\frac{\mu\tilde{\eta}(t)}{\sigma^{2}(\gamma+\varepsilon)}e^{-r(T-t)} \tag{4.20}$$

比较最佳反应函数式（4.4）和式（4.20），不难发现模糊厌恶的保险人相对模糊中性的保险人对再保险价格的变化有更小的灵敏性。具体来说，价格每增加或减少一单位，模糊厌恶保险人的风险自留比例相对于模糊中性保险人的风险自留比例变化更小。而且对相同的再保险价格，模糊厌恶的保险人购买更多的再保险来对冲索模型错误设定可能造成的意外索赔，即 $1-a^{*}(t)<1-\tilde{a}^{*}(t)$。采用与定理 4.1 类似的证明方法论，可得到如下定理。

定理 4.2 当保险索赔服从扩散过程并且保险人面临索赔过程的模糊性时，稳健的最优比例再保险契约为：

$$\begin{cases}\tilde{a}^{*}(t)=\dfrac{\gamma+\varepsilon+m}{2\gamma+2\varepsilon+m}\\[2ex]\tilde{\eta}^{*}(t)=\dfrac{\sigma^{2}(\gamma+\varepsilon)(\gamma+\varepsilon+m)}{\mu(2\gamma+2\varepsilon+m)}e^{r(T-t)}\end{cases} \tag{4.21}$$

最差情形的密度算子为：

$$\tilde{l}^{*}(t)=-\frac{\varepsilon\sigma(\gamma+\varepsilon+m)}{2\gamma+2\varepsilon+m}e^{r(T-t)}$$

在此稳健的再保险契约下，保险人的值函数为：

$$\tilde{J}(t, W)=-\frac{1}{\gamma}\exp\{-\gamma[We^{r(T-t)}+\tilde{g}(t)]\} \tag{4.22}$$

其中

$$\tilde{g}(t)=\frac{\theta\mu}{r}[e^{r(T-t)}-1]-\frac{\sigma^{2}(\gamma+\varepsilon)}{2r}\left[\frac{\gamma+\varepsilon+m}{2\gamma+2\varepsilon+m}-\frac{(\gamma+\varepsilon+m)^{2}}{2(2\gamma+2\varepsilon+m)^{2}}\right][e^{2r(T-t)}-1] \tag{4.23}$$

再保险人的值函数为：

$$\tilde{V}(t, X)=-\frac{1}{m}\exp\{-m[Xe^{r(T-t)}+\tilde{h}(t)]\} \tag{4.24}$$

其中

$$\tilde{h}(t)=\frac{\sigma^{2}}{4r}\left[\frac{(\gamma+\varepsilon+m)^{2}}{2\gamma+2\varepsilon+m}-m\right][e^{2r(T-t)}-1] \tag{4.25}$$

证明：这个定理的证明方法类似于定理 4.1，在此省略。

当 $\varepsilon=0$，有 $\tilde{l}^{*}(t)=0$；当 $\varepsilon>0$，有 $\tilde{l}^{*}(t)<0$。最优密度算子 $\tilde{l}^{*}(t)<0$

意味着索赔率发生了正向扰动 $-\sigma\tilde{l}^*(t)$，即模糊厌恶的保险人认为真实的索赔额大于估计值。越小的 $\tilde{l}^*(t)$ 标志最差情形的模型对参照模型的偏离程度越大。而且

$$\frac{\partial\tilde{l}^*}{\partial\varepsilon}=-\frac{\sigma(\gamma+m)(2\gamma+2\varepsilon+m)+2\sigma\varepsilon(\gamma+\varepsilon)}{(2\gamma+2\varepsilon+m)^2}e^{r(T-t)}<0$$

$$\frac{\partial\tilde{l}^*}{\partial\sigma}=-\frac{\varepsilon(\gamma+\varepsilon+m)}{2\gamma+2\varepsilon+m}e^{r(T-t)}<0$$

所以最差的密度算子关于模糊厌恶水平及索赔波动率递减，即保险人对模型不确定性的厌恶程度越高，或者是索赔的稳定性越差，主观认为的索赔就越大。

前面的分析显示模型模糊性是否会对再保险契约产生影响完全取决于保险人和再保险人对它的态度。为了更好地探寻模型模糊性和模糊性厌恶对最优再保险契约以及值函数的影响，下面给出标准的最优比例再保险契约。在标准的再保险契约中，一个重要的假设是保险人和再保险人都相信参照模型（4.1），即他们使用共同的概率测度 P 计算他们的期望效用。

推论 4.1 当保险索赔是扩散过程并且不存在任何模型不确定性时，最优的比例再保险契约为：

$$\begin{cases}a_0^*(t)=\dfrac{\gamma+m}{2\gamma+m}\\ \eta_0^*(t)=\dfrac{\gamma\sigma^2(\gamma+m)}{\mu(2\gamma+m)}e^{r(T-t)}\end{cases}\tag{4.26}$$

对应保险人的值函数为：

$$J_0(t,W)=-\frac{1}{\gamma}\exp\{-\gamma[We^{r(T-t)}+g_0(t)]\}\tag{4.27}$$

其中

$$g_0(t)=\frac{\theta\mu}{r}[e^{r(T-t)}-1]-\frac{\sigma^2}{2r}\left[\frac{\gamma(\gamma+m)}{2\gamma+m}-\frac{\gamma(\gamma+m)^2}{2(2\gamma+m)^2}\right][e^{2r(T-t)}-1]\tag{4.28}$$

再保险人的值函数为：

$$V_0(t,X)=-\frac{1}{m}\exp\{-m[Xe^{r(T-t)}+h_0(t)]\}\tag{4.29}$$

其中

$$h_0(t)=\frac{\sigma^2}{4r}\left[\frac{(\gamma+m)^2}{2\gamma+m}-m\right][e^{2r(T-t)}-1]\tag{4.30}$$

观察和比较定理 4.1、定理 4.2 以及推论 4.1 发现再保险人的风险厌

恶系数 m 和模糊厌恶系数 β、保险人的风险厌恶系数 γ 和模糊厌恶系数 ε 对最优的再保险契约以及值函数产生相同的影响。因此当保险索赔是扩散过程时引进保险人和再保险人的模糊厌恶等价于增加他们的有效风险厌恶水平。

命题 4.2　当扩散索赔过程存在错误设定时，拥有同位齐次稳健偏好 $\phi(t)=-\dfrac{\beta}{mV(t,\ X)}$ 以及 CARA 效用函数 $u(X)=-\dfrac{1}{m}e^{-mX}$ 的再保险人观测等价于拥有风险厌恶系数等于 $m+\beta$ 的 CARA 效用函数 $u(X)=-\dfrac{1}{m+\beta}e^{-(m+\beta)X}$ 的再保险人。同样的结论对关注模型不确定性的保险人也成立。

命题 4.2 表明风险厌恶系数为 m、模糊厌恶系数为 β 的再保险人提供的再保险契约与风险厌恶系数为 $m+\beta$ 的模糊中性的再保险人提供的再保险契约是完全相同的。所以对扩散过程而言，模型的错误设定等价于增加模型风险。

根据命题 4.2、定理 4.1 和定理 4.2 的结论很容易被推广到保险人和再保险人都面临模型模糊性的情形。

推论 4.2　当保险人和再保险人都对扩散近似的索赔模型持怀疑态度时，稳健的最优比例再保险契约为：

$$\begin{cases}\hat{a}^*(t)=\dfrac{\gamma+\varepsilon+m+\beta}{2\gamma+2\varepsilon+m+\beta}\\ \hat{\eta}^*(t)=\dfrac{\sigma^2(\gamma+\varepsilon)(\gamma+\varepsilon+m+\beta)}{\mu(2\gamma+2\varepsilon+m+\beta)}e^{r(T-t)}\end{cases}\tag{4.31}$$

保险人的最差密度算子为：

$$\hat{l}_I^*(t)=-\frac{\varepsilon\sigma(\gamma+\varepsilon+m+\beta)}{2\gamma+2\varepsilon+m+\beta}e^{r(T-t)}\tag{4.32}$$

再保险人的最差密度算子为：

$$\hat{l}_R^*(t)=-\frac{\beta\sigma(\gamma+\varepsilon)}{2\gamma+2\varepsilon+m+\beta}e^{r(T-t)}\tag{4.33}$$

此契约对应的保险人的值函数为：

$$\hat{J}(t,\ W)=-\frac{1}{\gamma}\exp\{-\gamma[We^{r(T-t)}+\hat{g}(t)]\}\tag{4.34}$$

其中

$$\hat{g}(t)=\frac{\theta\mu}{r}[e^{r(T-t)}-1]-\frac{\sigma^2}{2r}\Big[\frac{(\gamma+\varepsilon)(\gamma+\varepsilon+m+\beta)}{2\gamma+2\varepsilon+m+\beta}$$

$$-\frac{(\gamma+\varepsilon)(\gamma+\varepsilon+m+\beta)^2}{2(2\gamma+2\varepsilon+m+\beta)^2}\Big][e^{2r(T-t)}-1] \tag{4.35}$$

再保险人的值函数为：

$$\hat{V}(t, X)=-\frac{1}{m}\exp\{-m[Xe^{r(T-t)}+\hat{h}(t)]\} \tag{4.36}$$

其中

$$\hat{h}(t)=\frac{\sigma^2}{4r}\Big[\frac{(\gamma+\varepsilon+m+\beta)^2}{2\gamma+2\varepsilon+m+\beta}-(m+\beta)\Big][e^{2r(T-t)}-1] \tag{4.37}$$

显然保险人和再保险人的模糊厌恶导致的内生漂移是不相同的。

$$\hat{l}_I^*(t)-\hat{l}_R^*(t)=\frac{\sigma(\beta\gamma-\varepsilon\gamma-\varepsilon^2-\varepsilon m)}{2\gamma+2\varepsilon+m+\beta}e^{r(T-t)}$$

在一般情形下有$\hat{l}_I^*(t)<\hat{l}_R^*(t)$，即当保险人和再保险人对相同的索赔模型持怀疑态度时，保险人比再保险人更加悲观，他认为真实索赔的偏离更大，所以模型模糊性本质上是保险人和再保险人之间的内生信念异质性。

4.4 比较静态分析

这一节首先通过求解保险人和再保险人的错误概率为他们选择合理的模糊厌恶水平，然后采用数值实验量化模型不确定性对最优比例再保险契约和值函数的影响，最后分析模糊厌恶再保险人忽略模型模糊性对自身效用造成的影响。基本参数值设定为：无风险利率 $r=0.05$，保险相对安全载荷 $\theta=0.2$，索赔率 $\mu=4$，波动率 $\sigma=1$，风险厌恶系数 $m=\gamma=0.8$，模糊厌恶系数 $\beta=\varepsilon=0.5$，初始财富水平 $X=W=1$，决策时点 $t=0$，契约期限 $T=5$。

4.4.1 错误概率

正如前面两节所阐述的，模型模糊性是否会对比例再保险契约和值函数造成影响，完全依赖于保险人和再保险人的模糊厌恶参数 ε 和 β。随着 ε 和 β 增大，可用的模型就越多，选错的概率就会趋于零，所以并非任何的偏离程度都是可行的。为了获得合理的实际应用，本章需要为模糊厌恶的保险人和再保险人设置合理的模糊厌恶水平，使得最差密度算子对应的模型与参照模型很难根据长度为 N 的时间序列通过似然比检验进行区分，即额外模型在统计上是难以与参照模型区分的①。安德森等（2003）证明，为了满足上述要求，错误概率应不低于 10%。首先考虑再保险人的模糊厌恶水平。用 $\zeta_{1,t}$ 和 $\zeta_{2,t}$ 代表 Rodon – Nikodym 导数 $\frac{dQ^*}{dP}$ 和 $\frac{dP}{dQ^*}$ 的对数。则

$$\zeta_{1,t} = \log\left[\frac{dQ^*}{dP}\right] = \int_0^t l^*(s)dB(s) - \frac{1}{2}\int_0^t l^*(s)^2 ds \tag{4.38}$$

$$\zeta_{2,t} = \log\left[\frac{dP}{dQ^*}\right] = -\int_0^t l^*(s)dB(s) + \frac{1}{2}\int_0^t l^*(s)^2 ds \tag{4.39}$$

根据有限时间长度为 N 的样本，如果 $\zeta_{1,N} > 0$，则当概率测度 P 是正确的，再保险人错误地选择了概率测度 Q^*；如果 $\zeta_{1,N} < 0$，则当最差情形的模型是正确的，再保险人却错误地拒绝它。据此可以定义模糊厌恶再保险人的检测错误概率为：

$$\varsigma_R(\beta) = \frac{1}{2}Pr(\zeta_{1,N} > 0 \mid P, \mathcal{F}_0) + \frac{1}{2}Pr(\zeta_{1,N} < 0 \mid Q^*, \mathcal{F}_0) \tag{4.40}$$

较高的错误概率意味着模糊厌恶的再保险人很有可能在最差模型和参照模型之间选择错误的模型。对上式采用傅立叶变换可得

$$\varsigma_R(\beta) = \frac{1}{2} - \frac{1}{\pi}\int_0^\infty \frac{1}{\omega}\exp\left(-\frac{1}{2}\omega^2\int_0^N l^*(s)^2 ds\right)\sin\left(\frac{1}{2}\omega\int_0^N l^*(s)^2 ds\right)d\omega \tag{4.41}$$

用相同的方法论，模糊厌恶保险人的检测错误概率为：

$$\varsigma_I(\varepsilon) = \frac{1}{2} - \frac{1}{\pi}\int_0^\infty \frac{1}{\omega}\exp\left(-\frac{1}{2}\omega^2\int_0^N \tilde{l}^*(s)^2 ds\right)\sin\left(\frac{1}{2}\omega\int_0^N \tilde{l}^*(s)^2 ds\right)d\omega \tag{4.42}$$

证明：定义 $\zeta_{1,N}$ 和 $\zeta_{2,N}$ 的条件特征函数为：

$$\psi_1(\omega, t, N) = E_t^P[\exp(i\omega\,\varsigma_{1,N}) \mid \mathcal{F}_t] = E_t^P[v(N)^{i\omega} \mid \mathcal{F}_t]$$

$$\psi_2(\omega, t, N) = E_t^Q[\exp(i\omega\,\varsigma_{1,N}) \mid \mathcal{F}_t] = E_t^P[v(N)^{i\omega+1} \mid \mathcal{F}_t]$$

其中 $i = \sqrt{-1}$ 是虚数单位，$\omega \in \mathfrak{R}$ 是转移变量。因为条件特征函数是鞅，应用 Feynman – Kac 定理有

① 因为最差密度算子是对参照模型允许的最大偏离，所以当最差密度算子对应的模型与参照模型在统计上无法区分时，其他的可用模型必定也与参照模型在统计上无法区分。

$$\frac{\partial \psi_1}{\partial t}+\frac{1}{2}\upsilon(t)^2 l^*(t)^2\frac{\partial^2\psi_1}{\partial \upsilon(t)^2}=0,\ \psi_1(\omega,\ N,\ N)=\upsilon(N)^{i\omega} \tag{4.43}$$

$$\frac{\partial \psi_2}{\partial t}+\frac{1}{2}\upsilon(t)^2 l^*(t)^2\frac{\partial^2\psi_2}{\partial \upsilon(t)^2}=0,\ \psi_2(\omega,\ N,\ N)=\upsilon(N)^{i\omega+1} \tag{4.44}$$

猜想方程（4.43）和方程（4.44）解的形式为：$\psi_1(\omega,\ t,\ N)=\upsilon(t)^{i\omega}e^{C(t)}$，$\psi_2(\omega,\ t,\ N)=\upsilon(t)^{i\omega+1}e^{D(t)}$。则

$$C'(t)+\frac{1}{2}i\omega(i\omega-1)l^*(t)^2=0,\ C(N)=0$$

$$D'(t)+\frac{1}{2}i\omega(i\omega+1)l^*(t)^2=0,\ D(N)=0$$

求解这两个方程有：

$$C(t)=-\frac{1}{2}\omega^2\int_t^N l^*(s)^2\mathrm{d}s-\frac{1}{2}i\omega\int_t^N l^*(s)^2\mathrm{d}s$$

$$D(t)=-\frac{1}{2}\omega^2\int_t^N l^*(s)^2\mathrm{d}s+\frac{1}{2}i\omega\int_t^N l^*(s)^2\mathrm{d}s$$

用 Re［·］标志复数的实部，则

$$Re\left[\frac{\psi_1(\omega,\ 0,\ N)}{i\omega}\right]=-\frac{1}{\omega}\exp\left(-\frac{1}{2}\omega^2\int_0^N l^*(s)^2\mathrm{d}s\right)\sin\left(\frac{1}{2}\omega\int_0^N l^*(s)^2\mathrm{d}s\right) \tag{4.45}$$

$$Re\left[\frac{\psi_2(\omega,\ 0,\ N)}{i\omega}\right]=\frac{1}{\omega}\exp\left(-\frac{1}{2}\omega^2\int_0^N l^*(s)^2\mathrm{d}s\right)\sin\left(\frac{1}{2}\omega\int_0^N l^*(s)^2\mathrm{d}s\right) \tag{4.46}$$

根据芒克和鲁布佐夫（Munk and Rubtsov，2014）的附录 D，再保险人的检测错误概率为：

$$\varsigma_R(\beta)=\frac{1}{2}-\frac{1}{2\pi}\int_0^\infty\left\{Re\left[\frac{\psi_1(\omega,\ 0,\ N)}{i\omega}\right]-Re\left[\frac{\psi_2(\omega,\ 0,\ N)}{i\omega}\right]\right\}\mathrm{d}\omega$$

将式（4.45）和式（4.46）代入上式，即可得再保险人的错误概率式（4.41），用同样的方法可得保险人的错误概率式（4.42）。证明完毕。

越大的模糊厌恶水平使得最差情形的模型偏离参照模型越远，因此也使得保险人和再保险人从统计上更容易区分模型的真实性。取样本长度 $N=10$，正如图 4.1 所示，错误概率随着各自的模糊厌恶水平递减。因此越高的模糊厌恶，越大的偏离，越小的可能选择错误模型。但是图 4.1 显示再保险人和保险人的风险厌恶系数对他们各自的错误概率产生正向的影响，即风险厌恶水平越高，选错的概率反而越大，这与最差密度算子关于

风险厌恶递增是相对应的。当模糊厌恶系数 $\beta=\varepsilon=0.5$ 时，错误概率高达 30%，所以在下面的灵敏度分析中取 $\beta=\varepsilon=0.5$。

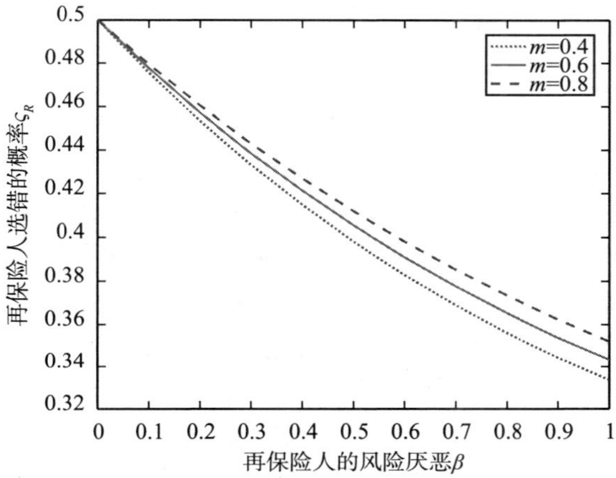

（a）三种不同 m 水平下的 ς_R

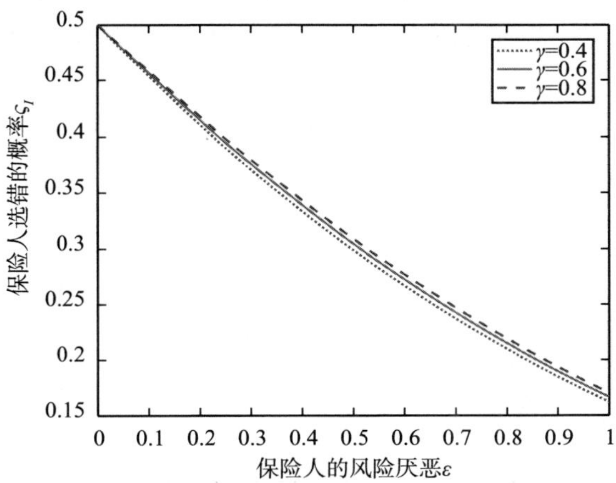

（b）三种不同 γ 水平下的 ς_I

图 4.1　再保险人和保险人的模糊厌恶系数 $\boldsymbol{\beta}$ 和 $\boldsymbol{\varepsilon}$ 对自身错误概率的影响

4.4.2　契约和值函数的灵敏性

从 4.3 节的分析可知风险和模糊厌恶系数对再保险契约和值函数产生等价的影响，因此这一部分仅仅分析保险人和再保险人的模糊厌恶系数对再保险价格、需求以及值函数的影响。

图 4.2 表明模型模糊性会对再保险契约产生显著的影响。图 4.2（b）和图 4.2（d）显示无论是再保险人还是保险人面临模型模糊性都会导致再保险价格高于不存在模型模糊性的标准再保险价格，而且越高的模糊厌恶水平将导致越高的价格①。在其他条件相同时，当再保险人和保险人双方都是模糊厌恶时得到的再保险价格将高于只有一方模糊厌恶时的再保险价格。换句话说，$\hat{\eta}^*(t) > \eta^*(t) > \eta_0^*(t)$，$\hat{\eta}^*(t) > \tilde{\eta}^*(t) > \eta_0^*(t)$。所以模糊厌恶的再保险人需要更高的价格移除模型错误设定包含的潜在索赔，模糊厌恶的保险人愿意为单位保险支付更高的保费。

尽管再保险人和保险人的模糊厌恶都导致了更高的再保险价格，但是它们对再保险需求的影响是相反的。再保险人的模糊厌恶抬高了再保险价格，导致模糊中性的保险人的风险自留比例增加并且高于标准值，$a^*(t) > a_0^*(t)$，即需求下降并小于标准量（见图 4.2（a））。而子图 c 说明即使再保险人对模糊厌恶的保险人收取了更高的保险费，但是这并没有减少再保险需求，相反，为了规避模型错误设定带来的索赔风险，再保险需求高于标准需求，$\tilde{a}^*(t) < a_0^*(t)$，并会随着保险人的模糊厌恶水平的增加而增加。所以保险人的模糊厌恶总会导致财富从他自身转移到再保险人。

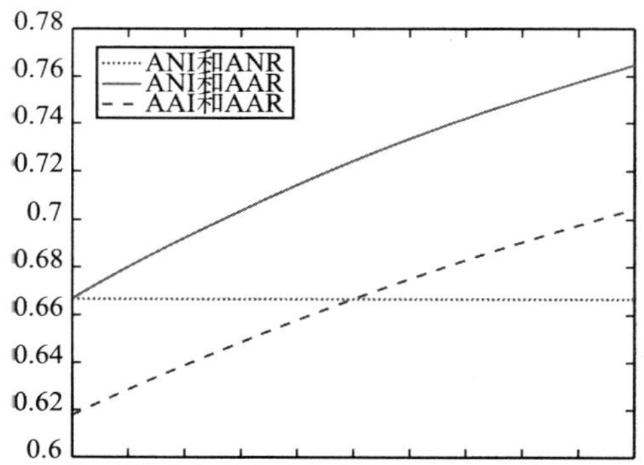

（a）风险自留

① 霍加斯和昆鲁特（1989）采用实证研究证明现实保险中模糊厌恶的存在。昆鲁特（1989）对霍加斯和昆鲁特的实证研究进行分析，证明了精算师和保险人需要更高的保险费承保模糊的风险。

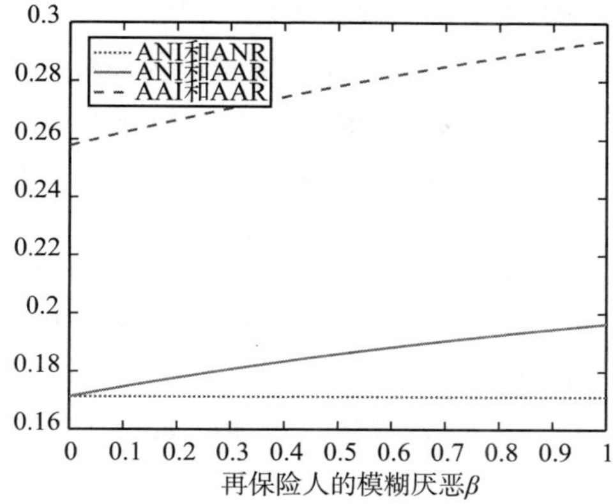

（b）再保险价格

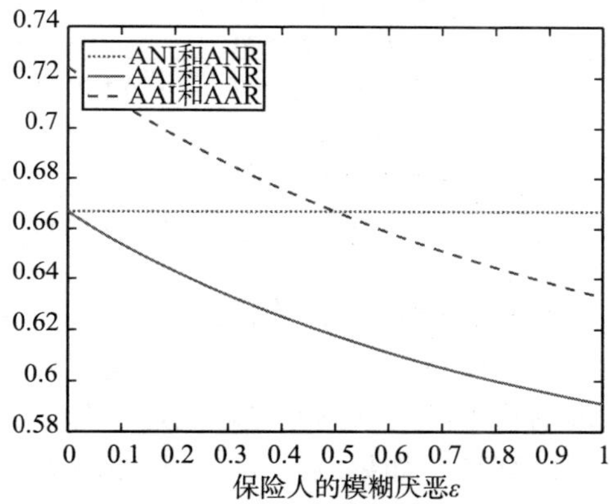

（c）风险自留

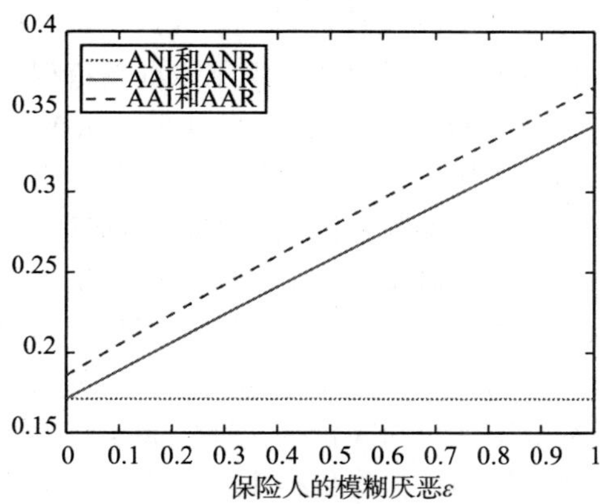

（d）再保险价格

图 4.2　模糊厌恶系数 β 和 ε 对风险自留比例和再保险价格的影响

一个自然而然的问题是：当保险人和再保险人都是模糊厌恶的，再保险需求是大于还是小于标准值呢？这取决于谁的模糊厌恶的影响占优。如图 4.2（c）所示，当保险人的模糊厌恶水平较低时，再保险人的模糊厌恶的影响占优，风险自留比例大于标准值；随着保险人的模糊厌恶水平的增加，其影响增加并占主导地位，使得风险预留小于标准值。

图 4.2 的分析显示保险人的模糊厌恶增加需求，再保险人的模糊厌恶减小需求。那么在什么条件下，这两个相反的影响正好相互抵消呢？下面的推论给出更一般的条件。

推论 4.3 $\hat{a}^*(t)=a_0^*(t)$ 当且仅当 $\gamma\beta=m\varepsilon$。而且在任何条件下都有 $\hat{\eta}^*(t)>\eta_0^*(t)$。

证明：由式（4.26）和式（4.31）有

$$\hat{a}^*(t)-a_0^*(t)=\frac{\gamma+\varepsilon+m+\beta}{2\gamma+2\varepsilon+m+\beta}-\frac{\gamma+m}{2\gamma+m}=\frac{\gamma\beta-m\varepsilon}{(2\gamma+m)(2\gamma+2\varepsilon+m+\beta)}$$

$$\begin{aligned}\hat{\eta}^*(t)-\eta_0^*(t)&=\frac{\sigma^2(\gamma+\varepsilon)(\gamma+\varepsilon+m+\beta)}{\mu(2\gamma+2\varepsilon+m+\beta)}e^{r(T-t)}-\frac{\gamma\sigma^2(\gamma+m)}{\mu(2\gamma+m)}e^{r(T-t)}\\&=\frac{\gamma^2(2\varepsilon+\beta)+\varepsilon(2\gamma+m)(\varepsilon+m+\beta)}{\mu(2\gamma+m)(2\gamma+2\varepsilon+m+\beta)}e^{r(T-t)}\end{aligned}$$

所以$\hat{a}^*(t)=a_0^*(t)$ 等价于 $\gamma\beta=m\varepsilon$，并且$\hat{\eta}^*(t)-\eta_0^*(t)>0$。证明完毕。

推论 4.3 表明，当再保险人和保险人双方都是模糊厌恶时，稳健的再保险需求相对于标准的再保险需求到底是增加还是降低完全取决于他们的风险和模糊厌恶水平的高低。如果 $\gamma\beta>m\varepsilon$，再保险人的风险和模糊厌恶的影响占优，使得$\hat{a}^*(t)>a_0^*(t)$，即再保险需求下降；如果 $\gamma\beta<m\varepsilon$，保险人的风险和模糊厌恶的影响占优，使得$\hat{a}^*(t)<a_0^*(t)$，即再保险需求增加；保险人风险和模糊厌恶增加的需求刚好抵消再保险人的风险和模糊厌恶降低的需求当且仅当 $\gamma\beta=m\varepsilon$。然而即使保险人和再保险人的模糊厌恶使得再保险需求不产生任何变化，再保险价格仍然会升高。因此与模糊厌恶的保险人讨价还价，再保险人能获得更高的利润。

保险人和再保险人之间讨价还价的最终目的是增加各自终端财富的期望效用。图 4.3（a）和图 4.3（c）表明保险人的值函数关于自身的模糊厌恶系数以及再保险人的模糊厌恶系数递减，并且都低于标准值。这是因为两个模糊厌恶系数都增加再保险价格，使之高于标准价格。而且由于保险人自身的模糊厌恶既提高再保险价格也提高再保险需求，而再保险人的模糊厌恶仅仅提高价格，所以他的值函数对自身的模糊厌恶系数的变化比对再保险人的模糊厌恶系数的变化更加敏感。

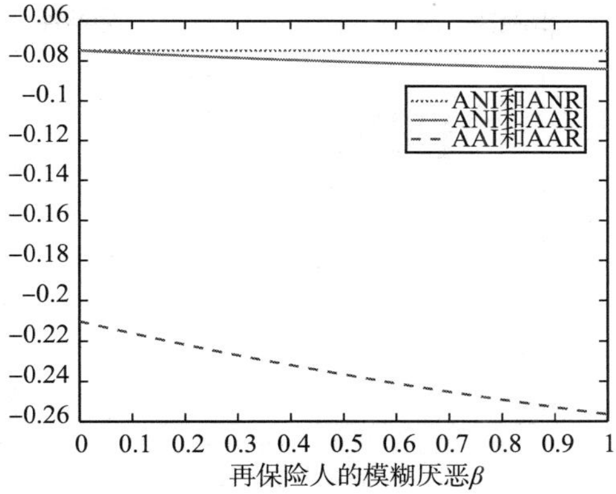

（a）保险人的值函数

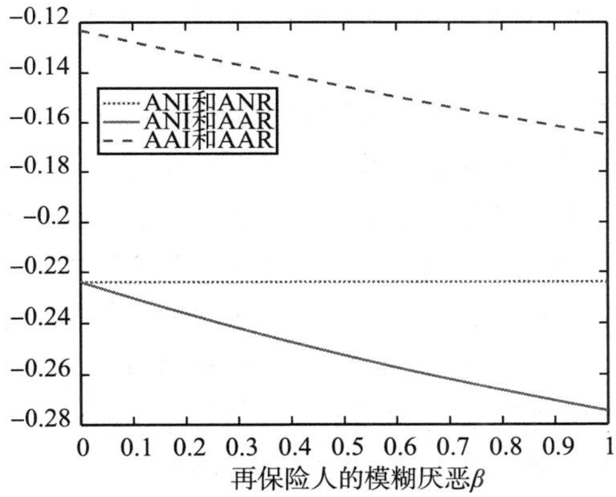

（b）再保险人的值函数

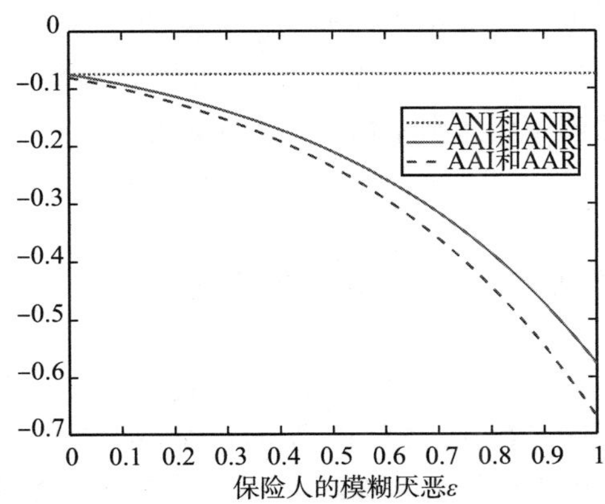

（c）保险人的值函数

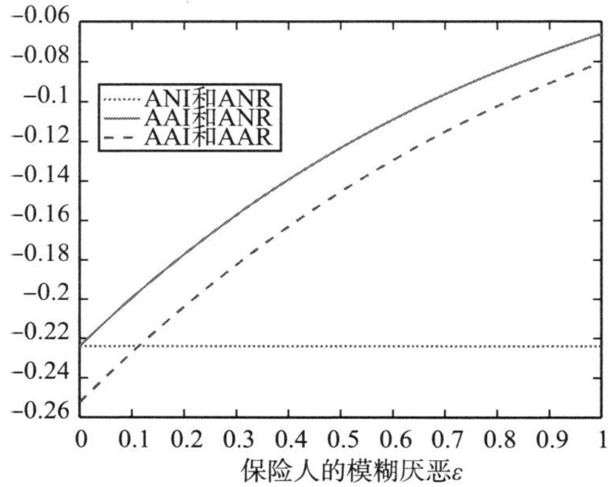

（d）再保险人的值函数

图 4.3　契约双方的值函数随模糊厌恶系数 $\boldsymbol{\beta}$ 和 $\boldsymbol{\varepsilon}$ 的变化情况

图 4.3（b）和图 4.3（d）表明再保险人和保险人的模糊厌恶系数对再保险人的值函数产生相反的影响。再保险人的值函数关于他自身的模糊厌恶系数递减，并低于保准值函数。这表明再保险人不能通过提高价格完全消除模型模糊性的负面影响。这是因为模糊中性的保险人不会为模型模糊性对再保险人造成的影响买单，高的价格降低了他的再保险需求。但是再保险人的值函数关于保险人的模糊厌恶水平递增，并且高于标准值函数，而且他的值函数对保险人的模糊厌恶系数的变化比对自身模糊厌恶系数的变化更加敏感。原因是当保险人是模糊厌恶时，需求和价格都会增加。如果保险人和再保险人都面临模型模糊性，再保险人的值函数是大于还是小于标准值取决于谁的模糊厌恶的影响占优。当保险人的模糊厌恶水平足够小时，再俣险人的模糊厌恶的影响占优导致他的值函数小于标准值，随着保险人的模糊厌恶水平增加，其影响也增强，使得再保险人的值函数超过标准值。

4.4.3　次优再保险契约的效用损失

当再保险人设置非最优的再保险契约，效用损失发生。例如，尽管模型模糊性和稳健性偏好存在，模糊厌恶的再保险人忽略他们对再保险契约的影响。这意味着模糊厌恶的再保险人坚持提供与模糊中性再保险人相同的再保险契约 $\pi^{IA}=(a(t),\ \eta(t))=\left(\dfrac{\gamma+m}{2\gamma+m},\ \dfrac{\gamma\sigma^2(\gamma+m)}{\mu(2\gamma+m)}e^{r(T-t)}\right)$，这与标准再保险契约式（4.26）有相同的形式。本小节研究模糊厌恶再保险人忽略模型模糊性对自身效用造成的损失。对模糊厌恶的保险人忽略模型模糊性造成的效用损失的分析是相同的，在此省略。定义再保险人的次优值函数为：

$$V^{IA}(t,\ X)=\inf_{l(t)}E_t^Q\left\{\int_t^T\frac{1}{2\phi^{IA}(s)}l(s)^2\mathrm{d}s+\left[-\frac{1}{m}\exp(-mX(T))\right]\right\}$$

满足次优再保险契约 π^{IA}、财富动态式（4.6）以及终端条件 $V^{IA}(T,\ X)=-\frac{1}{m}e^{-mX}$。类似于4.1.2节，设

$$\phi^{IA}(s)=-\frac{\beta}{mV^{IA}(s,\ X)}$$

仿照伊等（2015）以及布朗热等（Branger et al.，2013），定义次优再保险契约导致的再保险人的效用损失为：

$$\Delta(t)=1-\frac{V(t,\ X)}{V^{IA}(t,\ X)} \tag{4.47}$$

其中 $V(t,\ X)$ 是再保险人的稳健值函数（4.12）。现在需要求解 $V^{IA}(t,\ X)$，CARA 偏好的再保险人的值函数有如下形式

$$V^{IA}(t,\ X)=-\frac{1}{m}\exp\{-m[Xe^{r(T-t)}+h^{IA}(t)]\}$$

满足终端条件 $h^{IA}(T)=0$。通过求解对应的 HJB 方程有

$$h^{IA}(t)=\frac{\sigma^2}{2r}\left[\frac{(\gamma+m)(\gamma+m+\beta)}{2\gamma+m}-\frac{(\gamma+\frac{m}{2}+\frac{\beta}{2})(\gamma+m)^2}{(2\gamma+m)^2}-\frac{1}{2}(m+\beta)\right]\cdot[e^{2r(T-t)}-1] \tag{4.48}$$

将式（4.12）和式（4.48）代入式（4.47）可得

$$\Delta(t)=1-e^{m(h^{IA}(t)-h(t))}$$

其中 $h(t)$ 和 $h^{IA}(t)$ 分别由式（4.13）和式（4.48）给出。

图4.4描述模糊厌恶的再保险人忽略模型模糊性对再保险契约的影响给自身效用造成的损失随再保险期限和模糊厌恶水平的变化情况。如图所示，模糊厌恶系数越高，效用损失就越大。这是因为模糊厌恶越高，忽略模糊性对价格和需求造成的偏差越大。当模糊厌恶系数 $\beta=0.9$，契约期限为9时，效用损失高达16%。这种大尺寸的效用损失说明管理模型模糊性的经济重要性。另外效用损失关于再保险期限递增，换句话说，对长期的合作关系，模型模糊性对再保险人效用的影响变得更加显著。这也证明模

型错误设定对再保险契约的影响是持续的。

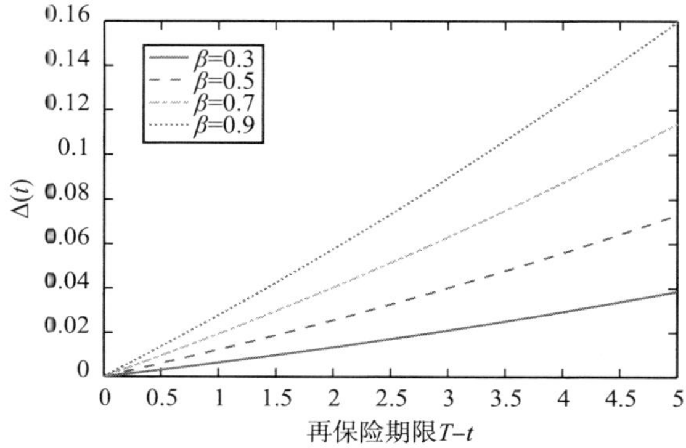

图 4.4 再保险人的效用损失随自身模糊厌恶系数 β 和契约期限 $T-t$ 的变化情况

4.5 本章小结

本章在连续时间委托代理框架下研究稳健的比例再保险契约。保险索赔是一个扩散近似过程。保险人完全相信索赔过程，再保险人认为索赔过程存在不确定性，或者是相反的情形。为了得到稳健的比例再保险契约，模糊厌恶的保险人和再保险人考虑额外的模型。本章延伸再保险的相对安全载荷代表再保险价格，采用马恩霍特的同位相似效用最大化刻画稳健偏好。

本研究得到了最优再保险契约和对应值函数的具体表达式。模糊厌恶的保险人和再保险人是悲观的，他们放大索赔期望值。对于扩散索赔过程，他们各自的模糊厌恶完全等价于他们的风险厌恶。再保险人的稳健偏好增加再保险价格，降低再保险需求，而保险人的稳健偏好既增加再保险需求又增加其价格。这导致二者的模糊厌恶都使得保险人的值函数低于标准水平，并且再保险人与模糊厌恶的保险人讨价还价比与模糊中性的保险人讨价还价可以获得更高的再保险份额和期望效用①。当保险人和再保险人都是模糊厌恶的，再保险价格总是大于标准值，但是需求是大于还是小

① 事实上，这是一个与保险研究平行的结论。希尔斯特伦和罗斯（1982）研究保险契约的协商时发现当保险人与高风险厌恶的投保人讨价还价比与低风险厌恶的投保人讨价还价获得更高的期望收益。

于标准值依赖于他们的风险和模糊厌恶水平。在委托代理框架下，再保险人拥有讨价还价的能力，他连续下调再保险价格，使得保险人购买固定比例的再保险（在不同的情形下，常数比例不相同）。数值分析发现如果模糊厌恶的再保险人忽略模型模糊性对再保险契约的影响，他将遭受严重的效用损失，而且效用损失关于他的模糊厌恶系数和再保险期限递增。

第 5 章

跳跃模型及再保险人模糊厌恶的稳健再保险契约

第 4 章已经在带漂移的扩散模型下研究了稳健的比例再保险契约设计问题，正如第 2 章所言，另一个常用的刻画索赔过程的模型是经典的 C－L 模型。陈等（2014）在 C－L 模型下研究了保险公司最大化累计红利现值的最优红利分配和再保险购买决策。施密德利（2001）假设保险索赔是 C－L 或扩散过程，考虑了最小化破产概率对应的最优比例再保险策略。梁等（2011）在 C－L 和扩散索赔模型下研究了保险公司使终端财富的期望指数效用最大化的比例再保险策略。赵等（Zhao et al.，2013）在 C－L 模型下研究了使终端财富期望指数效用最大化的超额损失再保险策略。并且有很多文献指出在一定条件下，扩散过程可以作为 C－L 过程的一个近似刻画（Yi et al.，2013，2015；Grandell，1991；Zeng and Li，2012）。曾（2010）和克鲁格曼等（Klugman et al.，2008）证明了当保险组合很大，单个保险索赔相对于总准备金相当小时，扩散过程是 C－L 过程的一个很好近似。

保险公司购买再保险主要是为了防止未来保险索赔的大幅波动，以及潜在的巨灾风险，因为 C－L 模型是一个跳跃模型，所以它往往能更加真实地刻画索赔过程。特别是对一些巨灾保险（如环境保险、洪灾保险、地震保险等），发生的概率很小，但是一旦发生，损失的额度会很大，此时就不能用扩散过程来描述。另外除了比例再保险之外，另一种常用的再保险形式为超额损失再保险，而扩散过程不适合用在保险人和再保险人讨价还价的情形下研究超额损失再保险契约。博尔奇（1969）、塔克萨和曾（Taksar and Zeng，2011）证明，如果对超额损失再保险和比例再保险使用相对安全载荷相同的期望保费原则，对保险人而言超额损失再保险更有优势。戈利耶（Gollier，2014）和阿拉里等（Alary et al.，2013）证明当投保人面临模型模糊性，并且仅仅考虑保险人的效用优化时，这个结论是稳健的。本章的目标之一是验证用博弈理论来处理保险人和再保险人的利益关系时此结论是否依然成立。

本章试图结合并拓展第4章的研究，在经典的C－L模型的基础上，采用委托代理框架来研究稳健的比例和超额损失再保险契约，然后通过分析两种契约对应到保险人和再保险人的值函数确定哪种再保险产品对他们各自而言更有利。模型模糊性是一种关于索赔风险的内生的信念异质性，即保险人和再保险人对索赔过程存在不同主观的看法。信念异质性源于有限的数据使得估计索赔频率和索赔尺寸相当困难（Chen et al.，2012；Zhang et al.，2018）。曾等（2016）和李等（2016）假设保险人面临C－L模型的不确定性，在均值—方差准则下研究了保险人的稳健的最优再保险和投资决策。陈等（2012）指出观察了100年样本，没有发生一次灾难，但是一个频率专家不会拒绝灾难每年以3%的强度发生。皮亚蒂（Piatti，2017）假设不确定的跳跃频率为CIR过程。阿斯（1992）和顾等（Gu et al.，2018）的研究说明索赔频率的不确定性比索赔尺寸的不确定性更加重要。本章仅仅考虑跳跃强度的不确定性和委托人（再保险人）的模糊厌恶，保险人的模糊厌恶将在下章研究。对稳健性偏好的描述和再保险的定价方式与第4章相同。

本章的研究是对现有文献的一个补充，得到了一些新的、与扩散模型不同的结论。(1) 尽管C－L模型对应的再保险价格也是关于时间递减，但是再保险需求不再是常数，而是关于时间递增。(2) 再保险人对C－L模型的模糊厌恶不再等价于增加的他的有效风险厌恶。(3) 超额损失再保险契约的价格明显高于比例再保险契约的价格。(4) 尽管如此，再保险人总是偏好于比例再保险契约，而且保险人的较低风险厌恶或者是再保险人的较高风险厌恶同样使得保险人偏好于比例再保险契约。

5.1 委托代理模型设计

有两种常见的再保险模式：比例再保险和超额损失再保险。本节在连续时间委托代理框架下公式化比例再保险契约，其中风险厌恶的保险人是代理人，风险模糊厌恶的再保险人是委托人。$(\Omega,\ \mathcal{F},\ \{\mathcal{F}_t\}_{t\in[0,T]},\ P)$ 是一个完备的滤波空间，T 是契约期限。$\mathcal{F}_t$ 是信息流，包含了到 t 时刻为止可用的所有信息。本章的所有随机过程关于 $\mathcal{F}_t$ 循序可测，所有的期望是有定义的。

首先根据保险人的优化问题确定比例再保险契约的激励相容限制，然后引进再保险人的信念扭曲，最优根据激励相容限制来设置稳健的比例再保险契约。

5.1.1 代理人偏好及激励相容限制

首先考虑保险人的优化问题。购买再保险之前，保险人的盈余过程 $R(t)$ 是经典的 C－L 过程

$$R(t) = ct - \sum_{i=1}^{N(t)} Z_i \tag{5.1}$$

其中 c 是保险费率；$\sum_{i=1}^{N(t)} Z_i$ 是一个复合泊松过程，代表到 t 时刻为止发生的索赔总额；$N(t)$ 是强度为 λ 的齐次泊松过程，表示在时间区间 $[0, t]$ 总共发生的索赔次数；Z_i 是一列正的独立同分布的随机变量，表示第 i 次索赔的额度。假设 Z_i 的概率密度函数为 $f(Z)$，分布函数为 $F(Z)$，其期望值为 $E[Z_i] = \mu < \infty$，并且对任意的 $t \in [0, t]$，Z_i 独立于 $N(t)$。

跳跃的索赔风险有肥尾，保险人可以购买比例再保险来分散风险，并且将其保险盈余投资在无风险利率为 r 的货币市场账户。保险费和再保险费根据期望值原则计算。与第 4 章相同，本章也使用再保险的相对安全载荷表示再保险价格。经过讨价还价，再保险人提供比例再保险契约：包含设定的价格 $\eta = \{\eta(t): 0 \leq t \leq T\}$ 以及建议保险人的风险自留比例 $a = \{a(t) \in [0, 1]: 0 \leq t \leq T\}$。此时保险人的财富动态分为：

$$\begin{aligned} \mathrm{d}W(t) &= rW(t)\mathrm{d}t + [(1+\theta)\lambda\mu - (1-a(t))(1+\eta(t))\lambda\mu]\mathrm{d}t - a(t)\mathrm{d}\sum_{i=1}^{N(t)} Z_i \\ &= [rW(t) + (\theta - \eta(t))\lambda\mu + a(t)(1+\eta(t))\lambda\mu]\mathrm{d}t - a(t)\mathrm{d}\sum_{i=1}^{N(t)} Z_i \end{aligned} \tag{5.2}$$

为了能求得解析解，更好地分析保险人和再保险人之间的博弈均衡关系，本章假设保险人和再保险人都是常数绝对风险厌恶的，即他们有指数效用函数。首先考虑保险人的优化问题，以此来求解激励相容条件。保险人的目标是根据给定的再保险价格 $\eta(t)$ 设定风险分摊比例 $a(t)$ 最大化

终端财富的期望效用，即

$$J(t, W)=\sup_{a(t)} E_t^P\left[-\frac{1}{\gamma}\exp(-\gamma W(T))\right] \tag{5.3}$$

满足预算约束式（5.2）和边界值条件 $J(T, W)=-\frac{1}{\gamma}e^{-\gamma W}$。$\gamma>0$ 是保险人的风险厌恶系数。对任意给定的再保险价格 $\eta(t)$，再保险契约是激励相容的当且仅当再保险策略 $a(t)$ 是优化问题式（5.3）的解。利用动态规划原理，可以得到如下结论。

命题 5.1　为了保证比例再保险契约是激励相容的，最优风险自留比例和再保险价格满足如下关系式：

$$\mu(1+\eta(t))-E_t^P[Ze^{\gamma a^*(t)Ze^{r(T-t)}}]=0 \tag{5.4}$$

此关系式也称为比例再保险契约下保险人对价格 $\eta(t)$ 的最优反应函数。

第 4 章的命题 4.1 表明当索赔服从扩散近似过程时，最优再保险需求与价格是线性关系。但是式（5.4）表明当索赔服从复合泊松过程时，再保险需求和价格之间是高度非线性关系。这也说明使用扩散过程近似复合泊松过程可能会带来较大的策略偏差。

$$\frac{\partial a^*}{\partial\eta}=\frac{\mu}{\gamma e^{r(T-t)}E_t^P[Z^2e^{\gamma a^*Ze^{r(T-t)}}]}>0,\quad \frac{\partial^2 a^*}{\partial\eta^2}=-\frac{\mu^2E_t^P[Z^3e^{\gamma a^*Ze^{r(T-t)}}]}{\gamma e^{r(T-t)}E_t^P[Z^2e^{\gamma a^*Ze^{r(T-t)}}]^3}<0$$

这表明跳跃风险使得保险人的风险自留比例与再保险价格呈递增的凹关系。即风险自留比例以递减的速度随着再保险价格的升高而增加。

5.1.2　委托人信念扭曲及契约设计

因为索赔发生的频率和大小很难从有限的信息中有效地估计，不同的精算师和承保人对此有不同的看法，这就导致了保险人和再保险人之间的异质性信念。本章假设再保险人认为单个概率测度 P 不能精确用于刻画索赔风险，即实际的索赔可能会偏离估计值，这意味着再保险人面临模型的不确定性。为了使得给出的再保险契约在索赔偏离预估值时也是有效的，他会考虑额外的模型。保险人完全相信参照模型（5.1）。假设所有可用模型由与 P 相互绝对连续且等价的概率测度描述。$\wp$代表所有这样的概率测度的集合，则

$$\wp := \{Q \mid Q\sim P\}$$

复合泊松过程可能存在三种类型的模糊性：一是跳跃次数是不确定的，即跳跃强度 λ 是不确定的；二是跳跃幅度的分布函数是不确定的；三

是二者同时是不确定的。本章主要考虑跳跃强度 λ 是不确定的情形，即索赔强度在概率测度 P 和 Q 下是不相同的，而跳跃幅度的分布函数在概率测度 P 和 Q 下是相同的。根据 Girsanov's 定理，对任意的 $Q \in \wp$，存在可测的实值过程 $\upsilon(t)$，满足

$$\upsilon(t) = \frac{\mathrm{d}Q}{\mathrm{d}P}\bigg|_{\mathcal{F}_t}$$

其中

$$\upsilon(t) = \exp\left\{\int_0^t \ln\phi(s)\,\mathrm{d}N(s) + \lambda\int_0^t (1-\phi(s))\,\mathrm{d}s\right\} \tag{5.5}$$

是滤波 $\mathcal{F}_t$ 下的一个 P - 鞅。根据布朗热和拉森（Branger and Larsen, 2013），概率测度 Q 对应的跳跃强度为 $\lambda^Q = \lambda\phi(t)$，即 $\sum_{i=1}^{N(t)} Z_i$ 在再保险人的信念 Q 下是跳跃强度为 λ^Q 的复合泊松过程，为了区分，将其表示为 $\sum_{i=1}^{N^Q(t)} Z_i$。待定函数 $\phi(t)$ 参数化了跳跃强度的不确定性，称之为密度算子。如果 $\phi(t) > 1$，则再保险人是悲观的，他认为实际的索赔强度大于参照值 λ；如果 $\phi(t) < 1$，则再保险人是乐观的，他认为实际的索赔强度小于参照值 λ；如果 $\phi(t) = 1$，模型模糊性不存在，即再保险人完全相信参照模型。

除了提供再保险业务，再保险人将其保险盈余投资在与保险人相同的货币市场账户。他的财富动态为：

$$\mathrm{d}X(t) = [rX(t) + (1-a(t))(1+\eta(t))\lambda\mu]\mathrm{d}t - (1-a(t))\mathrm{d}\sum_{i=1}^{N^Q(t)} Z_i \tag{5.6}$$

稳健偏好的再保险人根据最差情形的密度算子设置再保险契约。但是并不是所有的模型错误设定都可行，因为过多地偏离参照模型使他受到惩罚。P 和 Q 之间的距离用相对熵度量。再保险人的惩罚相关的多先念目标函数为

$$V(t, X) = \sup_{\eta(t)} \inf_{\phi(t)} E_t^Q\left\{-\frac{1}{m}\exp[-mX(T)] + \int_t^T \frac{\lambda[\phi(s)\ln\phi(s) - \phi(s) + 1]}{\varphi(s, V)}\mathrm{d}s\right\} \tag{5.7}$$

满足激励相容限制式（5.4）、预算约束式（5.6）以及边界值条件 $V(T, X) = -\frac{1}{m}e^{-mX}$。$m > 0$ 代表再保险人的风险厌恶系数。对给定的信息集 $\mathcal{F}_t$，

再保险人的条件期望在额外的概率测度 Q 下计算。第二项是相对熵惩罚，源于跳跃强度的不确定性，这一项存在当且仅当额外模型 Q 偏离参照模型 P。当相对熵较低时，模型 P 和 Q 在统计上是难于区分的。$\varphi(s, V)>0$ 代表再保险人在 s 时刻的稳健性偏好强度。越大的 $\varphi(s, V)$ 表示越强的模糊性厌恶，导致越大的效用惩罚。类似于4.1节，本章给稳健性偏好参数 $\varphi(t, V)$ 选择一个状态相关的表达形式，即

$$\varphi(t, V) = -\frac{\beta}{mV(t, X)} \geqslant 0$$

$\beta>0$ 是再保险人的模糊厌恶系数。

标注 5.1 给定概率测度 P 和 Q，Q 相对于对 P 的熵增长定义为 Radon - Nikodym 导数式（5.5）的对数在 Q 下的期望，也可以看成一个对数似然序。对式（5.5）使用 Ito 引理可得

$$\mathrm{d}\ln\upsilon(t) = \ln\phi(t)\mathrm{d}N(t) + \lambda(1-\phi(t))\mathrm{d}t$$

在时间区间 $[t, t+\Delta t]$ 的相对熵为：

$$\begin{aligned}\lim_{\Delta t\to 0} E_t^Q\left\{\ln\frac{\upsilon(t+\Delta t)}{\upsilon(t)}\right\} &= \lim_{\Delta t\to 0} E_t^Q\left\{\int_t^{t+\Delta t}\ln\phi(s)\mathrm{d}N(s) + \int_t^{t+\Delta t}\lambda(1-\phi(s))\mathrm{d}s\right\}\\ &= \lambda[\phi(t)\ln\phi(t) - \phi(t) + 1]\mathrm{d}t\end{aligned}$$

相对熵是非负的，它等于零当且仅当概率测度 P 和 Q 是相等的（Dupuis and Ellis, 1997）。

5.2 模糊厌恶委托人的稳健比例再保险契约

本节首先使用动态规划原理确定稳健的比例再保险契约的一般形式。然后假设跳跃幅度 Z 服从参数为 k 的指数分布，即 $f(Z)=ke^{-kZ}$，求解对应契约的解析表达式并证明其唯一性。

定理 5.1 当再保险人面临索赔强度的不确定性时，稳健的最优比例再保险契约为

$$\begin{cases}\eta^*(t) = \dfrac{\gamma(1-a^*(t))e^{r(T-t)}}{\mu}E_t^P[Z^2 e^{\gamma a^*(t)Ze^{r(T-t)}}]\\ \quad + \dfrac{1}{\mu}\phi^*(t)E_t^P[Ze^{m(1-a^*(t))Ze^{r(T-t)}}] - 1\\ \mu(1+\eta^*(t)) - E_t^P[Ze^{\gamma a^*(t)Ze^{r(T-t)}}] = 0\end{cases} \tag{5.8}$$

最优的密度算子为：

$$\phi^*(t)=e^{\frac{\beta}{m}[E_t^P e^{m(1-a^*(t))Ze^{r(T-t)}}-1]} \tag{5.9}$$

在这个稳健的契约下，保险人的值函数为：

$$J(t,\ W)=-\frac{1}{\gamma}\exp\{-\gamma[We^{r(T-t)}+g(t)]\} \tag{5.10}$$

其中

$$g(t)=\lambda\mu\int_t^T(\theta-\eta^*(s))e^{r(T-s)}\mathrm{d}s+\lambda\mu\int_t^T a^*(s)(1+\eta^*(s))e^{r(T-s)}\mathrm{d}s$$
$$-\frac{\lambda}{\gamma}\int_t^T[E_t^P e^{\gamma a^*(s)Ze^{r(T-s)}}-1]\mathrm{d}s \tag{5.11}$$

再保险人的值函数为：

$$V(t,\ X)=-\frac{1}{m}\exp\{-m[Xe^{r(T-t)}+h(t)]\} \tag{5.12}$$

其中

$$h(t)=\lambda\mu\int_t^T(1-a^*(s))(1+\eta^*(s))e^{r(T-s)}\mathrm{d}s-\frac{\lambda}{\beta}\int_t^T(\phi^*(s)-1)\mathrm{d}s \tag{5.13}$$

证明：动态博弈中各博弈方的行为选择有先后次序。在信息对称的情形下，再保险人作为后行动者，能观察到保险人的行为选择式（5.4）。则优化问题式（5.8）对应的稳健 HJB 方程为：

$$\sup_{\eta(t)}\inf_{\phi(t)}\Big\{V_t+[rX+(1-a^*)(1+\eta)\lambda\mu]V_X$$
$$+\lambda\phi E_t^P[V(t,\ X-(1-a^*)Z)-V(t,\ X)]+\frac{\lambda[\phi\ln\phi-\phi+1]}{\varphi(t,\ V)}\Big\}=0 \tag{5.14}$$

猜想保险人的值函数有如下形式：

$$V(t,\ X)=-\frac{1}{m}\exp\{-m[Xe^{r(T-t)}+h(t)]\} \tag{5.15}$$

满足终端值条件 $h(T)=0$。只要求得 $h(t)$ 的解析表达式，就说明此猜想是正确的。假设猜想式（5.15）是正确的，则

$$V_t=m[rXe^{r(T-t)}-h']V,\ V_X=-me^{r(T-t)}V,$$

$$E_t^P[V(t,\ X-(1-a^*)Z)-V(t,\ X)]=E_t^P[e^{m(1-a^*)Ze^{r(T-t)}}-1]V$$

将这些偏导数代入 HJB 方程（5.14）可得

$$\sup_{\eta(\cdot)}\inf_{\phi(t)}\{mh'+m\lambda\mu(1-a^*)(1+\eta)e^{r(T-t)}$$

$$-\lambda\phi[E_t^P e^{m(1-a^*)Ze^{r(T-t)}}-1]+\frac{\lambda m}{\beta}[\phi\ln\phi-\phi+1]\}=0 \tag{5.16}$$

式（5.16）关于 $\phi(t)$ 的一阶条件为：

$$-\lambda[E_t^P e^{m(1-a^*)Ze^{r(T-t)}}-1]+\frac{\lambda m}{\beta}\ln\phi(t)=0$$

关于 $\phi(t)$ 的二阶导数满足 $\frac{\lambda m}{\beta}\frac{1}{\phi(t)}>0$，所以一阶条件对应的解 $\phi(t)$ 是 HJB 方程（5.16）的最小化，求解上式即可得最差情形的密度算子式（5.9）。$\phi^*(t)$ 关于 $\eta(t)$ 的导数为：

$$\frac{\partial\phi^*}{\partial\eta}=\frac{\partial\phi^*}{\partial a^*}\cdot\frac{\partial a^*}{\partial\eta}=-\frac{\beta\mu^2\phi^*}{\gamma E_t^P[Z^2e^{\gamma a^*Ze^{r(T-t)}}]}$$

式（5.16）的左端关于 $\eta(t)$ 的一阶条件为：

$$m\lambda\mu(1-a^*)e^{r(T-t)}-m\lambda\mu(1+\eta)e^{r(T-t)}\frac{\partial a^*}{\partial\eta}-\lambda[E_t^P e^{m(1-a^*)Ze^{r(T-t)}}-1]\frac{\partial\phi^*}{\partial\eta}$$
$$+\lambda m\phi^* e^{r(T-t)}E_t^P[Ze^{m(1-a^*)Ze^{r(T-t)}}]\frac{\partial a^*}{\partial\eta}+\frac{\lambda m}{\beta}\frac{\partial\phi^*}{\partial\eta}\ln\phi^*=0$$

整理并结合最优的反应函数式（5.4），即可得均衡的稳健再保险契约式（5.7）。

下面需要求解保险人和再保险人的值函数。将式（5.8）和式（5.9）代入 HJB 方程（5.16），可得

$$h'(t)+\lambda\mu(1-a^*(t))(1-\eta^*(t))e^{r(T-t)}-\frac{\lambda}{\beta}(\phi^*(t)-1)=0$$

结合终端条件 $h(T)=0$，可得式（5.13）。用相同的方法，易得到保险人的最优反应函数式（5.4）和对应的值函数式（5.10）。证明完毕。

根据表达式（5.8），对任意的 $t\in[0, T]$，再保险价格 $\eta^*(t)>0$ 的充分必要条件为保险人的最优风险自留水平满足 $0<a^*(t)<1$。在现实的再保险市场 $\eta^*(t)>0$ 总是成立的，因此在委托代理框架下，极端情况不会发生，即不会出现 $a^*(t)=0$ 和 $a^*(t)\geqslant1$。这意味着再保险人提供动态的再保险价格使得保险人自愿购买再保险。所以稳健的比例再保险契约有效，并且可执行。进一步，式（5.9）表示只要保险人存在再保险需求，$0<a^*(t)<1$，就有最差情形的密度算子大于1，$\phi^*(t)>1$，即模糊厌恶的再保险人是悲观的，他相信真实的索赔强度大于参照模型的期望强度 λ。

为了探寻稳健的比例再保险契约随着风险和模糊厌恶水平的变化趋

势，首先必须要消除包含在式（5.8）、式（5.9）和式（5.11）中的期望算子 $E_t^P[\cdot]$。本节的余下部分假设索赔大小 Z 服从指数分布并且所有的期望都是有限的。

推论 5.1 当再保险人面临索赔强度的不确定性且索赔大小服从参数为 k 的指数分布时，即 $f(Z)=ke^{-kZ}$，稳健的最优比例再保险契约为：

$$\begin{cases}\eta^*(t)=-\dfrac{2k\gamma(1-a^*(t))e^{r(T-t)}}{\mu[\gamma a^*(t)e^{r(T-t)}-k]^3}+\dfrac{k\phi^*(t)}{\mu[m(1-a^*(t))e^{r(T-t)}-k]^2}-1\\ a^*(t)=\dfrac{e^{-r(T-t)}}{\gamma}\left(k-\sqrt{\dfrac{k}{\mu(1+\eta^*(t))}}\right)\end{cases}\tag{5.17}$$

最差情形的密度算子为：

$$\phi^*(t)=e^{\frac{\beta}{m}\left[\frac{k}{k-m(1-a^*(t))e^{r(T-t)}}-1\right]}\tag{5.18}$$

将概率密度函数 $f(Z)=ke^{-kZ}$，式（5.17）和式（5.18）代入式（5.10）到式（5.13）即可得到指数分布对应到保险人和再保险人的值函数。

式（5.10）表明当再保险人的模糊厌恶系数 $\beta=0$，最差情形的密度算子 $\phi^*(t)=1$，则有 $\lambda^Q=\lambda$。这意味着当再保险人不厌恶模型不确定时，即使模型存在错误的设定也不会对再保险契约造成任何的影响，此时稳健的比例再保险契约退化为标准的比例再保险契约。所以在不存在混淆的情形下，本章默认模糊中性和缺乏模型模糊性是等价的。

推论 5.2 当再保险人没有面临 C－L 模型的模糊性时，参数为 k 的指数分布对应的最优比例再保险契约为：

$$\begin{cases}\eta_0^*(t)=-\dfrac{2k\gamma(1-a_0^*(t))e^{r(T-t)}}{\mu[\gamma a_0^*(t)e^{r(T-t)}-k]^3}+\dfrac{k}{\mu[m(1-a_0^*(t))e^{r(T-t)}-k]^2}-1\\ a_0^*(t)=\dfrac{e^{-r(T-t)}}{\gamma}\left(k-\sqrt{\dfrac{k}{\mu(1+\eta_0^*(t))}}\right)\end{cases}\tag{5.19}$$

在此契约下，保险人的值函数为：

$$J_0(t,W)=-\frac{1}{\gamma}\exp\{-\gamma[We^{r(T-t)}+g_0(t)]\}\tag{5.20}$$

其中

$$\begin{aligned}g_0(t)&=\lambda\mu\int_t^T(\theta-\eta_0^*(s))e^{r(T-s)}\mathrm{d}s\\&\quad+\lambda\mu\int_t^T a_0^*(s)(1+\eta_0^*(s))e^{r(T-s)}\mathrm{d}s\end{aligned}$$

$$+\frac{\lambda}{\gamma}\int_t^T\left[\frac{k}{\gamma a_0^*(s)e^{r(T-s)}-k}+1\right]ds \tag{5.21}$$

再保险人的值函数为：

$$V_0(t,\ X)=-\frac{1}{m}\exp\{-m[Xe^{r(T-t)}+h_0(t)]\} \tag{5.22}$$

其中

$$h_0(t)=\lambda\mu\int_t^T(1-a_0^*(s))(1+\eta_0^*(s))e^{r(T-s)}ds$$
$$+\frac{\lambda}{m}\int_t^T\left[\frac{k}{m(1-a_0^*(s))e^{r(T-s)}-k}+1\right]ds \tag{5.23}$$

比较稳健的比例再保险契约式（5.17）和标准的比例再保险契约式（5.19），稳健的比例再保险价格 $\eta^*(t)$ 的第一项和第三项与标准的比例再保险价格 $\eta_0^*(t)$ 的第一项和第三项是相同的，不同的是 $\eta^*(t)$ 的第二项乘了密度算子 $\phi^*(t)$，而 $\phi^*(t)>1$，这意味着再保险人对模型不确定性的厌恶导致他在模糊情形比在标准情形对比例再保险收取更高的价格，即 $\eta^*(t)>\eta_0^*(t)$。模糊厌恶的再保险人想通过提升价格来对冲模型不确定性的负面影响。然而模糊中性的保险人显然不愿意为再保险人的模糊厌恶买单，因为在此种情形下他降低了再保险购买量，$1-a^*(t)<1-a_0^*(t)$。

比例再保险契约式（5.17）是一个隐性嵌套的形式，所以需要证明均衡的唯一存在性。

命题 5.2　式（5.17）有唯一的正根，即稳健的比例再保险契约是唯一存在的。

证明：命题 5.1 显示当风险自留比例 $a^*(t)$ 唯一时，再保险价格 $\eta^*(t)$ 也是唯一的。所以只需证明风险自留的唯一性。结合式（5.4）和式（5.18）可得

$$\frac{-\gamma a^*e^{r(T-t)}-k+2\gamma e^{r(T-t)}}{[\gamma a^*e^{r(T-t)}-k]^3}=\frac{e^{\frac{\beta}{m}[E_t^Pe^{m(1-a^*)Ze^{r(T-t)}}-1]}}{[m(1-a^*)e^{r(T-t)}-k]^2}$$

令 $\zeta(a^*)=\frac{-\gamma a^*e^{r(T-t)}-k+2\gamma e^{r(T-t)}}{[\gamma a^*e^{r(T-t)}-k]^3}$，$\varsigma(a^*)=\frac{e^{\frac{\beta}{m}[E_t^Pe^{m(1-a^*)Ze^{r(T-t)}}-1]}}{[m(1-a^*)e^{r(T-t)}-k]^2}$，则

$$\frac{\partial\zeta}{\partial a^*}=\frac{2\gamma e^{r(T-t)}[2k+\gamma a^*e^{r(T-t)}-3\gamma e^{r(T-t)}]}{[\gamma a^*e^{r(T-t)}-k]^4}>0$$

$$\frac{\partial\varsigma}{\partial a^*}=-\beta\mu e^{r(T-t)}\varsigma(a^*)+\frac{2me^{r(T-t)}e^{\frac{\beta}{m}[E_t^Pe^{m(1-a^*)Ze^{r(T-t)}}-1]}}{[m(1-a^*)e^{r(T-t)}-k]^3}<0$$

所以 $\zeta(a^*)$ 关于 a^* 递增，$\varsigma(a^*)$ 关于 a^* 递减。所以

$$\zeta(a^*) \in (\zeta(0),\ \zeta(1)) = \left(\frac{k-2\gamma e^{r(T-t)}}{k^3},\ \frac{1}{[\gamma e^{r(T-t)}-k]^2}\right)$$

$$\varsigma(a^*) \in (\varsigma(1),\ \varsigma(0)) = \left(\frac{1}{k^2},\ \frac{e^{\frac{\beta}{m}[E_t^P e^{mZe^{r(T-t)}}-1]}}{[me^{r(T-t)}-k]^2}\right)$$

因为

$$0<\frac{k-2\gamma e^{r(T-t)}}{k^3}<\frac{1}{k^2}<\frac{1}{[\gamma e^{r(T-t)}-k]^2}$$

所以 $\zeta(a^*)$ 和 $\varsigma(a^*)$ 在区间（0，1）存在唯一的交点，即存在唯一的最优风险自留比例 $a^*(t)\in(0,\ 1)$。所以稳健的比例再保险契约存在且是唯一的。证明完毕。

标注 5.2 为了保证定理 5.1 和定理 5.2 中的期望值存在并且有限，本章需要假设：$me^{r(T-t)}-k<0$，$\gamma e^{r(T-t)}-k<0$ 以及 $k-\gamma e^{r(T-t)}>\gamma(1-a(t))e^{r(T-t)}$。事实上，很容易证明这些假设对常用参数值成立。

5.3 模糊厌恶委托人的稳健超额损失再保险契约

偶发超额风险的存在是保险公司存在的前提条件。众所周知，按照比例再保险分摊风险使得保险公司和再保险公司都有可能面临超额的索赔，这就使得保险公司需要能承担超额索赔的超额损失再保险。本节研究另一种常见形式的再保险契约：超额损失再保险契约。模糊厌恶的再保险人为模糊中性的保险人提供超额损失再保险契约：包含价格 $\widehat{\eta}=\{\widehat{\eta}(t):\ 0\leqslant t\leqslant T\}$ 以及建议的风险自留额 $b=\{b(t):\ 0\leqslant t\leqslant T\}$。这意味着对第 i 次索赔 Z_i，保险人承担 $\min(Z_i,\ b(t))$，再保险人承担余下的 $Z_i-\min(Z_i,\ b(t))$。

超额损失再保险和比例再保险有相同的定价方法。在这种情形下，模糊中性的保险人的财富动态可以表示为：

$$\begin{aligned} dW(t) &= rW(t)dt+(1+\theta)\lambda\mu dt-(1+\widehat{\eta}(t))\lambda\{\mu-E_t^P[\min(Z_i,\ b(t))]\}dt \\ &\quad -d\sum_{i=1}^{N(t)}\min(Z_i,\ b(t)) \\ &= [rW(t)+\lambda\mu(\theta-\widehat{\eta}(t))+\lambda(1+\widehat{\eta}(t))\int_0^{b(t)}\bar{F}(Z)dZ]dt \end{aligned}$$

$$- \mathrm{d} \sum_{i=1}^{N(t)} \min(Z_i,\ b(t)) \tag{5.24}$$

$\sum_{i=1}^{N\widehat{Q}(t)} Z_i$ 表示概率测度 $\widehat{Q}$ 下的复合泊松过程，则模糊厌恶再保险人的财富动态在超额损失再保险契约下为：

$$\begin{aligned} \mathrm{d}X(t) &= rX(t)\mathrm{d}t + (1+\widehat{\eta}(t))\lambda\{\mu - E_t^P[\min(Z_i,\ b(t))]\}\mathrm{d}t \\ &\quad - \mathrm{d}\sum_{i=1}^{N\widehat{Q}(t)}[Z_i - \min(Z_i,\ b(t))] \\ &= \left[rX(t) + \lambda\mu(1+\widehat{\eta}(t)) - \lambda(1+\widehat{\eta}(t))\int_0^{b(t)} \bar{F}(Z)\mathrm{d}Z\right]\mathrm{d}t \\ &\quad - \mathrm{d}\sum_{i=1}^{N\widehat{Q}(t)}[Z_i - \min(Z_i,\ b(t))] \end{aligned} \tag{5.25}$$

保险人和再保险人的偏好与5.2节是相同的。首先在给定的再保险价格 $\widehat{\eta}(t)$ 以及预算约束式（5.24）的限制下求解保险人的优化问题，可得如下结论。

命题5.3　为了确保超额损失再保险契约满足激励相容条件，最优风险预留额和再保险价格需要满足如下关系式：

$$b^*(t) = \frac{\ln(1+\widehat{\eta}(t))}{\gamma} e^{-r(T-t)} \tag{5.26}$$

此关系式也称为超额损失再保险契约下保险人对价格 $\widehat{\eta}(t)$ 的最优反应策略。

再保险人的值函数在额外的概率测度 $\widehat{Q}$ 下计算，他的目标是通过设置稳健的再保险价格使得惩罚相关的多先念效用最大化：

$$\widehat{V}(t,\ X) = \sup_{\widehat{\eta}(t)} \inf_{\widehat{\phi}(t)} E_t^{\widehat{Q}}\left\{-\frac{1}{m}\exp[-mX(T)] + \int_t^T \frac{\lambda[\widehat{\phi}(s)\ln\widehat{\phi}(s) - \phi(s) + 1]}{\widehat{\varphi}(s,\ \widehat{V})}\mathrm{d}s\right\} \tag{5.27}$$

满足激励相容约束式（5.26）、预算约束式（5.25）以及终端条件 $\widehat{V}(T,\ X) = -\frac{1}{m}e^{-mX}$。稳健性偏好参数 $\widehat{\varphi}(t,\ \widehat{V})$ 为：

$$\widehat{\varphi}(t,\ \widehat{V}) = -\frac{\beta}{m\widehat{V}(t,\ X)}$$

定理5.2　当再保险人面临索赔强度的不确定性时，稳健的超额损失再保险契约为：

$$\begin{cases} e^{r(T-t)}\left[\mu - \int_0^{b^*(t)} \overline{F}(Z)\mathrm{d}Z\right] - \dfrac{\overline{F}(b^*(t))}{\gamma} + \dfrac{\widehat{\phi}^*(t)e^{-mb^*(t)e^{r(T-t)}}}{\gamma(1+\widehat{\eta}^*(t))} \\ \int_{b^*(t)}^{\infty} e^{mZe^{r(T-t)}} f(Z)\mathrm{d}Z = 0 \\ b^*(t) = \dfrac{\ln(1+\widehat{\eta}^*(t))}{\gamma} e^{-r(T-t)} \end{cases} \tag{5.28}$$

最优的密度算子为：

$$\widehat{\phi}^*(t) = e^{\frac{\beta}{m}\left[e^{-mb^*(t)e^{r(T-t)}}\int_{b^*(t)}^{\infty} e^{mZe^{r(T-t)}} f(Z)\mathrm{d}Z - \overline{F}(b^*(t))\right]} \tag{5.29}$$

在这个契约下，保险人的值函数为：

$$\widehat{J}(t, W) = -\frac{1}{\gamma}\exp\{-\gamma[We^{r(T-t)} + \widehat{g}(t)]\} \tag{5.30}$$

其中

$$\begin{aligned} \widehat{g}(t) &= \lambda\mu\int_t^T (\theta - \widehat{\eta}^*(s))e^{r(T-s)}\mathrm{d}s \\ &\quad + \lambda\int_t^T (1+\widehat{\eta}^*(s))e^{r(T-s)}\int_0^{b^*(s)} \overline{F}(Z)\mathrm{d}Z\mathrm{d}s \\ &\quad - \lambda\int_t^T e^{r(T-s)}\int_0^{b^*(s)} e^{\gamma Ze^{r(T-s)}}\overline{F}(Z)\mathrm{d}Z\mathrm{d}s \end{aligned} \tag{5.31}$$

再保险人的值函数为：

$$\widehat{V}(t, X) = -\frac{1}{m}\exp\{-m[Xe^{r(T-t)} + \widehat{h}(t)]\} \tag{5.32}$$

其中

$$\begin{aligned} \widehat{h}(t) &= \lambda\mu\int_t^T (1+\widehat{\eta}^*(s))e^{r(T-s)}\mathrm{d}s \\ &\quad - \lambda\int_t^T (1+\widehat{\eta}^*(s))e^{r(T-s)}\int_0^{b^*(s)} \overline{F}(Z)\mathrm{d}Z\mathrm{d}s \\ &\quad - \frac{\lambda}{\beta}\int_t^T (\widehat{\phi}^*(s) - 1)\mathrm{d}s \end{aligned} \tag{5.33}$$

证明：见定理 5.4 的证明。

分析式（5.29）中的最差情形密度算子不难发现

$$\begin{aligned} & e^{-mb^*(t)e^{r(T-t)}}\int_{b^*(t)}^{\infty} e^{mZe^{r(T-t)}} f(Z)\mathrm{d}Z - \overline{F}(b^*) \\ > {} & e^{-mb^*(t)e^{r(T-t)}} \cdot e^{mb^*(t)e^{r(T-t)}}\int_{b^*(t)}^{\infty} f(Z)\mathrm{d}Z - \overline{F}(b^*(t)) = 0 \end{aligned}$$

所以$\widehat{\phi}^*(t) > 1$ 成立。即模糊厌恶的再保险人通过正向扰动参照的跳跃强度来放大索赔。另外需要强调的是即使对同一再保险人，不同种类的再保险也会导致不同的密度算子，这也进一步说明模型模糊性不是外生的，而是保险人和再保险人之间的一种内生信念异质性。而且$\frac{\partial \phi^*}{\partial \beta}>0$，所以模糊厌恶程度越高的再保险人选择的最优模型对参照模型的偏离越大。

直接从式（5.28）不能分析稳健超额损失再保险契约的性质。类似于上一章节，本节的余下部分假设索赔大小服从指数分布。

推论 5.3 当再保险人面临索赔强度的不确定性且索赔大小服从参数为 k 的指数分布时，即 $f(Z)=ke^{-kZ}$，稳健的最优超额损失再保险契约为：

$$\begin{cases}\widehat{\eta}^*(t)=\dfrac{k^2\,\widehat{\phi}^*(t)}{[\gamma e^{r(T-t)}-k][me^{r(T-t)}-k]}-1\\ b^*(t)=\dfrac{\ln(1+\widehat{\eta}^*(t))}{\gamma}e^{-r(T-t)}\end{cases}\tag{5.34}$$

最优的密度算子为：

$$\widehat{\phi}^*(t)=e^{-\frac{\beta e^{r(T-t)}}{me^{r(T-t)}-k}(1+\widehat{\eta}^*(t))-\frac{k}{\gamma}e^{-r(T-t)}}\tag{5.35}$$

在此稳健的契约下，保险人的值函数为：

$$\widehat{J}(t,W)=-\frac{1}{\gamma}\exp\{-\gamma[We^{r(T-t)}+\widehat{g}(t)]\}\tag{5.36}$$

其中

$$\begin{aligned}\widehat{g}(t)&=\lambda\mu\int_t^T(\theta-\widehat{\eta}^*(s))e^{r(T-s)}\mathrm{d}s\\&\quad+\lambda\mu\int_t^T(1+\widehat{\eta}(t)^*(s))(1-e^{-kb^*(s)})e^{r(T-s)}\mathrm{d}s\\&\quad-\lambda\int_t^T\frac{e^{r(T-s)}}{\gamma e^{r(T-s)}-k}[e^{(\gamma e^{r(T-s)}-k)b^*(s)}-1]\mathrm{d}s\end{aligned}\tag{5.37}$$

再保险人的值函数为：

$$\widehat{V}(t,X)=-\frac{1}{m}\exp\{-m[Xe^{r(T-t)}+\widehat{h}(t)]\}\tag{5.38}$$

其中

$$\widehat{h}(t)=\lambda\mu\int_t^T(1+\widehat{\eta}^*(s))e^{r(T-s)-kb^*(s)}\mathrm{d}s-\frac{\lambda}{\beta}\int_t^T(\widehat{\phi}^*(s)-1)\mathrm{d}s\tag{5.39}$$

证明：在设计契约时，再保险人已经知道保险人的最优行动策略

（5.26），则对应到优化问题（5.27）的稳健 HJB 方程为：

$$\sup_{\hat{\eta}(t)}\inf_{\hat{\phi}(t)}\{\hat{V}_t+[rX+\lambda\mu(1+\hat{\eta})-\lambda(1+\hat{\eta})\int_0^{b^*}\bar{F}(Z)\mathrm{d}Z]\hat{V}_X$$

$$+\lambda\hat{\phi}E_t^P[\hat{V}(t,X-Z_i+\min(Z_i,b^*))-\hat{V}(t,X)]+\frac{\lambda(\hat{\phi}\ln\hat{\phi}-\hat{\phi}+1)}{\hat{\varphi}}\}=0 \tag{5.40}$$

猜想再保险人的值函数有如下表达式：

$$\hat{V}(t,X)=-\frac{1}{m}\exp\{-m[Xe^{r(T-t)}+\hat{h}(t)]\}$$

则

$$\hat{V}_t=m[rXe^{r(T-t)}-h']\hat{V},\ \hat{V}_X=-me^{r(T-t)}\hat{V}$$

$$E_t^P[\hat{V}(t,X-Z_i+\min(Z_i,b^*))-\hat{V}(t,X)]=E_t^P\{e^{-m[\min(Z_i,b^*)-Z_i]e^{r(T-t)}}-1\}\hat{V}$$

$$=[\int_0^{b^*}e^{-m(Z-Z)e^{r(T-t)}}\mathrm{d}F(Z)+\int_{b^*}^{\infty}e^{-m(b^*-Z)e^{r(T-t)}}\mathrm{d}F(Z)-1]\hat{V}$$

$$=[F(b^*)-1+e^{-mb^*e^{r(T-t)}}\int_{b^*}^{\infty}e^{mZe^{r(T-t)}}\mathrm{d}F(Z)]\hat{V}$$

$$=[e^{-mb^*e^{r(T-t)}}\int_{b^*}^{\infty}e^{mZe^{r(T-t)}}\mathrm{d}F(Z)-\bar{F}(b^*)]\hat{V}$$

将上面的表达式代入 HJB 方程（5.40），可得

$$\sup_{\hat{\eta}(t)}\inf_{\hat{\phi}(t)}\{m\hat{h}'+m\lambda\mu(1+\hat{\eta})e^{r(T-t)}-m\lambda(1+\hat{\eta})e^{r(T-t)}\int_0^{b^*}\bar{F}(Z)\mathrm{d}Z$$

$$-\lambda\hat{\phi}e^{-mb^*e^{r(T-t)}}\int_{b^*}^{\infty}e^{mZe^{r(T-t)}}f(Z)\mathrm{d}Z+\lambda\hat{\phi}^*\bar{F}(b^*)$$

$$+\frac{\lambda m}{\beta}[\hat{\phi}\ln\hat{\phi}-\hat{\phi}+1]\}=0 \tag{5.41}$$

式（5.40）左端关于 $\hat{\phi}$（t）的一阶条件为：

$$-\lambda e^{-mb^*e^{r(T-t)}}\int_{b^*}^{\infty}e^{mZe^{r(T-t)}}f(Z)\mathrm{d}Z+\lambda\bar{F}(b^*)+\frac{\lambda m}{\beta}\ln\hat{\phi}=0 \tag{5.42}$$

关于 $\hat{\phi}(t)$ 的二阶导数 $\frac{\lambda m}{\beta\hat{\phi}(t)}>0$，求解（5.42）得最差情形的密度算子式（5.29）。$b^*(t)$ 和 $\hat{\phi}^*(t)$ 都是关于 $\hat{\eta}(t)$ 的函数，且

$$\frac{\partial b^*}{\partial\hat{\eta}}=\frac{e^{-r(T-t)}}{\gamma(1+\hat{\eta})},\ \frac{\partial\hat{\phi}^*}{\partial\hat{\eta}}=-\frac{\beta}{\gamma(1+\hat{\eta})}\hat{\phi}e^{-mb^*e^{r(T-t)}}\int_{b^*}^{\infty}e^{mZe^{r(T-t)}}f(Z)\mathrm{d}Z$$

则式（5.41）的左端关于 $\hat{\eta}(t)$ 的一阶条件为：

$$\mu e^{r(T-t)} - e^{r(T-t)}\int_0^{b^*}\bar{F}(Z)\mathrm{d}Z - \frac{1}{\gamma}\bar{F}(b^*) + \frac{1}{\gamma(1+\widehat{\eta})}$$

$$\widehat{\phi}^* e^{-mb^* e^{r(T-t)}}\int_{b^*}^{\infty} e^{mZe^{r(T-t)}} f(Z)\mathrm{d}Z = 0 \tag{5.43}$$

整理并结合反应函数式（5.26）可得稳健超额损失再保险契约式（5.28）。

现在需要求解保险人和再保险人的值函数。将 $b^*(t)$，$\widehat{\eta}^*(t)$ 和 $\widehat{\phi}^*(t)$ 代入 HJB 方程（5.28）有

$$h'(t) + \lambda\mu(1+\widehat{\eta}^*(t))e^{r(T-t)} - \lambda(1+\widehat{\eta}^*(t))e^{r(T-t)}\int_0^{b^*(t)}\bar{F}(Z)\mathrm{d}Z$$

$$-\frac{\lambda}{\beta}(1-\widehat{\phi}^*(t)) = 0$$

结合边界值条件 $\widehat{h}(T)=0$，可得再保险人的值函数（5.32）。采用同样的计算过程，易得保险人的最优反应函数式（5.26）和值函数式（5.30）。将索赔大小 Z 的概率密度函数 $f(Z)=ke^{-kZ}$ 代入式（5.28）~式（5.33），即得式（5.34）~式（5.39）。证明完毕。

当再保险人的模糊厌恶系数 $\beta=0$，不管索赔尺寸是否满足指数分布，都有最差情形的密度算子 $\widehat{\phi}^*(t)=1$，即稳健的超额损失再保险契约退化为标准的超额损失再保险契约。

推论 5.4　当再保险人没有面临 C－L 模型的模糊性并且索赔大小服从参数为 k 的指数分布时，最优的超额损失再保险契约为：

$$\begin{cases}\widehat{\eta}_0^*(t) = \dfrac{k^2}{[\gamma e^{r(T-t)}-k][me^{r(T-t)}-k]} - 1 \\ b_0^*(t) = \dfrac{e^{-r(T-t)}}{\gamma}\ln\dfrac{k^2}{[\gamma e^{r(T-t)}-k][me^{r(T-t)}-k]}\end{cases} \tag{5.44}$$

在此契约下，保险人的值函数为：

$$\widehat{J}_0(t, W) = -\frac{1}{\gamma}\exp\{-\gamma[We^{r(T-t)} + \widehat{g}_0(t)]\} \tag{5.45}$$

其中

$$\widehat{g}_0(t) = \lambda\mu\int_t^T(\theta - \widehat{\eta}_0^*(s))e^{r(T-s)}\mathrm{d}s + \lambda\mu\int_t^T(1+\widehat{\eta}_0^*(s))(1-e^{-kb_0^*(s)})e^{r(T-s)}\mathrm{d}s$$

$$-\lambda\int_t^T\frac{e^{r(T-s)}}{\gamma e^{r(T-s)}-k}[e^{(\gamma e^{r(T-s)}-k)b_0^*(s)} - 1]\mathrm{d}s \tag{5.46}$$

再保险人的值函数为：

$$\widehat{V}_0(t, X) = -\frac{1}{m}\exp\{-m[Xe^{r(T-t)} + \widehat{h}_0(t)]\} \tag{5.47}$$

其中

$$\widehat{h}_0(t) = \lambda\int_t^T [\mu(1 + \widehat{\eta}_0^*(s)) + \frac{1}{me^{r(T-s)} - k}] e^{r(T-s)-kb^*(s)} ds \tag{5.48}$$

由于$\widehat{\phi}^*(t) > 1$，式（5.34）和式（5.44）揭示最优再保险价格满足$\widehat{\eta}^*(t) > \widehat{\eta}_0(t)$。再根据最优反应函数式（5.26）有最优风险自留水平满足$b^*(t) > b_0^*(t)$。这表明模糊厌恶的再保险人比模糊中性的再保险人保守，他设置的稳健超额损失再保险价格高于标准的价格，这导致保险人降低了再保险的需求量。下面证明对稳健的超额损失再保险契约，均衡也是唯一存在的。

命题 5.4 式（5.34）中的最优再保险价格$\widehat{\eta}^*(t)$是唯一存在的，所以稳健的超额损失再保险契约是存在且唯一的。

证明：令$\xi(\widehat{\eta}^*) = \frac{\widehat{\phi}^*(t)}{1 + \widehat{\eta}^*(t)}$，则

$$\frac{\partial \xi}{\partial \widehat{\eta}^*} = -\frac{\widehat{\phi}^*(t)}{(1 + \widehat{\eta}^*)^2} + \frac{1}{1 + \widehat{\eta}^*}\frac{\partial \widehat{\phi}^*(t)}{\partial \widehat{\eta}^*} < 0$$

即$\xi(\widehat{\eta}^*)$关于$\widehat{\eta}^*$递减。所以

$$\xi(\widehat{\eta}^*) \in (\xi(0), \xi(\infty)) = (0, e^{-\frac{\beta e^{r(T-t)}}{me^{r(T-t)}-k}})$$

标准再保险价格$\widehat{\eta}_0^*(t) > 0$，并且$me^{r(T-t)} - k < 0$，所以$\frac{[\gamma e^{r(T-t)} - k][me^{r(T-t)} - k]}{k^2} < 1$，$e^{-\frac{\beta e^{r(T-t)}}{me^{r(T-t)}-k}} > 1$。则$\frac{[\gamma e^{r(T-t)} - k][me^{r(T-t)} - k]}{k^2} \in (0, e^{-\frac{\beta e^{r(T-t)}}{me^{r(T-t)}-k}})$。因此存在唯一的$\widehat{\eta}^*(t) > 0$满足式（5.34）。根据反应函数式（5.26），最优风险预留额$b^*(t)$也是唯一的。即证明了契约式（5.34）的唯一存在性。证明完毕。

标注 5.3 定理 5.1 和定理 5.2 中的一般结论适合所有的其他类型能够描述索赔大小的分布函数，如常见的伽马分布、对数正态分布以及威布尔分布。取指数分布仅仅是为了求得期望的具体表达式，方便分析契约的性质和下一章节的动态分析。

5.4 动态分析

前面两节已经给出了索赔服从指数分布时的稳健超额损失和比例再保险契约的解析表达式，为了更直观地理解讨价还价对再保险契约的影响，这一节采用数值分析阐述这些结论的经济意义。首先分析决策时间、风险和模糊厌恶水平对两种再保险契约的影响，然后通过分析保险人和再保险人选择比例再保险契约对各自效用造成的损失来讨论他们是否具有完全相反的偏好。基本参数值设定为：无风险利率 $r=0.03$，风险厌恶系数 $\gamma=m=0.3$，模糊厌恶系数 $\beta=0.1$，契约期限 $T=5$，指数分布参数 $k=2$，索赔强度 $\lambda=1$，保险相对安全载荷 $\theta=0.2$。

5.4.1 比例再保险契约

本小节分析风险和模糊厌恶系数在动态环境下对稳健的风险自留比例和对应价格的影响。图 5.1（a）、图 5.2（a）和图 5.3（a）对应比例再保险的价格，图 5.1（b）、图 5.2（b）和图 5.3（b）对应保险人的风险自留比例。

在代表性代理人模型中，保险人和再保险人是价格接受者，再保险价格 $\eta(t)$ 是给定的常数。从式（5.4）知 $\frac{\partial a^*}{\partial t}=ra^*>0$，即对给定的再保险价格，最优风险自留比例随时间递增。所以随着契约期限的到来，保险人的再保险需求下降。但是在委托代理框架下，再保险需求随时间出现相反的变化趋势。图 5.1（a）、图 5.2（a）和图 5.3（a）显示当索赔是 C－L 过程，讨价还价得到的再保险价格不再是常数而是随着时间递减的。这是因为讨价还价赋予再保险人调整价格的机会，他不会任由再保险需求不断减少。为了刺激需求和维持长期的合作关系，他设置了随时间递减的价格。这导致保险人的最优风险自留比例随着决策时间靠近契约终点缓慢的递减，即需求随着时间缓慢递增（见图 5.1（b）、图 5.2（b）和图 5.3（b）），但是第 4 章的结论显示当索赔是扩散过程时，比例再保险需求是仅仅依赖于风险和模糊厌恶水平的常数。这说明在委托代理关系下，使用扩散模型近似 C－L 模型造成较大的策略偏差。

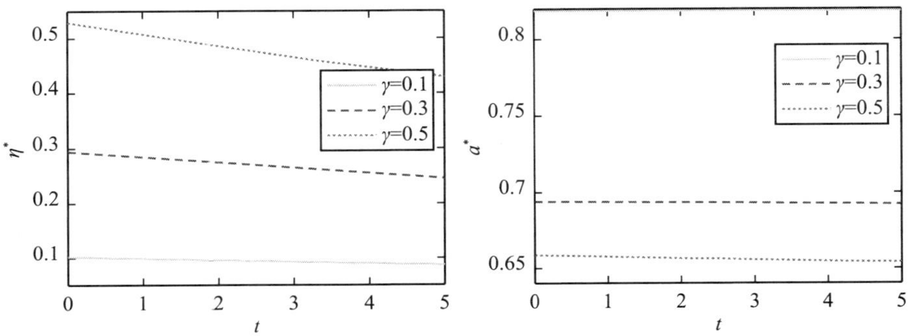

（a）再保险价格　　（b）风险自留比例

图 5.1　保险人的风险厌恶系数 γ 对稳健比例再保险契约的动态影响

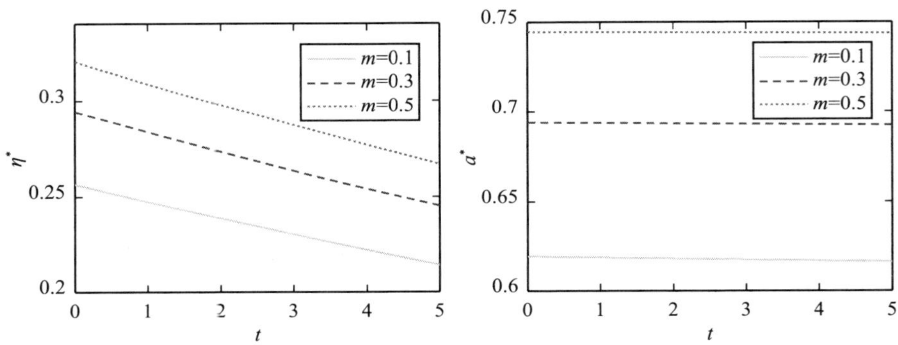

（a）再保险价格　　（b）风险自留比例

图 5.2　再保险人的风险厌恶系数 m 对稳健比例再保险契约的动态影响

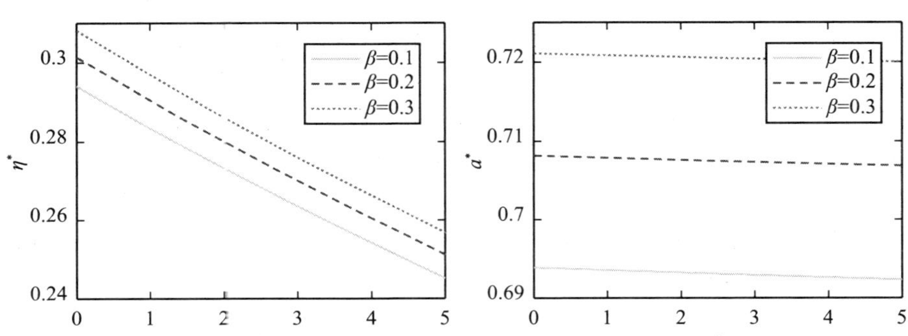

（a）再保险价格　　（b）风险自留比例

图 5.3　再保险人的模糊厌恶系数 β 对稳健比例再保险契约的动态影响

图 5.1（a）表明随着保险人的风险厌恶水平增加，再保险人抬高价格，然而图 5.1（b）表明高的价格并没有降低需求。这是因为价格和保险人的风险厌恶对需求产生相反的影响。高的价格降低需求，高的风险厌恶增加需求。因为风险厌恶的正向影响占优于价格的负向影响，所以风险厌恶的保险人随着自身风险厌恶的增加会转移更多的索赔风险给再保险人。当再保险人与风险厌恶的保险人讨价还价时，他会抓住高风险厌恶的保险人更加急切的需要再保险分散风险并且愿意为分散风险支付更高价格的特征来谋取利益。这也证明了经典的结论：对再保险人而言，与风险厌恶的保险人讨价还价比与风险中性的保险人讨价还价获得更高的收入[①]。

图 5.2 说明高风险厌恶的再保险人需要更高的价格去承担相同的潜在索赔风险。在这种情况下，高的价格导致低的需求，即风险自留比例是再保险人风险厌恶的减函数。比较图 5.1（a）和图 5.2（a）不难发现比例再保险的价格对保险人的风险厌恶比对再保险人的风险厌恶更加敏感。

图 5.3 表明为了对冲模型不确定性可能带来的超额索赔，再保险价格随着再保险人的模糊厌恶水平的增加而上升，这致使再保险需求降低。这是因为模型错误设定是再保险人对索赔的单方面主观看法，保险人并不认可，所以他不会为模型错误设定可能带来的损失买单，以至于需求随着再保险人的模糊厌恶系数的增加而下降。

5.4.2　超额损失再保险契约

本小节分析风险和模糊厌恶在动态环境下对稳健的超额损失再保险需求和价格的影响。图 5.4（a）、图 5.5（a）和图 5.6（a）对应超额损失再保险的价格，图 5.4（b）、图 5.5（b）和图 5.6（b）对应保险人的风险自留额。

比较图 5.1 ~ 图 5.3 和图 5.4 ~ 图 5.6 可以看出随着决策时间 t、风险厌恶系数 γ 和 m、模糊厌恶系数 β 的变化，最优的再保险价格和风险自留在比例和超额损失再保险契约中呈现完全相同的变化趋势。即超额损失再保险的价格关于决策时间 t 递减，关于保险人的风险厌恶 γ，再保险人的风险厌恶 m 和模糊厌恶 β 递增；超额损失再保险的风险自留关于决策时间 t 和保险人的风险厌恶 γ 递减，关于再保险人的风险厌恶 m 和模糊厌恶 β 递增。这些变化趋势的原因与 5.4.1 节中是相同的，这里不再重复。

---

① 埃利希和贝克尔（Ehrlich and Becker，1972）、斯宾纽金（Spinnewjin，2013）证明风险厌恶的投保人有更高的保险需求，并且愿意为保险契约支付更高的保费。

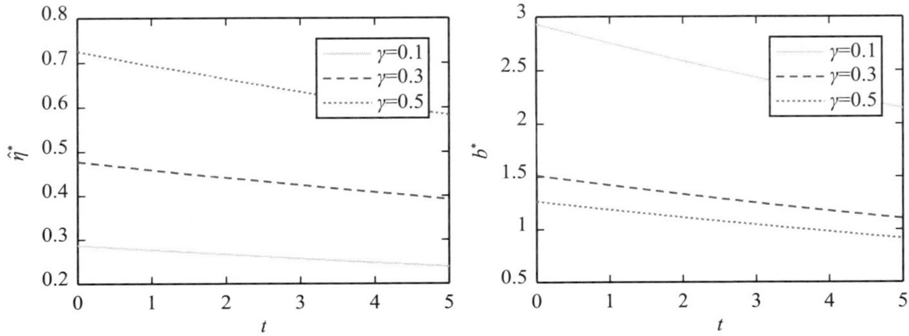

（a）再保险价格　　（b）风险自留额

图 5.4　保险人的风险厌恶系数 γ 对稳健超额损失再保险契约的动态影响

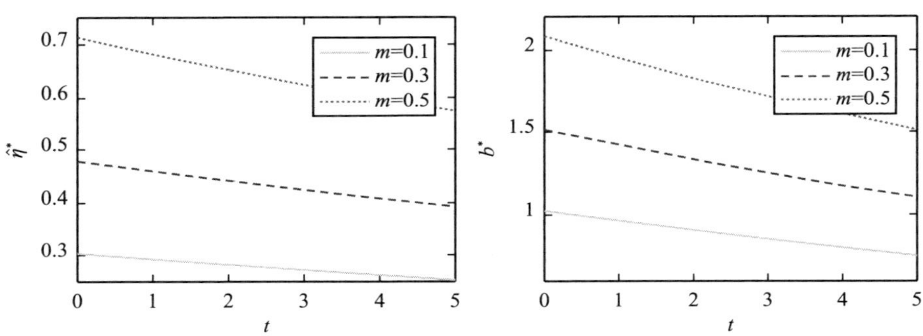

（a）再保险价格　　（b）风险自留额

图 5.5　再保险人的风险厌恶系数 m 对稳健超额损失再保险契约的动态影响

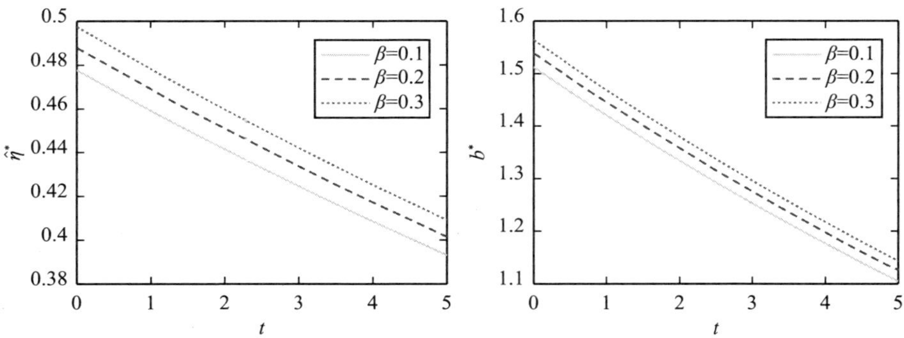

（a）再保险价格　　（b）风险自留额

图 5.6　再保险人的模糊厌恶系数 β 对稳健超额损失再保险契约的动态影响

比例和超额损失再保险的风险自留水平的量纲不同：一个是比例；另一个是额度。因此不能比较它们的大小。鉴于两种类型再保险的价格都是对应到单位时间单位索赔期望需要支付的保费，它们是可以比较大小的。显然超额损失再保险的价格明显高于比例再保险的价格。这个差异很容易从直观上理解。在比例再保险合同下，保险人和再保险人有完全一致的利益，不管赔偿的额度是多少，赔偿总是根据比例在保险人和再保险人之间分摊；而在超额损失再保险契约下，只要超过免赔额度，再保险人就要承担所有的赔偿。这意味着一旦发生大的索赔，超额损失再保险会使得再保险人承担极端的赔偿，而且任何意外的赔偿可能都将完全由他承担。在这种意义下，再保险人在超额损失再保险契约下面临着更高可能性的肥尾风险，他需要收取更多的保费对冲这种风险。这个结论有着重要的现实意义：在现实应用中，如果再保险人使用传统的期望值原则计算保费，他应该为超额损失再保险设置一个相对比例再保险更高的相对安全载荷。

5.4.3　再保险产品选择

5.2 节和 5.3 节给出的均衡分别是在比例再保险契约和超额损失再保险契约内部的，而不是在两种形式的再保险契约之间的，所以从效用的角度，两种再保险契约对保险人和再保险人而言是不等价的。这自然就会出现一个问题：哪种形式的再保险契约对保险人是更优的选择？本节余下的部分通过讨论保险人选择比例再保险契约导致的效用损失来回答这个问题①。

通过讨价还价，再保险人为保险人提供两种均衡的再保险产品：比例再保险和超额损失再保险。保险人选择能为自己带来更高终端效用的产品。为了吸引客户，再保险人会同时销售这两种再保险产品，他能够做的是根据需求与价格的关系设计稳健的价格。保险人只能选择其中一种产品，即在契约期间他只能改变风险自留额，不能更改契约的类型，那么保险人应该如何抉择。下面通过比较保险人在两种稳健再保险契约下的值函数来分析此问题。

定义保险人选择比例再保险契约的效用损失为：

$$\Delta(t) = 1 - \frac{\widehat{J}(t, X)}{J(t, X)} \tag{5.49}$$

① 再保险人对比例再保险契约和超额损失再保险契约的偏好的相关分析见附录 C。

其中 $\widehat{J}(t, X)$ 和 $J(t, X)$ 分别为保险人对应到超额损失再保险契约和比例再保险契约的值函数。$\Delta(t)>0$ 等价于 $J(t, X)<\widehat{J}(t, X)$，即超额损失再保险能为保险人带来更高的效用，而且 $\Delta(t)$ 越大超额损失再保险的优势越明显；$\Delta(t)<0$ 等价于 $J(t, X)>\widehat{J}(t, X)$，即比例再保险能为保险人带来更高的效用，而且 $\Delta(t)$ 越小比例再保险的优势越强；$\Delta(t)=0$ 意味着对保险人而言两种产品是等价的。将值函数（5.10）和式（5.30）代入式（5.49），可得

$$\Delta(t)=1-e^{-m[\widehat{g}(t)-g(t)]} \tag{5.50}$$

其中 $\widehat{g}(t)$ 和 $g(t)$ 如式（5.31）和式（5.11）所示。由于不能直接判断 $\Delta(t)$ 的正负号，所以只能结合数值实验阐述风险和模糊厌恶对它的影响。这里仅仅需要考虑初始时刻的产品选择，所以图 5.7 中 $t=0$。

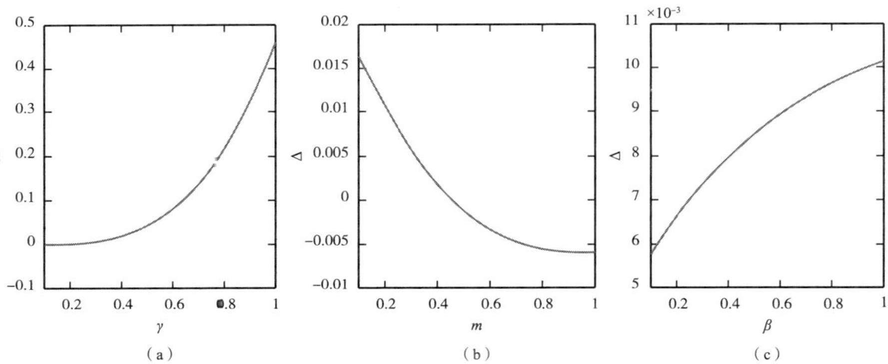

图 5.7　风险和模糊厌恶系数 γ，m，β 对保险人效用损失的影响

阿罗（1963，1971）的开创性研究指出风险厌恶的投保人（相当于本书的保险人）偏好于有直接免赔额的保险契约。高利尔（Gollier，2014）和阿拉里等（2013）证明当投保人面临模型模糊性并且只考虑自身的效用最大化时，此结论是稳健的。然而图 5.7（a）和图 5.7（b）显示当再保险人是风险和模糊厌恶的，并且再保险契约同时考虑保险人和再保险人双方的利益时，此结论不再成立。

图 5.7（a）描述保险人的风险厌恶系数 γ 对他选择比例再保险契约的效用损失的影响。效用损失 Δ 以递增的速度随着保险人的风险厌恶的增加而增加，而且当 $0<\gamma\leqslant 0.18$ 时，效用损失小于零；当 $\gamma>0.18$ 时，效用损失大于零。这个结论是直观的。如果保险人只是轻微的厌恶风险，即

他可以承受较高的索赔风险，他不愿意为再保险支付更多的费用，此时他选择相对便宜的比例再保险。随着他的风险厌恶的增加，他惧怕高额索赔，鉴于超额损失再保险能更好地在较差情形保护他，他的偏好会发生一次逆转，即他选择超额损失再保险。

图5.7（b）和图5.7（c）分别描述的是再保险人的风险厌恶系数 m 和模糊厌恶系数 β 对保险人选择比例再保险契约的效用损失的影响。这两个子图存在两个较明显的差异。一是风险厌恶系数 m 导致递减的效用损失，但是模糊厌恶系数 β 导致递增的效用损失。而且对于较小的风险厌恶水平 $m \leqslant 0.45$，效用损失大于零，保险人偏好于超额损失再保险。但是随着再保险人的风险厌恶的增加，他变得越来越担心索赔风险，并且此时超额损失再保险的价格相对于比例再保险的价格以更快的速度增长，这降低保险人对超额损失再保险的偏好，所以当 $m>0.45$ 时，效用损失小于零，保险人倾向于选择比例再保险。图5.7（b）和图5.7（c）也证明当模糊性是关于跳跃风险时，再保险人的模糊厌恶不再观察等价于增加他的有效风险厌恶。尽管这个结论在保险金融研究中已经很普遍（Hu et al.，2018；Maenhout，2004，2006；Balbás，2010），并且在第4章研究的扩散模型是模糊时也是成立的。

最后，本节需要强调的是保险人的效用损失对他自身的风险厌恶的变化比对再保险人的风险和模糊厌恶的变化更加敏感。这说明尽管再保险人会因自身的风险和模糊厌恶设置更高的再保险价格，但是前提是要确保价格使得超额损失再保险契约和比例再保险契约对保险人而言不会产生太大的效用差异，否则其中一种再保险产品可能是无效的，这会导致再保险市场被极化，即只存在一种再保险产品。

5.5　本章小结

本章在连续时间委托代理框架下研究两种形式的稳健再保险契约：一种是比例再保险契约；另一种是超额损失再保险契约。保险索赔服从经典的C-L过程。风险厌恶的保险人相信C-L模型能准确地刻画索赔，风险模糊厌恶的再保险人认为C-L模型不足以刻画真实的索赔。

首先给出了两种形式的稳健再保险契约的一般形式，然后假设索赔大小服从常用的指数分布，给出了稳健再保险契约的封闭解，并证明了他们的唯一存在性。通过讨价还价，再保险人不再是价格接受者，他设置随时间递减的再保险价格，而且比例再保险的价格总是低于超额损失再保险的价格。不同于扩散索赔过程的是，此时的比例再保险需求不再是常数，而是和超额损失再保险需求一样都随时间递增。模糊厌恶的再保险人认为实际的索赔强度大于预估值，所以模糊厌恶越高，再保险的价格就越高。这也导致与模糊厌恶的再保险人讨价还价时，保险人会降低再保险需求。当模糊性是针对 C－L 索赔模型时，再保险人的模糊厌恶不再等价于增加他的有效风险厌恶。最后分析保险人选择比例再保险的效用损失发现保险人的低风险厌恶和再保险人的高风险厌恶导致保险人和再保险人偏好比例再保险，而在其他的情形，保险人偏好超额损失再保险，而再保险人偏好比例再保险。

第 6 章

跳跃模型及保险人模糊厌恶的稳健再保险契约

陈等（2012）和卡邦图等（Cabantous et al.，2011）指出保险公司通常要求为损失概率模糊的契约设定价格。模型模糊性通常是源于可用的信息不足以准确地估计随机变量的概率分布。在信息对称的条件下，保险人和再保险人有相同的可用信息，他们都有可能面临模型的不确定性。由于不同观察者主观看法和能力的不同导致了即使信息相同信念也不同。第 4 章分别在保险人和再保险人面临扩散索赔过程存在错误设定的情形下研究了稳健的比例再保险契约。第 5 章假设再保险人认为 C – L 索赔过程存在错误设定，在此基础上研究了稳健的比例和超额损失再保险契约。为了比较保险人和再保险人的模糊厌恶对再保险契约的影响，本章假设索赔是 C – L 过程并且保险人面临模型的不确定性，在此基础上研究稳健的比例和超额损失再保险契约。

6.1 委托代理关系

本章在连续时间的委托代理框架下研究稳健的比例和超额损失再保险契约，其中风险和模糊厌恶的保险人是代理人，风险和模糊中性的再保险人是委托人。本节建模稳健的比例再保险契约，并且通过求解保险人的优化问题确定对应的激励相容约束。

6.1.1 代理人信念扭曲及激励相容限制

首先分析比例再保险契约。缺乏再保险时，保险人的盈余过程为：

$$\mathrm{d}L(t) = c\mathrm{d}t - \mathrm{d}\sum_{i=1}^{N(t)} Z_i \tag{6.1}$$

其中 c 是保险费率；$\sum_{i=1}^{N(t)} Z_i$ 是一个复合泊松过程，$N(t)$ 是强度为 λ 的齐次泊松计数过程，表示到时间 t 总共发生的索赔次数；$\{Z_i\}_{i\in N}$是一列正的独立同分布的随机变量，表示第 i 次索赔的额度。$\{Z_i\}_{i\in N}$的概率密度函数为 $f(Z)$，分布函数为 $F(Z)$，$E[Z_i]=\mu<\infty$，并且对任意 $i\in N$，$t\in[0, T]$，Z_i 独立于 $N(t)$。存在过滤的概率空间（Ω，$\mathcal{F}$，$\{\mathcal{F}_t\}_{t\in[0,T]}$，$P$），其中的信息流 $\mathcal{F}_t$ 包含模型（6.1）的所有信息。

保险人购买再保险分散索赔风险。保险人和再保险人都可以观察到 $L(t)$ 的路径，他们将索赔过程的概率测度 P 看成一个近似模型，将其称为参照模型。假设保险人不相信 P，他考虑信念集合 $\mathfrak{D}$，集合中的每个概率测度与 P 是相互绝对连续且在统计上难以区分的。C－L 模型可能存在三种类型的不确定性：一是索赔强度 λ 是不确定的；二是索赔大小的分布函数 $F(Z)$ 是不确定的；三是 λ 和 $F(Z)$ 二者同时是不确定的。类似于第 5 章，本章考虑第一种情况，假设索赔额度的分布函数在概率测度 P 和 $Q(\in\mathfrak{D})$ 下是完全相同的。定义实值函数

$$v(t) := \left.\frac{\mathrm{d}Q}{\mathrm{d}P}\right|_{\mathcal{F}_t}$$

根据 Girsanov's 定理有

$$v(t) = \exp\left[\int_0^t \ln\phi(s)\mathrm{d}N(s) + \lambda\int_0^t (1-\phi(s))\mathrm{d}s\right] \tag{6.2}$$

是一个 P－鞅。$N(t)$ 在概率测度 Q 下是强度为$\lambda^Q=\lambda\phi(t)$ 的齐次泊松过程，其中 $\phi(t)>0$ 是密度算子，刻画了保险人信念下索赔次数与参照模型估计的次数之间的偏离程度，参数化了概率测度 P 的绝对连续的变化（Hansen and Sargent，2001）。从直觉上理解，对模糊厌恶的保险人而言应该有 $\phi(t)>1$，即他认为实际的索赔强度大于估计值。当 $\phi(t)=1$，模型 Q 退化到标准模型 P。为了避免混淆，用 $\sum_{i=1}^{N^Q(t)} Z_i$ 表示概率测度 Q 下的复合泊松过程。

时间在有限区间［0，T］是连续的。保险人和再保险人承诺长期的契约关系直到时间 T。再保险人提供的比例再保险契约包含再保险价格 $\eta=\{\eta(t):0\leqslant t\leqslant T\}$ 和建议的索赔预留比例 $a=\{a(t):0\leqslant t\leqslant T\}$。则对每一次索赔 Z_i，保险人承担 $a(t)Z_i$，再保险人承担余下的（$1-a(t))Z_i$。除了预留保险准备金，购买再保险，保险人还允许将其盈余投资在无风险利率为 r 的货币市场账户。保险和再保险费根据期望值原则计算。则保险人的财富动态可以表示为：

$$\begin{aligned}\mathrm{d}W(t)&=rW(t)\mathrm{d}t+[(1+\theta)\lambda\mu-(1-a(t))(1+\eta(t))\lambda\mu]\mathrm{d}t-a(t)\mathrm{d}\sum_{i=1}^{N^Q(t)}Z_i\\&=[rW(t)+(\theta-\eta(t))\lambda\mu+a(t)(1+\eta(t))\lambda\mu]\mathrm{d}t-a(t)\mathrm{d}\sum_{i=1}^{N^Q(t)}Z_i\end{aligned}\tag{6.3}$$

参数 $\theta>0$ 和 $\eta>0$ 分别表示保险和再保险的相对安全载荷。不同于传统的期望值原则，这里的再保险相对安全载荷 η 代表再保险价格，它会随着再保险需求和决策时间等因素变化。本章不关注初始保险人改变其保险需求量，所以假设保险相对安全载荷 θ 是给定的常数。

假设保险人和再保险人有风险厌恶系数分别为 γ 和 m 的 CARA 偏好。为了使得购买的比例再保险不仅在状态变量是确定的时候能很好地保护自己，而且当状态变量存在不确定的时候仍然能有效地分散风险，风险模糊厌恶的保险人选择最差情形的 $\phi(t)$。在此基础上他选择最优的风险自留比例最大化终端财富的期望效用，同时他的效用会因为信念的扭曲而受到相对熵惩罚。对给定再保险价格 $\eta(t)$，保险人的多先念目标函数为：

$$J(t,W)=\sup_{a(t)}\inf_{\phi(t)}E_t^Q\left\{-\frac{1}{\gamma}\exp[-\gamma W(T)]+\int_t^T\frac{\lambda[\phi(s)\ln\phi(s)-\phi(s)+1]}{\varphi(s,J)}\right\}\mathrm{d}s\tag{6.4}$$

满足终端条件 $J(T,W)=-\frac{1}{\gamma}e^{-\gamma W}$ 和预算约束条件（6.3）。$E_t^Q[\cdot]$ 是在给定信息集 $\mathcal{F}_t$ 的前提下，由概率测度 Q 定义的条件期望算子。第二项即为相对熵惩罚①，这一项存在当且仅当额外的模型 Q 偏离参照模型 P。非负的参数 $\varphi(t,J)$ 刻画保险人的稳健性偏好，越大的 $\varphi(t,J)$，越高的模糊厌恶。定义：

① 相对熵的推导见标注 5.2。

$$\varphi(t, J) = -\frac{\varepsilon}{\gamma J(t, W)} \tag{6.5}$$

其中参数 $\varepsilon>0$ 是保险人的模糊厌恶系数，代表他对模型不确定性的态度。再保险契约是激励相容的当且仅当风险自留比例满足保险人的优化问题式（6.4）。通过动态规划原理有如下结论。

命题 6.1 当保险人认为索赔过程存在模糊性时，为了保证比例再保险契约是激励相容的，最优风险自留比例和再保险价格满足如下关系式：

$$\mu(1+\eta(t)) - \phi^*(t)E_t^P[Ze^{\gamma a^*(t)Ze^{r(T-t)}}] = 0 \tag{6.6}$$

这也是模糊厌恶的保险人对给定的再保险价格 $\eta(t)$ 的最优反应函数。

证明：对应到保险人的优化问题（6.4）的稳健 HJB 方程为：

$$\sup_{a(t)}\inf_{\phi(t)}\left\{J_t + [rW + (\theta-\eta)\lambda\mu + a(1+\eta)\lambda\mu]J_W\right.$$
$$\left.+\lambda\phi E_t^P[J(t, W-aZ) - J(t, W)] + \frac{\lambda(\phi\ln\phi - \phi + 1)}{\varphi(t, J)}\right\} = 0 \tag{6.7}$$

猜想值函数 $J(t, W)$ 有如下形式：

$$J(t, W) = -\frac{1}{\gamma}\exp\{-\gamma[We^{r(T-t)} + g(t)]\}$$

满足边界值条件 $g(T)=0$。只要能求得待定函数 $g(t)$ 的解析表达式就证明此猜想是正确的。假设值函数的猜想成立，则

$$J_t = \gamma[rWe^{r(T-t)} - g']J,\ J_W = -\gamma e^{r(T-t)}J$$

$$E_t^P[J(t, W-aZ) - J(t, W)] = [E_t^P e^{\gamma aZe^{r(T-t)}} - 1]J$$

将上述表达式代入 HJB 方程（6.7）有

$$\sup_{a(t)}\inf_{\phi(t)}\left\{\gamma g' + \gamma\lambda\mu(\theta-\eta)e^{r(T-t)} + \gamma\lambda\mu a(1+\eta)e^{r(T-t)} - \lambda\phi[E_t^P e^{\gamma aZe^{r(T-t)}} - 1]\right.$$
$$\left.+\frac{\lambda\gamma}{\varepsilon}(\phi\ln\phi - \phi + 1)\right\} = 0 \tag{6.8}$$

式（6.8）左侧关于 $\phi(t)$ 的一阶条件为：

$$-\lambda E_t^P[e^{\gamma aZe^{r(T-t)}} - 1] + \frac{\lambda\gamma}{\varepsilon}\ln\phi = 0 \tag{6.9}$$

因为关于 $\phi(t)$ 的二阶导数满足$\dfrac{\lambda\gamma\varepsilon}{\phi(t)}>0$，所以一阶条件（6.9）的解即为最优的密度算子式（6.13）。

$$\frac{\partial\phi^*}{\partial a} = \varepsilon e^{r(T-t)}E_t^P[Ze^{\gamma aZe^{r(T-t)}}]\phi^*(t) > 0$$

则 HJB 方程（6.8）关于 $a(t)$ 的二阶导数满足

$$-\gamma\lambda e^{r(T-t)}E_t^P[Ze^{\gamma aZe^{r(T-t)}}]\frac{\partial\phi^*}{\partial a}-\gamma^2\lambda\phi^* e^{2r(T-t)}E_t^P[Z^2e^{\gamma aZe^{r(T-t)}}]<0$$

所以根据一阶条件即可得到激励相容条件式（6.6）。完成命题6.1的证明。

假设比例再保险契约已经是最优的。结合边界值条件 $g(T)=0$ 以及式（6.8），可得保险人的值函数式（6.14）。用类似的方法可以求解最优的再保险价格 $\eta^*(t)$ 以及再保险人的值函数式（6.16）。完成定理6.1的证明。

6.1.2　委托人偏好

保险人和再保险人有对称的信息，并且再保险人相信参照模型 P。他为保险人提供比例再保险，并且将他的盈余投在与保险人相同的货币市场账户。再保险人的财富动态为：

$$\mathrm{d}X(t)=[rX(t)+(1-a(t))(1+\eta(t))\lambda\mu]\mathrm{d}t-(1-a(t))\mathrm{d}\sum_{i=1}^{N(t)}Z_i \tag{6.10}$$

尽管保险人的信念扭曲没有直接影响再保险人的财富，但是它会影响再保险的需求，进而影响价格，再反过来影响再保险人的财富水平。

再保险人的目标是根据需求与价格的关系校正再保险价格最大化他的终端财富的期望效用，则最优比例再保险契约为：

$$V(t,X)=\sup_{\eta(t)}E_t^P\left\{-\frac{1}{m}\exp[-mX(T)]\right\} \tag{6.11}$$

满足激励相容条件式（6.6）、预算限制式（6.10）以及边界值条件 $V(T,X)=-\frac{1}{m}e^{-mX}$。

6.2　稳健比例再保险契约求解

本节首先在索赔大小是一般分布的条件下求解稳健的比例再保险契约的一般表达式，然后假设索赔大小服从指数分布，求解对应的稳健的比例再保险契约解析表达式，并证明其唯一存在性。

6.2.1 比例再保险契约的一般形式

假设契约的唯一性已经是满足的，下面在一般分布函数下求解稳健比例再保险契约的一般形式。

定理 6.1 假设保险人面临索赔强度的不确定性，稳健的最优比例再保险契约为：

$$\begin{cases}\mu(1-a^*(t))-\mu(1+\eta^*(t))\dfrac{\partial a^*(t)}{\partial\eta^*(t)}+E_t^P[Ze^{m(1-a^*(t))Ze^{r(T-t)}}]\dfrac{\partial a^*(t)}{\partial\eta^*(t)}=0\\ \mu(1+\eta^*(t))-\phi^*(t)E_t^P[Ze^{ma^*(t)Ze^{r(T-t)}}]=0\end{cases}\tag{6.12}$$

最差情形的密度算子为：

$$\phi^*(t)=e^{\frac{\varepsilon}{\gamma}[E_t^Pe^{\gamma a^*(t)Ze^{r(T-t)}}-1]}\tag{6.13}$$

在这个契约下，保险人的值函数为：

$$J(t,\ W)=-\frac{1}{\gamma}\exp\{-\gamma[We^{r(T-t)}+g(t)]\}\tag{6.14}$$

其中

$$g(t)=\lambda\mu\int_t^T(\partial-\eta^*(s))e^{r(T-s)}\mathrm{d}s+\lambda\mu\int_t^Ta^*(s)(1+\eta^*(s))e^{r(T-s)}$$
$$-\frac{\lambda}{\varepsilon}\int_t^T(\phi^*(s)-1)\mathrm{d}s\tag{6.15}$$

再保险人的值函数为：

$$V(t,\ X)=-\frac{1}{m}\exp\{-m[Xe^{r(T-t)}+h(t)]\}\tag{6.16}$$

其中

$$h(t)=\lambda\mu\int_t^T(1-a^*(s))(1+\eta^*(s))e^{r(T-s)}\mathrm{d}s$$
$$-\frac{\lambda}{m}\int_t^T[E_t^Pe^{m(1-a^*(s))Ze^{r(T-s)}}-1]\mathrm{d}s\tag{6.17}$$

证明：这个定理的证明方法类似于命题 6.1，这里就不再重复。

式（6.13）表明对任意的 $a^*(t)>0$ 和模糊厌恶的保险人 $\varepsilon>0$，最差情形的密度算子 $\phi^*(t)$ 总是大于 1。这意味着概率测度 Q 对应的索赔发生强度大于参照模型 P 对应的索赔发生强度 λ，因此模糊厌恶的保险人悲观地认为真实的索赔大于估计的索赔，而且

$$\frac{\partial a^*}{\partial \eta^*}=\frac{\mu e^{-r(T-t)}}{\varepsilon \phi^*(t) E_t^P\left[Z e^{\gamma a^*(t) Z e^{r(T-t)}}\right]^2+\gamma \phi^*(t) E_t^P\left[Z^2 e^{\gamma a^*(t) Z e^{r(T-t)}}\right]}>0$$

表示随着再保险的价格提高，保险人会选择自留更多的索赔风险，即降低再保险需求。不同于第4章的扩散过程对应的结论，上式显示跳跃索赔过程对应的比例再保险需求和价格是非线性关系。

6.2.2　指数分布对应的比例再保险契约

为了分析比例再保险契约的性质，需要给出索赔大小 Z 的具体表达式。需要强调的是定理6.1和定理6.3中的一般结论适合任何可以描述索赔大小的分布函数，如第5章指出的伽马分布、对数正态分布以及威布尔分布等。但是为了求得解析解，并方便和第5章的结论进行比较，这一部分假设索赔大小是指数分布，首先求解稳健比例再保险契约的具体形式，然后证明其唯一存在性。

推论6.1　当保险人面临索赔强度的不确定性且索赔大小服从参数为 k 的指数分布，即 $f(Z)=ke^{-kZ}$，稳健的最优比例再保险契约为：

$$\begin{cases}\eta^*(t)=\dfrac{1-a^*(t)}{l^*(t)}+\dfrac{k}{\mu\left[m(1-a^*(t))e^{r(T-t)}-k\right]^2}-1\\ a^*(t)=\dfrac{e^{-r(T-t)}}{\gamma}\left[k-\sqrt{\dfrac{k\phi^*(t)}{\mu(1+\eta^*(t))}}\right]\end{cases}\tag{6.18}$$

其中

$$l^*(t)=\frac{\mu\left[\gamma a^*(t)e^{r(T-t)}-k\right]^4}{\varepsilon k^2\phi^*(t)e^{r(T-t)}-2k\gamma\phi^*(t)e^{r(T-t)}\left[\gamma a^*(t)e^{r(T-t)}-k\right]}\tag{6.19}$$

$$\phi^*(t)=e^{\frac{\varepsilon a^*(t)e^{r(T-t)}}{k-\gamma a^*(t)e^{r(T-t)}}}\tag{6.20}$$

将 $a^*(t)$，$\eta^*(t)$ 和 $\phi^*(t)$ 代入式（6.14）~式（6.17），可得保险人和再保险人对应到此契约的值函数。

稳健的最优比例再保险契约式（6.18）中的价格和需求是隐性的关系，需要证明其唯一存在性。

命题6.2　存在唯一的风险自留比例 $a^*(t)\in(0,1)$ 满足关系式（6.18），即稳健的比例再保险契约存在并且是唯一的。

证明：当最优风险自留比例 $a^*(t)>0$，有最差情形的密度算子 $\phi^*(t)>1$。则根据式（6.12）的第二个表达式可得

$$\mu(1+\eta^*(t))=\phi^*(t)E_t^P[Ze^{ma^*(t)Ze^{r(T-t)}}]>\phi^*(t)E_t^P[Z]>\mu$$

因此当 $a^*(t)>0$ 时，最优的再保险价格 $\eta^*(t)>0$。而且反应函数式（6.6）表明当 $a^*(t)$ 唯一时，$\eta^*(t)$ 也是唯一的。

下面只需证明满足式（6.18）的 $a^*(t)$ 是唯一的。将式（6.18）的第二个表达式代入第一个表达式有

$$\varepsilon k(1-a^*(t))e^{r(T-t)}-[\gamma a^*(t)e^{r(T-t)}-k][2\gamma(1-a^*(t))e^{r(T-t)}+\gamma a^*(t)e^{r(T-t)}-k]$$
$$=-\frac{[\gamma a^*(t)e^{r(T-t)}-k]^4}{[m(1-a^*(t))e^{r(T-t)}-k]^2\phi^*(t)} \tag{6.21}$$

记上式的左端为 $M(a^*)$，右端为 $N(a^*)$。很容易算得

$$\frac{\partial M(a^*)}{\partial a^*}=-\varepsilon ke^{r(T-t)}-2\gamma^2e^{2r(T-t)}(1-a^*(t))<0$$

$$\frac{\partial N(a^*)}{\partial a^*}=-\frac{4\gamma e^{r(T-t)}[\gamma a^*(t)e^{r(T-t)}-k]^3}{[m(1-a^*(t))e^{r(T-t)}-k]^2\phi^*(t)}$$
$$+[\gamma a^*(t)e^{r(T-t)}-k]^4\frac{\partial\left\{-\dfrac{1}{[m(1-a^*(t))e^{r(T-t)}-k]^2\phi^*(t)}\right\}}{\partial a^*}>0$$

即 $M(a^*)$ 关于 a^* 递减，$N(a^*)$ 关于 a^* 递增。所以

$$M(a^*)\in(M(1),\ M(0))=(-[\gamma e^{r(T-t)}-k]^2,\ \varepsilon ke^{r(T-t)}+k[2\gamma e^{r(T-t)}-k])$$

$$N(a^*)\in(N(0),\ N(1))=\left(-\frac{k^4}{[me^{r(T-t)}-k]^2},\ -\frac{[\gamma e^{r(T-t)}-k]^4}{k^2e^{\frac{\varepsilon e^{r(T-t)}}{k-\gamma e^{r(T-t)}}}}\right)$$

$$M(1)<N(1)\Leftrightarrow-[\gamma e^{r(T-t)}-k]^2<-\frac{[\gamma e^{r(T-t)}-k]^4}{k^2e^{\frac{\varepsilon e^{r(T-t)}}{k-\gamma e^{r(T-t)}}}}$$

$$\Leftrightarrow[\gamma e^{r(T-t)}-k]^2<k^2e^{\frac{\varepsilon e^{r(T-t)}}{k-\gamma e^{r(T-t)}}}$$

式（6.21）的右端小于1，并且 $\gamma a^*(t)e^{r(T-t)}-k<0$，所以

$$2\gamma(1-a^*(t))e^{r(T-t)}+\gamma a^*(t)e^{r(T-t)}-k<0$$

则

$$k-\gamma e^{r(T-t)}>\gamma(1-a^*(t))e^{r(T-t)}>0$$

所以

$$[\gamma e^{r(T-t)}-k]^2<k^2,\quad e^{\frac{\varepsilon e^{r(T-t)}}{k-\gamma e^{r(T-t)}}}>1$$

这意味着 $M(1)<N(1)$ 成立。当 $me^{r(T-t)}-k<0$ 成立时，有

$$\frac{N(0)}{M(1)}=\frac{k^4}{[me^{r(T-t)}-k]^2[\gamma e^{r(T-t)}-k]^2}>1$$

所以

$$N(0) < M(1)$$

所以

$$N(0) < M(1) < N(1)$$

综上可知，$M(a^*)$ 和 $N(a^*)$ 在区间（0，1）存在唯一的交点，即 $a^*(t)$ 存在且唯一。所以稳健的最优比例再保险契约唯一存在。证明完毕。

命题6.2的证明过程显示当保险人是模糊厌恶的，稳健的比例再保险契约满足 $a^*(t) \in [0, 1]$，$\eta^*(t) > 0$，这表明无论预估的索赔大小，再保险人总会设置合理的再保险价格，使得保险人愿意购买比例再保险，即不会出现极端情形：购买全额再保险 $a^*(t) = 0$ 和不需要任何再保险 $a^*(t) = 1$。所以纳什均衡唯一存在，稳健的比例再保险契约总是可以执行的。当 $\varepsilon = 0$ 时，最优的密度算子 $\phi^*(t) = 1$，模型模糊性对契约的影响消失。

推论6.2　如果保险人是模糊中性的（$\varepsilon = 0$），式（6.18）中的最优比例再保险契约变为：

$$\begin{cases} \eta_0^*(t) = -\dfrac{2k\gamma(1 - a_0^*(t))e^{r(T-t)}}{\mu[\gamma a_0^*(t)e^{r(T-t)} - k]^3} + \dfrac{k}{\mu[m(1 - a_0^*(t))e^{r(T-t)} - k]^2} - 1 \\ a_0^*(t) = \dfrac{e^{-r(T-t)}}{\gamma}\left[k - \sqrt{\dfrac{k}{\mu(1 + \eta_0^*(t))}}\right] \end{cases} \tag{6.22}$$

在这种情形，保险人的值函数为：

$$J_0(t, W) = -\frac{1}{\gamma}\exp\{-\gamma[We^{r(T-t)} + g_0(t)]\} \tag{6.23}$$

其中

$$g_0(t) = \lambda\mu\int_t^T(\theta - \eta_0^*(s))e^{r(T-s)}\mathrm{d}s + \lambda\mu\int_t^T a_0^*(s)(1 + \eta_0^*(s))e^{r(T-s)}\mathrm{d}s + \frac{\lambda}{\gamma}\int_t^T\left[\frac{k}{\gamma a_0^*(s)e^{r(T-s)} - k} + 1\right]\mathrm{d}s \tag{6.24}$$

再保险人的值函数为：

$$V_0(t, X) = -\frac{1}{m}\exp\{-m[Xe^{r(T-t)} + h_0(t)]\} \tag{6.25}$$

$$h_0(t) = \lambda\mu\int_t^T(1 - a_0^*(s))(1 + \eta_0^*(s))e^{r(T-s)}\mathrm{d}s + \frac{\lambda}{m}\int_t^T\left[\frac{k}{m(1 - a_0^*(s))e^{r(T-s)} - k} + 1\right]\mathrm{d}s \tag{6.26}$$

比较稳健的比例再保险策略 $a^*(t)$ 和标准的比例再保险策略 $a_0^*(t)$，并且结合最优密度算子 $\phi^*(t)>1$，不难发现即使比例再保险的价格在模型不确定情形和标准情形下是完全相同的，$\eta^*(t)=\eta_0^*(t)$，仍然有 $a^*(t)<a_0^*(t)$。这暗示模糊厌恶的保险人比模糊中性的保险人需要更多的再保险来对冲模型不确定性包含的潜在索赔。最优反应函数（6.6）表明当再保险人与模糊厌恶的保险人讨价还价时，他设置更高的再保险价格比他与模糊中性的保险人讨价还价①。综合来说保险人的模糊厌恶同时提高了比例再保险的需求和价格，所以与5章的结论相同，再保险人与模糊厌恶的保险人合作时能获得更高的利润。

标注 6.1 为了保证定理 6.1 和定理 6.2 中的期望值是有限的，本章需要假设 $\gamma e^{r(T-t)}-k<0$，$me^{r(T-t)}-k<0$。

6.3 稳健超额损失再保险契约求解

除了上一节研究的比例再保险契约之外，C－L 索赔模型也可以用来分析超额损失再保险契约。本节假设模糊中性的再保险人为模糊厌恶的保险人提供超额损失再保险契约。

6.3.1 超额损失再保险契约的一般形式

一个超额损失再保险契约包含价格 $\widehat{\eta}(t)=\{\widehat{\eta}(t): 0\leqslant t\leqslant T\}$ 以及建议的风险自留额 $\widehat{a}(t)=\{\widehat{a}(t): 0\leqslant t\leqslant T\}$。这意味着对每一次索赔 Z_i，保险人承担 $\min(\widehat{a}(t), Z_i)$，再保险人承担 $Z_i-\min(\widehat{a}(t), Z_i)$。在这种契约设计下，保险人的动态财富过程为：

$$
\begin{aligned}
\mathrm{d}W(t) &= rW(t)\mathrm{d}t+(1+\theta)\lambda\mu\mathrm{d}t-(1+\widehat{\eta}(t))\lambda\{\mu-E_t^P[\min(\widehat{a}(t), Z_i)]\}\mathrm{d}t \\
&\quad -\mathrm{d}\sum_{i=1}^{N^Q(t)}\min(\widehat{a}(t), Z_i) \\
&= [rW(t)+(\theta-\widehat{\eta}(t))\lambda\mu+(1+\widehat{\eta}(t))\lambda\int_0^{\widehat{a}(t)}\overline{F}(Z)\mathrm{d}Z]\mathrm{d}t
\end{aligned}
$$

① 6.4.1 节的数值分析显示保险人的模糊厌恶系数越大，比例再保险的价格越高。

$$-\mathrm{d}\sum_{i=1}^{N^Q(t)}\min(\widehat{a}(t),\ Z_i) \tag{6.27}$$

模糊厌恶的保险人有惩罚相关的多先念效用。对给定的再保险价格 $\widehat{\eta}(t)$，他的目标函数为：

$$\widehat{J}(t,\ W)=\sup_{\widehat{a}(t)}\inf_{\widehat{\phi}(t)}E_t^Q\left\{-\frac{1}{\gamma}\exp[-\gamma W(T)]+\int_t^T\frac{\lambda[\widehat{\phi}(s)\ln\widehat{\phi}(s)-\widehat{\phi}(s)+1]}{\widehat{\varphi}(s,\ \widehat{J})}\right\} \tag{6.28}$$

满足终端条件 $\widehat{J}(T,\ W)=-\frac{1}{\gamma}e^{-\gamma W}$ 以及预算约束式（6.27）。稳健偏好参数 $\widehat{\varphi}(s,\ \widehat{J})$ 有如下形式：

$$\widehat{\varphi}(s,\ \widehat{J})=-\frac{\varepsilon}{\gamma\widehat{J}(s,\ W)}$$

命题 6.3　当保险人认为索赔强度是不确定时，为了保证超额损失再保险契约是激励相容的，最优风险预留和再保险价格满足如下关系式：

$$\widehat{a}^*(t)=\frac{e^{-r(T-t)}}{\gamma}\ln\frac{1+\widehat{\eta}(t)}{\widehat{\phi}^*(t)} \tag{6.29}$$

这也是模糊厌恶的保险人对给定的超额损失再保险价格 $\widehat{\eta}(t)$ 的最优反应函数。

证明：对应到优化问题（6.28）的稳健 HJB 方程为：

$$\sup_{\widehat{a}(t)}\inf_{\widehat{\phi}(t)}\left\{\widehat{J}_t+[rW+(\theta-\widehat{\eta})\lambda\mu+\lambda(1+\widehat{\eta})\int_0^{\widehat{a}}\bar{F}(Z)\mathrm{d}Z]\widehat{J}_W\right.$$
$$\left.+\lambda\widehat{\phi}E_t^p[\widehat{J}(t,\ W-\min(\widehat{a},\ Z_i))-\widehat{J}(t,\ W)]+\frac{\lambda[\widehat{\phi}\ln\widehat{\phi}-\widehat{\phi}+1]}{\widehat{\varphi}}\right\}=0 \tag{6.30}$$

猜想值函数有如下形式：

$$\widehat{J}(t,\ W)=-\frac{1}{\gamma}\exp\{-\gamma[We^{r(T-t)}+\widehat{g}(t)]\}$$

满足边界值条件 $\widehat{g}(T)=0$。则

$$\widehat{J}_t=\gamma[rWe^{r(T-t)}-\widehat{g}']\widehat{J},\ \widehat{J}_W=-\gamma e^{r(T-t)}\widehat{J}$$

$$E_t^P[\widehat{J}(t,\ W-\min(\widehat{a},\ Z_i))-\widehat{J}(t,\ W)]=[E_t^Pe^{\gamma\min(\widehat{a},Z_i)e^{r(T-t)}}-1]\widehat{J}$$
$$=\gamma e^{r(T-t)}\widehat{J}\int_0^{\widehat{a}}\bar{F}(Z)e^{\gamma Ze^{r(T-t)}}\mathrm{d}Z$$

将这些式子代入 HJB 方程（6.30）可得

$$\sup_{\widehat{a}(t)}\inf_{\widehat{\phi}(t)}\Big\{\widehat{g}'+e^{r(T-t)}\Big[(\theta-\widehat{\eta})\lambda\mu+\lambda(1+\widehat{\eta})\int_0^{\widehat{a}}\bar{F}(Z)\mathrm{d}Z\Big]$$
$$-\lambda\widehat{\phi}e^{r(T-t)}\int_0^{\widehat{a}}\bar{F}(Z)e^{\gamma Ze^{r(T-t)}}\mathrm{d}Z+\frac{\lambda}{\varepsilon}(\widehat{\phi}\ln\widehat{\phi}-\widehat{\phi}+1)\Big\}=0 \quad (6.31)$$

上式的左端关于 $\widehat{\phi}$ 的一阶导数为：

$$-\lambda\widehat{\phi}\int_0^{\widehat{a}}\bar{F}(Z)e^{\gamma Ze^{r(T-t)}}\mathrm{d}Z+\frac{\lambda}{\varepsilon}\ln\widehat{\phi}=0$$

关于 $\widehat{\phi}$ 的二阶导数满足 $\frac{\lambda}{\varepsilon\widehat{\phi}}>0$，因此一阶条件足以保证密度算子是最优的，求解上式可得最优密度算子式（6.35）。$\widehat{\phi}^*(t)$ 是关于 $\widehat{a}$ 的函数，并且

$$\frac{\partial\widehat{\phi}^*}{\partial\widehat{a}}=\varepsilon\bar{F}(\widehat{a})e^{r(T-t)}e^{\gamma\widehat{a}e^{r(T-t)}}\widehat{\phi}^*(t)$$

将 $\widehat{\phi}^*(t)$ 代入 HJB 方程（6.31），并求解关于 $\widehat{a}$ 的二阶导数，满足

$$e^{\gamma\widehat{a}e^{r(T-t)}}\frac{\partial\widehat{\phi}^*}{\partial\widehat{a}}-\gamma e^{r(T-t)}\widehat{\phi}^*e^{\gamma\widehat{a}e^{r(T-t)}}<0$$

式（6.31）左侧关于 $\widehat{a}(t)$ 的一阶条件为：

$$[1+\widehat{\eta}-\widehat{\phi}^*e^{\gamma\widehat{a}e^{r(T-t)}}]\bar{F}(\widehat{a})=0$$

不失一般性，假设 $\bar{F}(\widehat{a})\neq 0$ 成立。求解上述等式，可得最优反应函数（6.29）。完成命题 6.3 的证明。

假设超额损失再保险契约已经是最优的。结合边界值条件 $\widehat{g}(T)=0$ 和 HJB 方程（6.31）可得保险人的值函数式（6.36）。用类似的方法可求解最优超额损失再保险价格 $\widehat{\eta}^*(t)$ 和再保险人的值函数式（6.38）。完成定理 6.2 的证明。

模糊中性的再保险人的财富动态为：

$$\begin{aligned}\mathrm{d}X(t)&=rX(t)\mathrm{d}t+(1+\widehat{\eta}(t))\lambda\{\mu-E_t^P[\min(\widehat{a}(t),Z_i)]\}\mathrm{d}t\\&\quad-\mathrm{d}\sum_{i=1}^{N^Q(t)}[Z_i-\min(\widehat{a}(t),Z_i)]\\&=\Big[rX(t)+\lambda\mu(1+\widehat{\eta}(t))-\lambda(1+\widehat{\eta}(t))\int_0^{\widehat{a}(t)}\bar{F}(Z)\mathrm{d}Z\Big]\mathrm{d}t\\&\quad-\mathrm{d}\sum_{i=1}^{N^Q(t)}[Z_i-\min(\widehat{a}(t),Z_i)]\end{aligned} \quad (6.32)$$

再保险人知道保险人的所有信息，在此基础上，他设置合理的超额损失再保险价格最大化终端财富的 CARA 效用。即他的目标函数为：

$$\widehat{V}(t,\ X)=\sup_{\widehat{\eta}(t)}E_t^P\left\{-\frac{1}{m}\exp[-mX(T)]\right\}\tag{6.33}$$

满足激励相容条件式（6.29）、预算约束式（6.32）以及边界值条件 $\widehat{V}(T,\ W)=-\frac{1}{m}e^{-mX}$。

定理6.2　如果保险人面临索赔强度的不确定性，稳健的超额损失再保险契约为

$$\begin{cases}[\mu-\int_0^{\widehat{a}^*(t)}\bar{F}(Z)\mathrm{d}Z]e^{r(T-t)}\\ -\dfrac{(1+\widehat{\eta}^*(t))\bar{F}(\widehat{a}^*(t))-e^{-m\widehat{a}^*(t)e^{r(T-t)}}\int_{\widehat{a}^*(t)}^{\infty}e^{mZe^{r(T-t)}}\mathrm{d}F(Z)}{[\gamma+\varepsilon\bar{F}(\widehat{a}^*(t))e^{\gamma\widehat{a}^*(t)e^{r(T-t)}}]e^{\gamma\widehat{a}^*(t)e^{r(T-t)}}\widehat{\phi}^*(t)}=0\\ \widehat{a}^*(t)=\dfrac{e^{-r(T-t)}}{\gamma}\ln\dfrac{1+\widehat{\eta}^*(t)}{\widehat{\phi}^*(t)}\end{cases}\tag{6.34}$$

最差情形的密度算子为：

$$\widehat{\phi}^*(t)=e^{\varepsilon e^{r(T-t)}\int_0^{\widehat{a}^*(t)}\bar{F}(Z)e^{\gamma Ze^{r(T-t)}}\mathrm{d}Z}\tag{6.35}$$

在此契约下，保险人的值函数为：

$$\widehat{J}(t,\ W)=-\frac{1}{\gamma}\exp\{-\gamma[We^{r(T-t)}+\widehat{g}(t)]\}\tag{6.36}$$

其中

$$\widehat{g}(t)=\lambda\mu\int_t^T(\theta-\widehat{\eta}^*(s))e^{r(T-s)}\mathrm{d}s+\lambda\int_t^T\int_0^{\widehat{a}^*(s)}\bar{F}(Z)(1+\widehat{\eta}^*(s))e^{r(T-s)}\mathrm{d}Z\mathrm{d}s-\frac{\lambda}{\varepsilon}\int_t^T(\widehat{\phi}(s)-1)\mathrm{d}s\tag{6.37}$$

再保险人的值函数为：

$$\widehat{V}(t,\ X)=-\frac{1}{m}\exp\{-m[Xe^{r(T-t)}+\widehat{h}(t)]\}\tag{6.38}$$

其中

$$\widehat{h}(t)=\lambda\mu\int_t^T(1+\widehat{\eta}^*(s))e^{r(T-s)}\mathrm{d}s-\lambda\int_t^T\int_0^{\widehat{a}^*(s)}\bar{F}(Z)(1+\widehat{\eta}^*(s))e^{r(T-s)}\mathrm{d}Z\mathrm{d}s-\frac{\lambda}{m}\int_t^T[e^{-m\widehat{a}^*(s)e^{r(T-s)}}\int_{\widehat{a}^*(s)}^{\infty}e^{mZe^{r(T-s)}}f(Z)\mathrm{d}Z-\bar{F}(\widehat{a}^*(s))]\mathrm{d}s\tag{6.39}$$

证明：这个定理的证明方法类似于命题6.3，这里将其省略。

6.3.2 指数分布对应的超额损失再保险契约

要想分析稳健的超额损失再保险契约（6.34）的性质，必须给出分布函数 $F(Z)$ 的具体表达式。本节余下部分假设索赔大小是指数分布，求解契约的具体表达式并证其唯一性。

推论 6.3 如果保险人面临索赔强度的模糊性且索赔大小服从参数为 k 的指数分布，$f(Z)=ke^{-kZ}$，则稳健的最优超额损失再保险契约为：

$$\begin{cases}\mu e^{r(T-t)}-\dfrac{1+\widehat{\eta}^*(t)+\dfrac{k}{me^{r(T-t)}-k}}{\left[\gamma+\varepsilon e^{(\gamma e^{r(T-t)}-k)\widehat{a}^*(t)}\right]e^{\gamma\widehat{a}^*(t)e^{r(T-t)}}\widehat{\phi}^*(t)}=0\\ \widehat{a}^*(t)=\dfrac{e^{-r(T-t)}}{\gamma}\ln\dfrac{1+\widehat{\eta}^*(t)}{\widehat{\phi}^*(t)}\end{cases}\tag{6.40}$$

其中

$$\widehat{\phi}^*(t)=e^{\varepsilon e^{r(T-t)}\frac{e[\gamma e^{r(T-t)}-k]\widehat{a}^*(t)-1}{\gamma e^{r(T-t)}-k}}\tag{6.41}$$

将$\widehat{a}^*(t)$，$\widehat{\eta}^*(t)$ 和$\widehat{\phi}^*(t)$ 代入式（6.36）~式（6.39）可得保险人和再保险人的对应到指数分布的值函数。

命题 6.4 式（6.40）存在唯一的解，即稳健的最优超额损失再保险契约存在并且是唯一的。

证明：根据式（6.40）的第一个表达式可知当最优风险预留额$\widehat{a}^*(t)$唯一存在时，最优超额损失再保险的价格$\widehat{\eta}^*(t)$ 也是唯一存在的，因此仅仅需要证明$\widehat{a}^*(t)$ 的存在唯一性。式（6.40）的第二个表达式显示

$$1+\widehat{\eta}^*(t)=\widehat{\phi}^*(t)e^{\gamma\widehat{a}^*(t)e^{r(T-t)}}$$

将此式代入式（6.40）的第一个表达式有

$$\mu e^{r(T-t)}\left[\gamma+\varepsilon e^{(\gamma e^{r(T-t)}-k)\widehat{a}^*(t)}\right]-1=\frac{ke^{-\gamma\widehat{a}^*(t)e^{r(T-t)}}}{\left[me^{r(T-t)}-k\right]\widehat{\phi}^*(t)}$$

令

$$\zeta_1(\widehat{a}^*)=\mu e^{r(T-t)}\left[\gamma+\varepsilon e^{(\gamma e^{r(T-t)}-k)\widehat{a}^*(t)}\right]-1$$

$$\zeta_2(\widehat{a}^*)=\frac{ke^{-\gamma\widehat{a}^*(t)e^{r(T-t)}}}{\left[me^{r(T-t)}-k\right]\widehat{\phi}^*(t)}$$

则

$$\frac{\partial\zeta_1(\widehat{a}^*)}{\partial\widehat{a}^*}=\varepsilon\mu e^{r(T-t)}(\gamma e^{r(T-t)}-k)e^{(\gamma e^{r(T-t)}-k)\widehat{a}^*(t)}<0$$

$$\frac{\partial \zeta_2(\widehat{a}^*)}{\partial \widehat{a}^*} = -\frac{ke^{-\gamma \widehat{a}^*(t)e^{r(T-t)}}}{[me^{r(T-t)}-k]\widehat{\phi}^*(t)^2}\frac{\partial \widehat{\phi}^*}{\partial \widehat{a}^*} - \frac{\gamma ke^{r(T-t)}e^{-\gamma \widehat{a}^*(t)e^{r(T-t)}}}{[me^{r(T-t)}-k]\widehat{\phi}^*(t)} > 0$$

所以$\zeta_1(\widehat{a}^*)$ 关于$\widehat{a}^*$递减，$\zeta_2(\widehat{a}^*)$ 关于$\widehat{a}^*$递增。则

$$\zeta_1(\widehat{a}^*) \in (\zeta_1(\infty), \zeta_1(0)) = (\mu\gamma e^{r(T-t)}-1, \mu e^{r(T-t)}(\gamma+\varepsilon)-1)$$

$$\zeta_2(\widehat{a}^*) \in (\zeta_2(0), \zeta_2(\infty)) = \left(\frac{k}{me^{r(T-t)}-k}, 0\right)$$

$$\zeta_1(0) > \zeta_2(0) \Leftrightarrow \mu e^{r(T-t)}(\gamma+\varepsilon)-1 > \frac{k}{me^{r(T-t)}-k}$$

$$\Leftrightarrow \mu(\gamma+\varepsilon) > \frac{m}{me^{r(T-t)}-k}$$

$$\zeta_1(\infty) < \zeta_2(\infty) \Leftrightarrow \mu\gamma e^{r(T-t)}-1<0 \Leftrightarrow \gamma e^{r(T-t)}-k<0$$

因为$me^{r(T-t)}-k<0$，$\gamma e^{r(T-t)}-k<0$，所以$\zeta_1(0)>\zeta_2(0)$ 和$\zeta_1(\infty)<\zeta_2(\infty)$ 都成立。这意味着$\zeta_1(\widehat{a}^*)$ 和$\zeta_2(\widehat{a}^*)$ 在区间（0，∞）有唯一的交点，所以稳健的最优超额损失再保险契约是唯一存在。证明完毕。

式（6.41）表明当再保险人是模糊中性时（$\varepsilon=0$），最优密度算子$\widehat{\phi}^*(t)=1$。比较第5章和第6章的稳健比例再保险契约和超额损失再保险契约，不难发现，当保险人是模糊厌恶时，再保险契约变得更加复杂，但是无论哪种情形，模型模糊性对再保险契约的影响都是依托于决策者的模糊厌恶态度的：只要模糊厌恶系数$\beta=\varepsilon=0$，模型不确定性存在与否都不会对再保险契约造成任何的影响。

推论 6.4 如果保险人没有面临任何模型模糊性，最优超额损失再保险契约为：

$$\begin{cases}\widehat{\eta}_0^*(t) = \dfrac{k^2}{[\gamma e^{r(T-t)}-k][me^{r(T-t)}-k]}-1 \\ \widehat{a}_0^*(t) = \dfrac{e^{-r(T-t)}}{\gamma}\ln\dfrac{k^2}{[\gamma e^{r(T-t)}-k][me^{r(T-t)}-k]}\end{cases} \tag{6.42}$$

在这个契约下，保险人的值函数为：

$$\widehat{J}_0(t, W) = -\frac{1}{\gamma}\exp\{-\gamma[We^{r(T-t)}+\widehat{g}_0(t)]\} \tag{6.43}$$

其中

$$\widehat{g}_0(t) = \lambda\mu\int_t^T(\theta-\widehat{\eta}_0^*(s))e^{r(T-s)}\mathrm{d}s + \lambda\mu\int_t^T(1+\widehat{\eta}_0^*(s))(1-e^{-k\widehat{a}_0^*(s)})e^{r(T-s)}\mathrm{d}s$$
$$-\lambda\int_t^T\frac{e^{r(T-s)}}{\gamma e^{r(T-s)}-k}[e^{(\gamma e^{r(T-s)}-k)\widehat{a}_0^*(s)}-1]\mathrm{d}s \tag{6.44}$$

$$\widehat{V}_C(t, X) = -\frac{1}{m}\exp\{-m[Xe^{r(T-t)} + \widehat{h}_0(t)]\} \tag{6.45}$$

其中

$$\widehat{h}_0(t) = \lambda\int_t^T[\mu(1+\widehat{\eta}_0^*(s)) + \frac{1}{me^{r(T-s)} - k}]e^{r(T-s)-k\widehat{a}_0^*(s)}\mathrm{d}s \tag{6.46}$$

因为 $\gamma e^{r(T-s)} - k < 0$，所以模糊厌恶保险人的对应到超额损失再保险契约的最优密度算子$\widehat{\phi}^*(t) > 1$，他认为模型的模糊性导致索赔强度大于参照值。比较$\widehat{a}^*(t) = \frac{e^{-r(T-t)}}{\gamma}\ln\frac{1+\widehat{\eta}^*(t)}{\widehat{\phi}^*(t)}$和$\widehat{a}_0^*(t) = \frac{e^{-r(T-t)}}{\gamma}\ln(1+\widehat{\eta}_0^*(t))$发现模糊中性的保险人的风险自留额对再保险价格的升降更加敏感，也就是说稳健的再保险需求更加稳定。如果两种情况下的超额损失再保险价格相同，$\widehat{\eta}^*(t) = \widehat{\eta}_0^*(t)$，则稳健的超额损失再保险需求大于标准需求量，即 $1 - \widehat{a}^*(t) > 1 - \widehat{a}_0^*(t)$。

6.4 灵敏度分析

当索赔尺寸服从指数分布时，推论 6.1 和推论 6.3 分别给出了保险人模糊厌恶对应的稳健比例和超额损失再保险契约的具体形式。本节结合图形分析保险人的风险和模糊厌恶以及再保险人的风险厌恶的变化是如何影响这两个契约的。如果市场上同时存在比例和超额损失再保险两种保险产品，通过分析保险人的值函数确定哪种再保险产品对他更加有利。分析之前需要强调的是保险人的风险预留与他的需求是负相关性。基本模型参数值为：无风险利率 $r = 0.03$，风险厌恶系数 $\gamma = m = 0.3$，模糊厌恶系数 $\varepsilon = 0.1$，契约期限 $T = 5$，指数分布参数 $k = 2$，索赔强度 $\lambda = 1$，保险相对安全载荷 $\theta = 0.2$。

6.4.1 比例再保险契约的灵敏性

首先分析稳健的比例再保险契约对参数变化的灵敏性，其中图 6.1 ~ 图 6.6（a）对应比例再保险价格的变化，图 6.1 ~ 图 6.6（b）对应风险自留比例的变化。

图 6.1 ~ 图 6.6（a）显示比例和超额损失再保险的价格是关于决策时

间 t 递减的。这是一个不同于代表性代理人模型的结论，在代表性代理人模型中，再保险价格是提前设定的常数，不会随着需求改变。固定的价格导致了随时间递减的再保险需求，如反应函数式（6.6）和式（6.29）所示。在委托代理框架下，再保险人有决策的权利，他不会任由需求下降。所以他降低再保险价格，从而刺激更高的需求。显然下降的价格机制是有效的，图 6.1 ~ 图 6.6 中的（b）表明保险人的风险预留关于决策时点 t 递减，换句话说，再保险需求关于决策时点 t 递增。

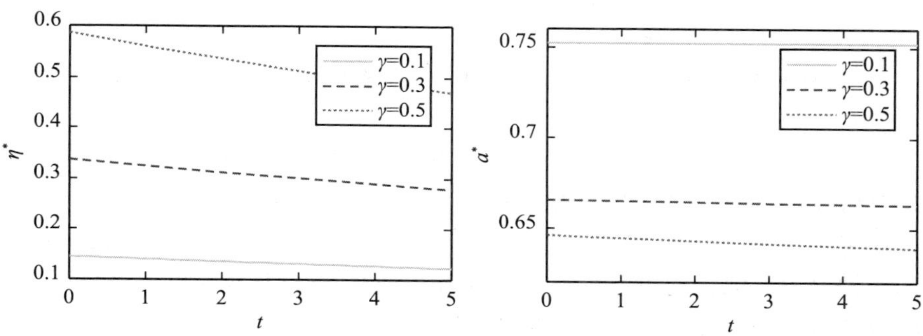

（a）再保险价格　　（b）风险自留比例

图 6.1　保险人的风险厌恶系数 γ 对比例再保险契约的动态影响

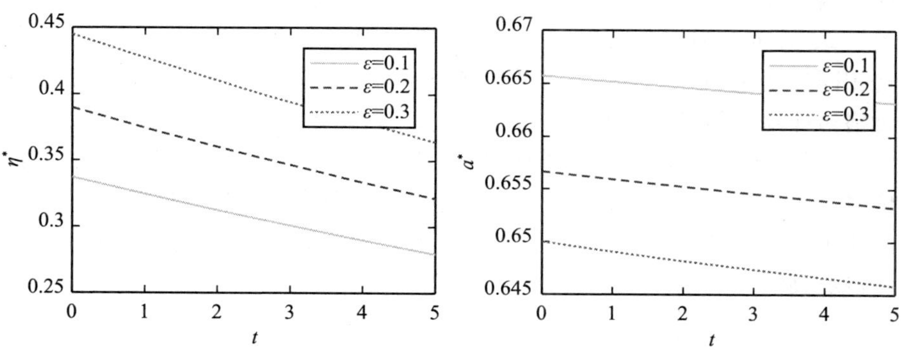

（a）再保险价格　　（b）风险自留比例

图 6.2　保险人的模糊厌恶系数 ε 对比例再保险契约的动态影响

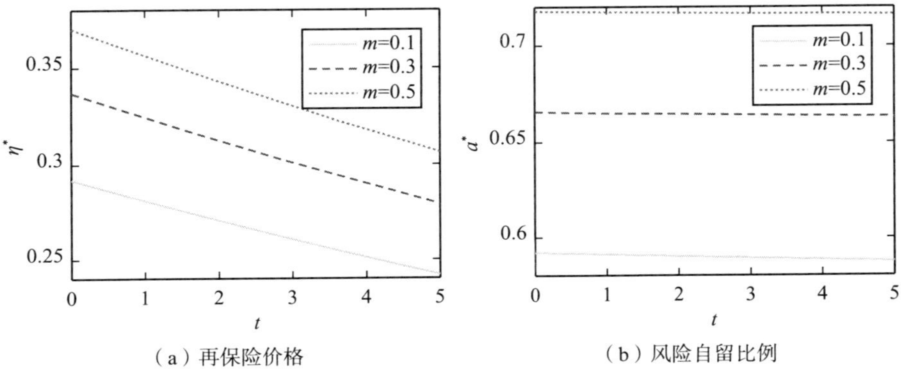

图6.3 再保险人的风险厌恶系数 *m* 对比例再保险契约的动态影响

图6.1和图6.2（b）揭示保险人的风险厌恶和模糊厌恶导致他的风险自留比例减少，而且两个厌恶水平越高风险预留越少。即他增加再保险需求来预防风险和模型模糊可能带来的不利影响。再保险人也知道保险人的这种行为，他会利用保险人的风险和模糊厌恶态度来谋取更高的利益，所以他并没有因为需求的增加而降低价格。这本质上是再保险人利用自身讨价还价的能力将财富从保险人转移给自己。图6.1和图6.2中的（a）揭示比例再保险的价格随着保险人的风险和模糊厌恶系数的增加而增加。这是因为高风险和模糊厌恶的保险人愿意支付更高的保费。比较图6.1和图6.2，不难发现尽管保险人的风险和模糊厌恶的变化使得需求和价格呈现相同的变化趋势，但是二者的影响不再是等价的，比例再保险的需求和价格对保险人的风险厌恶的变化比对他的模糊厌恶的变化更加的敏感。

另外，承担相同额度的索赔风险，高风险厌恶的再保险人需要更高的价格（见图6.3（a）），此更高的价格导致保险人降低再保险需求（见图6.3（b））。所以对保险人而言，与低风险厌恶的再保险人讨价还价能获得更高的利润。

6.4.2 超额损失再保险契约的灵敏性

这一部分分析稳健的超额损失再保险契约随参数的动态变化趋势，其中图6.4～图6.6中的（a）对应超额损失再保险价格的变化，图6.4～图6.6中的（b）对应风险自留额的变化。

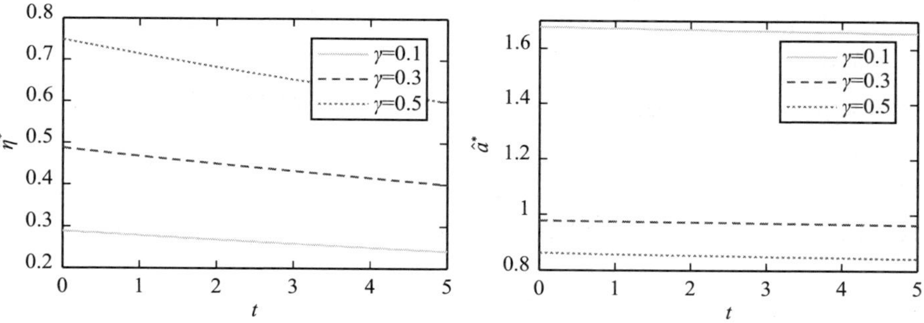

（a）再保险价格　　　（b）风险自留额

图 6.4　保险人的风险厌恶系数 γ 对超额损失再保险契约的动态影响

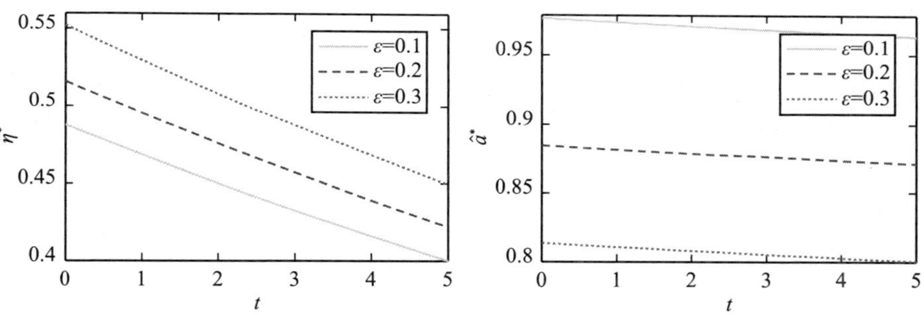

（a）再保险价格　　　（b）风险自留额

图 6.5　保险人的模糊厌恶系数 ε 对超额损失再保险契约的动态影响

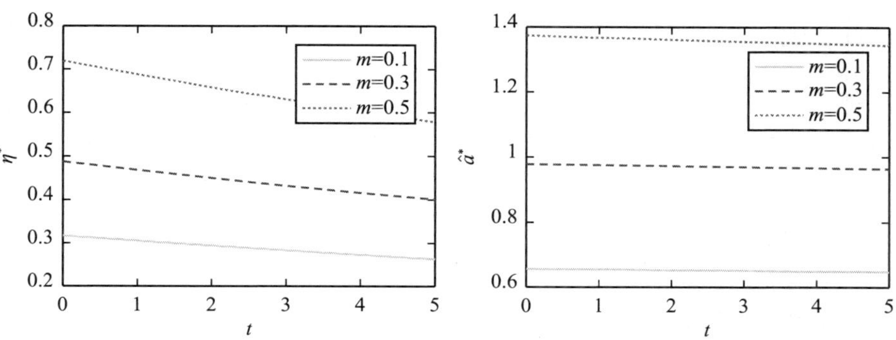

（a）再保险价格　　　（b）风险自留额

图 6.6　再保险人的风险厌恶系数 m 对超额损失再保险契约的动态影响

比较图 6.1 ~ 图 6.3 中的（a）和图 6.4 ~ 图 6.6 中的（a），注意到超

额损失再保险的价格总是相对于比例再保险的价格高，而且对参数的变化也更加敏感。原因是对比例再保险而言，不管发生多少损失，索赔总是在再保险人和在保险之间按比例来分担；但是对超额损失再保险而言，高出免赔额的索赔将全部由再保险人承担，他需要更多保险费来防止意外的高额索赔。至于超额损失再保险的价格和需求随保险人的风险和模糊厌恶系数，以及再保险人的风险厌恶系数的变化趋势与比例再保险是相同的。

6.4.3 保险人效用的灵敏性

附录 D 中说明了再保险人不可以通过调节再保险价格在达到两种再保险契约内部均衡的同时达到两种契约之间的均衡，考虑到存在一定的市场竞争，分析再保险的买家保险人对再保险产品的选择更有意义。再保险人同时提供比例和超额损失再保险契约，并且通过与保险人讨价还价对两种类型的再保险契约设计不同的价格。这部分通过比较保险人对应到两种形式的稳健再保险契约的值函数来阐述他对契约偏好或选择。因为契约类型在初始时刻选择了就不能改变，不失一般性，在图 6.7 中令 $t=0$。

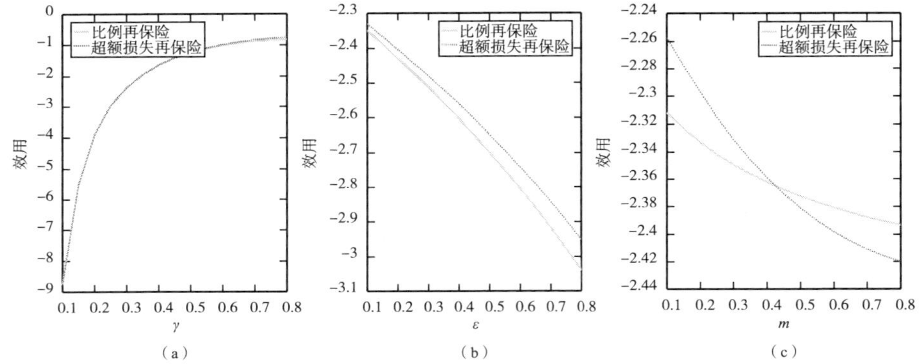

图 6.7 保险人的值函数随参数风险和模糊厌恶系数 γ，ε，m 的变化

观察图 6.7，首先需要强调的是在本章的模型设计下，对保险人而言，超额损失再保险契约带来的效用并非总是高于比例再保险契约带来的效用。如果两种形式的再保险契约的价格相等，风险和模糊厌恶的保险人应偏好于超额损失再保险契约，但是在委托代理框架下超额损失再保险的价格高于比例再保险的价格，当价格的差异大于超额损失再保险契约本身具有的优势，比例再保险契约产生的效用更高。而且在参数取值完全相同的条件下，比较图5.1～图5.6和图6.1～图6.6不难发现两种形式的再保险契约的价格在保险人是模糊厌恶的情况下都比在再保险人是模糊厌恶的情况下更高，这导致两种模糊厌恶情形下保险人对再保险形式偏好上存在一些差异。

图6.7（b）和图6.7（c）表示随着保险人的模糊厌恶水平 ε 和再保险人的风险厌恶水平 m 的增强，保险人的值函数呈递减趋势，这是因为再保险价格关于这两个参数是递增的。另外，由图6.7（b）可知随着保险人模糊厌恶水平的增强，他总是偏好能更好保护他的超额损失再保险契约。由图6.7（c）可以看出，当再保险人的风险厌恶水平 m 较低时，超额损失的再保险的效用高于比例再保险的效用；随着他的风险厌恶增加，超额损失再保险的价格相对比例再保险的价格增加更快，保险人选择比例再保险契约的效用更高。

保险人自身的风险厌恶系数 γ 的变化对其两个效用造成的差异相对其他两个参数造成的差异较小。图6.7（a）显示随着保险人的风险厌恶增加，他的的值函数单调递增。事实上，保险人的风险厌恶对他的值函数会产生一个正向的直接影响和一个负向的间接影响。当财富给定时，保险人的效用关于他的风险厌恶递增，这是直接影响。但是两种形式再保险的价格和需求都随着保险人的风险厌恶增加，所以他的财富随着风险厌恶递减，这间接导致保险人的值函数随他的风险厌恶递减。因为直接影响占优，所以他的值函数呈现递增的趋势。而且，当他的风险厌恶较小时，他偏好于相对便宜的比例再保险。随着他的风险厌恶的增加，他承担风险的能力减弱，他会选择超额损失再保险契约。另外，图6.7（a）和图6.7（b）证明保险人的风险厌恶和模糊厌恶对他的值函数产生完全相反的影响，再一次证明它们是不等价的。

6.5 本章小结

假设保险索赔是经典的C－L过程，与上一章不同的是本章假设保险人是风险模糊厌恶的，再保险人是模糊中性的。在连续时间委托代理框架下研究了稳健的比例和超额损失再保险契约。

首先得到了稳健的比例和超额损失再保险契约的一般解析表达式，然后在索赔大小满足指数分布时得到了两种契约的具体表达式，并证明它们的唯一存在性。结果显示保险人的模糊厌恶同时提高了均衡再保险的需求和价格，所以再保险人与模糊厌恶的保险人讨价还价是更加有利的；承担相同的潜在索赔风险，高风险厌恶的再保险人需要收取更高的再保费；比例再保险的价格总是低于超额损失再保险的价格，保险人的模糊厌恶加大了这一差距；当保险人的风险厌恶较低或再保险人的风险厌恶较高，保险人偏好超额损失再保险契约；保险人的值函数关于自身风险厌恶递增，关于自身模糊厌恶递减，所以模糊厌恶不等价于增加他的有效风险厌恶。

到这里，本书的主要研究已经告一段落。第 2 章的研究结论证明，即使再保险价格是给定的，使用扩散模型近似跳跃模型会造成保险人的风险分配决策的较大偏差。第 4 章的结论显示扩散模型对应的最优风险自留比例是常数，但是第 5 章和第 6 章的结论显示跳跃模型对应的风险自留比例是动态递减的，而且两个模型对应的再保险价格的差距也较大。所以在委托代理框架下，使用扩散模型近似跳跃模型的策略偏差依然存在，而且变得更加复杂。

第7章　总　　结

2017年民政部报告显示，近10年来我国每年因灾难带来的经济损失基本维持在2000亿元左右。国际上巨灾保险赔款一般占到灾害损失的30%~40%，而我国巨灾风险分散能力较弱，巨灾保险体系尚不健全，保险赔偿占比不到1%。随着风险本身及市场环境的变化，新的风险层出不穷，进一步加大了国家对保险公司风险承保的关注，保险公司的风险分出（再保险）受到政府和学者的重视。再保险的核心是在不确定环境下，研究保险人和再保险人如何合理地制定价格和分配风险。然而，现有的关于再保险问题的研究几乎都忽略了再保险人的利益：在给定的保费计算原则下，通过最小化保险公司的破产概率、尾部风险，最大化终端效用、累计红利等来确定最优风险分配决策。

本书主要是在不同情形下研究最优再保险契约的设计问题。第1章是对原有问题的深入研究，结合研究结果说明现有研究中存在的缺陷；从第2章开始，试图结合再保险人的利益，首先是引入非贝叶斯学习的经验费率，根据历史索赔对保险和再保险费进行动态校正；第4、5和6章使用委托代理理论来解决保险人和再保险人之间的均衡再保险定价和需求问题。通过解析推导与数值分析结合，本研究得到的主要结论如下：

（1）当保险人投资的风险资产的价格过程与保险索赔过程相互独立时，投资决策不会对再保险决策造成任何影响，但是再保险决策的大小与无风险利率有关，无风险利率越高，保险人的风险自留水平越小。

（2）从再保险策略的角度分析扩散过程近似跳跃过程的合理性，不管是对代表性代理人模型还是对委托代理理论框架，扩散索赔过程都不能很好地近似跳跃索赔过程。对给定的再保险价格，用扩散过程近似跳跃过程降低了保险人的再保险需求；当再保险的价格由保险人和再保险人讨价还价确定时，具有决策权的再保险人动态降低再保险的价格，使得扩散过程对应的比例再保险需求是由契约双方的风险和模糊厌恶系数确定的常数，而跳跃过程对应的比例再保险需求除了依赖于契约双方的风险和模糊厌恶系数，还会随决策点递增。

（3）关于历史索赔对再保险决策的影响问题，本书构建的外推期望索赔模型使得再保险契约具有奖惩特点，这与实际应用相符。通过同时分析再保险研究常用的两种效用函数，指数效用和均值—方差效用，对应的比例再保险决策发现外推期望能为保险人提供一种类似于再保险的保护：历史损失增加（减少）时，由于能收取更高的保险费，保险人减少（增加）再保险需求。特别地，结论显示在没有外推期望时，风险厌恶系数相同的指数偏好保险人和均值—方差偏好保险人有相同的再保险需求，外推期望的引入使得前者的再保险需求大于后者的再保险需求。

（4）本书使用委托代理理论框架设计的再保险契约折中了保险人和再保险人双方的利益。引入模型的不确定性，并求得了稳健比例和超额损失再保险契约的解析表达式，使得即使索赔模型存在错误设定，再保险契约依然有效。研究发现均衡的期望保费原则结合了多种传统保费原则的优势，如期望保费原则、方差原则、指数保费原则等。重要的是，由于超额损失再保险契约使得再保险人面临较高的尾部风险，所以超额损失再保险的价格总是高于比例再保险的价格。在扩散和 C－L 两种索赔过程下，再保险价格都是关于保险人和再保险人的风险和模糊厌恶递增，再保险需求随着保险人的风险和模糊厌恶的增加而递增，随着再保险人的风险和模糊厌恶的增加而递减。特别地，保险人和再保险人的模糊厌恶等价于增加各自的有效风险厌恶的结论仅仅在扩散模型存在不确定的条件下成立，在 C－L 模型存在不确定的条件下不成立。

（5）通过委托代理理论框架得到的比例和超额损失再保险契约满足唯一存在性，这加强了再保险契约的可行性和有效性。本书还通过比较 C－L 模型下两种形式的再保险给保险人带来的效用，证明无论是保险人是模糊厌恶的还是再保险人是模糊厌恶的，保险人的低风险厌恶和再保险人的高风险厌恶都会导致保险人偏好比例再保险契约，保险人的高风险厌恶和再保险人的低风险都会导致保险人偏好于超额损失再保险契约。这是因为超额损失再保险的价格高于比例再保险的价格，低风险厌恶的保险人不愿意支付高额保费，尽管如此，超额损失再保险能够在较差索赔情形更好地保护保险人，所以高风险厌恶的保险人偏好超额损失再保险契约。另外，对再保险人而言，与模糊厌恶的保险人讨价还价比与模糊中性的保险人讨价还价可以获得更高利润。

本书的理论研究与保险市场和再保险市场的实际情况存在一致性，可以给保险公司和再保险公司的风险管理提供一些启示。2017年9月，三场飓风“HIM”（Harvey，Irma，Maria）席卷加勒比海和美国南部得克萨斯州和佛罗里达州，两场强震袭击墨西哥，全球保险损失高达900亿美元，其中一半由再保险公司承担。一系列巨灾使得保险行业遭受巨大损失，再保险行业2017年的综合成本率高达115%，遭受巨大损失的北美再保险业务费涨幅可达25%。本书第3章提出的外推期望模型正好可以解释发生严重损失后保费会增加，增加的保费一方面可以弥补前阶段的损失；另一方面可以增加（再）保险公司的偿付能力。巨灾给保险公司和再保险公司带来损失是因为他们事前没有准确估计巨灾发生的强度和幅度。本书的研究说明对存在模糊性的保险项目，再保险公司应当考虑损失发生的多种情况，制定稳健的再保险契约，适当提高再保险价格，模糊厌恶的保险公司也应当适当提高保险价格或降低风险自留部分。再保险公司提供多样化的再保险产品可以更好地满足不同偏好保险公司的需求。

本书对再保险契约的设计进行了一些探索性研究，但由于所研究问题的复杂性以及与实际有很大的关联，值得在如下四个方面进行深入研究：

（1）根据现实保险中过往损失对保险费和索赔估计的影响，本书在理论上构建了一种不同于贝叶斯更新的连续时间外推期望模型，使索赔期望具有“惯性”，并且再保险契约具有奖惩特点，但是没有通过实证研究验证外推模型的合理性和确定外推强度的合理取值范围。另外连续时间的动态博弈赋予再保险人动态校正再保险价格的权利，这种连续变动价格的合理性以及现实价格是否可以用此模型进行模拟有待通过实证研究进行验证。因此未来的一个研究问题是通过车险等实际数据或者是问卷调查研究指数加权外推期望的合理性和外推强度设置，以及动态价格的实际应用问题。

（2）本书的第4、5、6章对再保险契约的研究只是一些初步的探索性的研究，还没有真正涉及契约研究的精华部分。契约双方很难保证信息的透明性，而一旦信息不对称，如保险人存在内幕信息，就会导致道德风险和逆向选择问题。比如在多阶段奖惩契约中，为了使得再保险人在下一阶段将自己归类为低风险群体，保险人可能会在第一阶段不报或者少报索赔，误导再保险人进行逆向选择。当契约签订以后，为了获得更多的赔偿，保险人可能谎报索赔，或者在超额损失再保险契约中，由于超过的索赔不需要自己承担，并且监管会发生成本，这诱导保险人放松对投保人的监管，致使再保险人遭受更高的索赔，在这两种情形下再保险人都面临道德风险。在信息不对称和存在隐性行为的情形下，再保险人应该怎样设计激励机制使得保险人按照契约建议的最佳策略行动是未来的一个研究点。另外，虽然模型模糊性可用于处理已有信息不足以准确估计索赔概率的情形，但是模糊厌恶的保险人和再保险人不会像贝叶斯学习者一样随着索赔的发生更新索赔概率，所以在未来研究中可以同时考虑模糊厌恶和通过学习更新索赔概率对应的均衡再保险契约。

（3）在现实的保险市场中，为了防止再保险公司破产，超额损失再保险契约往往会设置一个上限，或者再保险契约是几种不同形式再保险的结合，比如在超额损失再保险的基础上设置比例再保险。本书为了求得解析解，省略了上限，而且每个契约只包含一种形式的再保险。如何设置索赔上限以及如何结合不同形式的再保险以预防保险公司和再保险公司破产是一个有意义的研究问题。

（4）本书的研究方法和研究思路可以扩展到更广泛的研究领域，如税收与再分配问题。

附录A　主持与参与的研究课题

［1］教育部人文社会科学研究项目，19YJC790037，基于委托代理框架的稳健再保险需求和定价机制研究，2019－01至2021－12，8万元，在研，主持。

［2］国家自然科学基金重大项目：互联网环境中市场效率与监管理论（71790593），参与研究。

［3］国家自然科学基金创新研究群体项目：金融创新与风险管理（71521061），参与研究。

［4］国家自然科学基金重点项目：战略导入的投资决策与风险管理（71031004），参与研究。

［5］国家自然科学基金项目：偏好与信息影响的资本配置时间一致性决策研究（71501065），参与研究。

附录 B　第 3 章定理相关证明

B－1　定理 3.3 的证明

证明：（i）假设 $\widehat{a}(t)$ 是优化问题（3.30）的任一可行策略。首先证明对任意给定的 $y(t, W, S)\in C^{(1,2,2)}$，如果

$$\mathcal{A}^{\widehat{a}}y(t, W, S)=0, \; y(T, W, S)=W \tag{B.1}$$

则

$$y(t, W, S)=Y(t, W, S) \tag{B.2}$$

对式（3.5）采用 Ito 引理有

$$\begin{aligned} y(t, W, S) &= y(T, W, S)-\int_t^T \mathrm{d}y(u, W, S) \\ &= y(T, W, S)-\int_t^T \mathcal{A}^{\widehat{a}}y(u, W, S)\mathrm{d}u \\ &\quad -\int_t^T [\widehat{a}(u)\sigma y_W(u, W, S)-\beta\sigma y_S(u, W, S)]\mathrm{d}B(u) \end{aligned} \tag{B.3}$$

对上式两端取条件期望可得

$$y(t, W, S)=E_{t,W,S}[y(T, W, S)]=E_{t,W,S}[W(T)]=y(T, W, S) \tag{B.4}$$

用类似的方法，可以证明如果存在函数 $z(t, W, S)\in C^{(1,2,2)}$ 满足

$$\mathcal{A}^{\widehat{a}}z(t, W, S)=0, \; z(T, W, S)=W^2 \tag{B.5}$$

则

$$z(t, W, S)=Z(t, W, S) \tag{B.6}$$

所以

$$F(t, W, S, Y, Z)=F(t, W, S, y, z) \tag{B.7}$$

通过 Ito 引理和式（3.5）有

$$F(T, W, S, y, z)=F(t, W, S, y, z)+\int_t^T \mathrm{d}F(u, W, S, y, z)$$

$$
\begin{aligned}
&= F(t, W, S, y, z) + \int_t^T [F_y \mathcal{A}^{\hat{a}} y(u, W, S) \\
&\quad + F_z \mathcal{A}^{\hat{a}} z(u, W, S) + l(u, W, S)]\mathrm{d}u \\
&\quad + \int_t^T [(F_W(u, W, S, y, z) \\
&\quad + F_y(u, W, S, y, z) y_W(u, W, S) \\
&\quad + F_z(u, W, S, y, z) z_W(u, W, S))\ \hat{a}(u)\sigma \\
&\quad - (F_S(u, W, S, y, z) + F_y(u, W, S, y, z). \\
&\quad y_S(u, W, S) + F_z(u, W, S, y, z). \\
&\quad z_S(u, W, S))\beta\sigma]\mathrm{d}B(u)
\end{aligned}
\tag{B. 8}
$$

将式（B. 1）和式（B. 5）代入式（B. 8）有

$$
\begin{aligned}
F(T, W, S, y, z) &= F(t, W, S, y, z) + \int_t^T [(F_W(u, W, S, y, z) \\
&\quad + F_y(u, W, S, y, z) y_W(u, W, S) \\
&\quad + F_z(u, W, S, y, z) z_W(u, W, S))\ \hat{a}(u)\sigma \\
&\quad - F_S(u, W, S, y, z) + F_y(u, W, S, y, z). \\
&\quad y_S(u, W, S) + F_z(u, W, S, y, z) \\
&\quad z_S(u, W, S)\beta\sigma]\mathrm{d}B(u)
\end{aligned}
\tag{B. 9}
$$

对 $\hat{f}(t, W, S)$ 采用 Ito 引理，并且结合式（3. 5）可得

$$
\begin{aligned}
\hat{f}(t, W, S) &= \hat{f}(T, W, S) - \int_t^T \mathrm{d}\hat{f}\ (u, W, S) \\
&= \hat{f}(T, W, S) - \int_t^T \mathcal{A}^{\hat{a}}\hat{f}(u, W, S)\mathrm{d}u \\
&\quad - \int_t^T [\hat{f}_W(u, W, S)\hat{a}(u)\sigma - \hat{f}_S(u, W, S)\beta\sigma]\mathrm{d}B(u)
\end{aligned}
\tag{B. 10}
$$

式（3. 32）表明 $\mathcal{A}^{\hat{a}}\hat{f}(t, W, S) \leqslant l(t, W, S)$，因此

$$
\begin{aligned}
\hat{f}(t, W, S) &\geqslant \hat{f}(T, W, S) - \int_t^T l(u, W, S)\mathrm{d}u \\
&\quad - \int_t^T [\hat{f}_W(u, W, S)\hat{a}(u)\sigma - \hat{f}_S(u, W, S)\beta\sigma]\mathrm{d}B(u)
\end{aligned}
\tag{B. 11}
$$

式（3. 33）、式（B. 1）和式（B. 5）表明 $\hat{f}(T, W, S) = F(T, W, S, y, z)$。将式（B. 9）代入式（B. 11）可得

$$
\begin{aligned}
\hat{f}(t, W, S) &\geqslant F(t, W, S, y, z) + \int_t^T [(F_W(u, W, S, y, z) \\
&+ F_y(u, W, S, y, z) y_W(u, W, S) + F_z(u, W, S, y, z) z_W(u, W, S)
\end{aligned}
$$

$$-\hat{f}_W(u,\ W,\ S))\hat{a}(u)\sigma-(F_S(u,\ W,\ S,\ y,\ z)$$
$$+F_y(u,\ W,\ S,\ y,\ z)y_S(u,\ W,\ S)+F_z(u,\ W,\ S,\ y,\ z)z_S(u,\ W,\ S)$$
$$+\hat{f}_S(u,\ W,\ S))\beta\sigma]\mathrm{d}B(u) \tag{B.12}$$

对这个方程的两边同时取条件期望，并结合式（B.2）和式（B.6）有

$$\hat{f}(t,\ W,\ S)\geqslant\sup_{\hat{a}(t)}F(t,\ W,\ S,\ Y,\ Z) \tag{B.13}$$

（ii）考虑由式（3.36）定义的特殊再保险策略$\hat{a}^*(t)$。定理3.3显示函数$\hat{g}(t,\ W,\ S)$和$\hat{h}(t,\ W,\ S)$满足条件（B.1）~（B.5），所以$Y^{\hat{a}^*(t)}(t,\ W,\ S)=\hat{g}(t,\ W,\ S)$，$Z^{\hat{a}^*(t)}(t,\ W,\ S)=\hat{h}(t,\ W,\ S)$。

对这个特殊的策略$\hat{a}^*(t)$，不等式（B.12）和（B.13）变成等式，所以

$$\hat{f}(t,\ W,\ S)=F(t,\ W,\ S,\ Y^{\hat{a}^*},\ Z^{\hat{a}^*})\leqslant\sup_{\hat{a}(t)}F(t,\ W,\ S,\ Y,\ Z) \tag{B.14}$$

结合式（B.13）和式（B.14）有

$$\hat{f}(t,\ W,\ S)=\sup_{\hat{a}(t)}F(t,\ W,\ S,\ Y,\ Z) \tag{B.15}$$

这意味着$\hat{a}^*(t)$是最优的再保险策略，$\hat{f}(t,\ W,\ S)$是对应的均衡值函数。

（iii）现在需要证明$\hat{a}^*(t)$确实是均衡的再保险策略。

对定义3.2中给出的再保险决策$\hat{a}_\varepsilon(t)$，在式（B.9）中用$t+\varepsilon$代替T可得

$$\begin{aligned}F^{\hat{a}_\varepsilon}(t+\varepsilon,\ W,\ S,\ y,\ z)=&F^{\hat{a}_\varepsilon}(t,\ W,\ S,\ y,\ z)+\int_t^{t+\varepsilon}[(F_W^{\hat{a}_\varepsilon}(u,\ W,\ S,\ y,\ z)\\&+F_y^{\hat{a}_\varepsilon}(u,\ W,\ S,\ y,\ z)y_W(u,\ W,\ S)\\&+F_z^{\hat{a}_\varepsilon}(u,\ W,\ S,\ y,\ z)z_W(u,\ W,\ S))\hat{a}(u)\sigma\\&-(F_S^{\hat{a}_\varepsilon}(u,\ W,\ S,\ y,\ z)+F_y^{\hat{a}_\varepsilon}(u,\ W,\ S,\ y,\ z).\\&y_S(u,\ W,\ S)+F_z^{\hat{a}_\varepsilon}(u,\ W,\ S,\ y,\ z).\\&z_S(u,\ W,\ S))\beta\sigma]\mathrm{d}B(u)\end{aligned} \tag{B.16}$$

在不等式（B.11）中用$t+\varepsilon$代替T，$\hat{a}^*(t)$代替$\hat{a}(t)$可得

$$\hat{f}^{\hat{a}^*}(t,\ W,\ S)\geqslant\hat{f}^{\hat{a}^*}(t+\varepsilon,\ W,\ S)-\int_t^{t+\varepsilon}l^{\hat{a}^*}(u,\ W,\ S)\mathrm{d}u$$
$$-\int_t^{t+\varepsilon}[\hat{f}_W^{\hat{a}^*}(u,\ W,\ S)\hat{a}(u)\sigma-\hat{f}_S^{\hat{a}^*}(u,\ W,\ S)\beta\sigma]\mathrm{d}B(u) \tag{B.17}$$

根据$\hat{a}_\varepsilon(t)$的定义知$F^{\hat{a}_\varepsilon}(t+\varepsilon,\ W,\ S,\ y,\ z)=\hat{f}^{\hat{a}^*}(t+\varepsilon,\ W,\ S)$。将式

（B.16）代入式（B.17）有

$$
\begin{aligned}
\widehat{f^{a^*}}(t, W, S) \geqslant & F^{\widehat{a_\varepsilon}}(t, W, S, y, z) + \int_t^{t+\varepsilon} l^{\widehat{a_\varepsilon}}(u, W, S)\mathrm{d}u \\
& - \int_t^{t+\varepsilon} l^{\widehat{a^*}}(u, W, S)\mathrm{d}u - \int_t^{t+\varepsilon} [\widehat{f_W^{a^*}}(u, W, S)\widehat{a}(u)\sigma - \widehat{f_S^{a^*}}(u, W, S)\beta\sigma]\mathrm{d}B(u) \\
& + \int_t^{t+\varepsilon} [\ (F_W^{\widehat{a_\varepsilon}}(u, W, S, y, z) + F_y^{\widehat{a_\varepsilon}}(u, W, S, y, z)y_W(u, W, S) \\
& + F_z^{\widehat{a_\varepsilon}}(u, W, S, y, z)z_W(u, W, S))\widehat{a}(u)\sigma - (F_S^{\widehat{a_\varepsilon}}(u, W, S, y, z) \\
& + F_y^{\widehat{a_\varepsilon}}(u, W, S, y, z)y_S(u, W, S) + F_z^{\widehat{a_\varepsilon}}(u, W, S, y, z)\cdot \\
& z_S(u, W, S))\beta\sigma]\mathrm{d}B(u)
\end{aligned}
\tag{B.18}
$$

式（B.15）意味着$\widehat{f^{a^*}}(t, W, S) = F^{\widehat{a^*}}(t, W, S, Y, Z)$。对不等式（B.18）两端取条件期望可得

$$
\begin{aligned}
F^{\widehat{a^*}}(t, W, S, Y, Z) \geqslant & F^{\widehat{a_\varepsilon}}(t, W, S, Y, Z) + E_{t,W,S}\cdot \\
& \left[\int_t^T (l^{\widehat{a_\varepsilon}}(u, W, S) - l^{\widehat{a^*}}(u, W, S))\mathrm{d}u\right]
\end{aligned}
$$

这表明

$$
\liminf_{\varepsilon\to 0} \frac{F^{\widehat{a^*}}(t, W, S, Y, Z) - F^{\widehat{a_\varepsilon}}(t, W, S, Y, Z)}{\varepsilon} \geqslant 0
$$

所以$\widehat{a}^*(t)$是最优的时间一致的再保险策略。证明完毕。

B-2　定理3.4的证明

证明：根据定理3.3，对均值—方差优化问题有$\widehat{h}(t, W, S) = \widehat{g}(t, W, S) - \widehat{f}(t, W, S)$，因此下面仅仅需要求解连续可微的函数$\widehat{f}(t, W, S)$和$\widehat{g}(t, W, S)$。优化问题（3.30）对应的广义的HJB方程为：

$$
\begin{aligned}
\sup_{\widehat{a}(t)} \{ & \widehat{f}_t + \widehat{f}_W[rW + (\theta - \eta + \eta\widehat{a}(t))(e^{-\beta t}\mu + S)] + \widehat{f}_S\beta e^{-\beta t}\mu \\
& + \frac{1}{2}(\widehat{f}_{WW} - \gamma\,\widehat{g}_W^2)\widehat{a}(t)^2\sigma^2 + \frac{1}{2}(\widehat{f}_{SS} - \gamma\,\widehat{g}_S^2)\beta^2\sigma^2 \\
& - (\widehat{f}_{WS} - \gamma\,\widehat{g}_W\,\widehat{g}_S)\widehat{a}(t)\beta\sigma^2\} = 0
\end{aligned}
\tag{B.19}
$$

上式右端关于$\widehat{a}(t)$的二阶导数小于零，根据一阶条件，最优的时间一致的再保险策略为

$$
\widehat{a}^*(t) = \frac{-\eta(e^{-\beta t}\mu + S)\widehat{f}_W + \beta\sigma^2(\widehat{f}_{WS} - \gamma\,\widehat{g}_W\,\widehat{g}_S)}{\sigma^2(\widehat{f}_{WW} - \gamma\,\widehat{g}_W^2)} \tag{B.20}
$$

将式（B.20）代入式（B.19）和式（3.34）很容易看出$\widehat{f}(t, W, S)$和$\widehat{g}(t, W, S)$与状态变量W是线性关系，与状态变量S是二次关系。不妨设

$$\widehat{f}(t, W, S) = A_1(t)W + A_2(t)S^2 + A_3(t)S + A_4(t) \tag{B.21}$$

$$\widehat{g}(t, W, S) = B_1(t)W + B_2(t)S^2 + B_3(t)S + B_4(t) \tag{B.22}$$

满足边界条件

$$A_1(T) = 1,\ A_2(T) = 0,\ A_3(T) = 0,\ A_4(T) = 0 \tag{B.23}$$

$$B_1(T) = 1,\ B_2(T) = 0,\ B_3(T) = 0,\ B_4(T) = 0 \tag{B.24}$$

将式（B.21）和式（B.22）代入式（B.19）和式（B.20）可得

$$\begin{aligned}&\sup_{\widehat{a}(t)}\left\{A_1\eta\widehat{a}(t)(e^{-\beta t}\mu + S) - \frac{1}{2}\gamma\,\widehat{a}(t)^2\sigma^2B_1^2 + \gamma\beta\sigma^2\widehat{a}(t)B_1(2B_2S + B_3)\right\}\\&\quad + (A_1' + rA_1)W + A_2'S^2 + A_3'S + A_4' + (\theta - \eta)(e^{-\beta t}\mu + S)A_1\\&\quad + \beta e^{-\beta t}\mu(2A_2S + A_3) + \frac{1}{2}[2A_2 - \gamma(2B_2S + B_3)^2]\beta^2\sigma^2 = 0\end{aligned} \tag{B.25}$$

$$\widehat{a}^*(t) = \frac{\eta(e^{-\beta t}\mu + S)A_1}{\gamma\sigma^2B_1^2} + \beta B_1^{-1}(2B_2S + B_3) \tag{B.26}$$

将式（B.26）代入式（3.34）和式（B.25）可得

$$\begin{aligned}&A_1'W + A_2'S^2 + A_3'S + A_4' + A_1rW + (\theta - \eta)(e^{-\beta t}\mu + S)A_1 + \beta e^{-\beta t}\mu(2A_2S + A_3)\\&\quad + \beta^2\sigma^2A_2 + \frac{A_1^2\eta^2(e^{-\beta t}\mu + S)^2}{2\gamma\sigma^2B_1^2} + \beta\eta A_1B_1^{-1}(2B_2S + B_3)(e^{-\beta t}\mu + S) = 0\end{aligned} \tag{B.27}$$

$$\begin{aligned}&W + B_2'S^2 + B_3'S + B_4' + B_1rW + (\theta - \eta)(e^{-\beta t}\mu + S)B_1 + \beta^2\sigma^2B_2\\&\quad + B_1\eta(e^{-\beta t}\mu + S)e^{-r(T-t)}\left[\frac{\eta(e^{-\beta t}\mu + S)}{\gamma\sigma^2} + \beta(2B_2S + B_3)\right]\\&\quad + \beta e^{-\beta t}\mu(2B_2S + B_3) = 0\end{aligned} \tag{B.28}$$

因为上述两个方程对任意的状态变量 W 和 S 都成立，所以它们关于 W，S^2，S 的系数以及常数项等于零，即

$$A_1' + rA_1 = 0$$

$$A_2' + \frac{\eta^2A_1^2}{2\gamma\sigma^2B_1^2} + 2\beta\eta A_1B_1^{-1}B_2 = 0$$

$$A_3' + (\theta - \eta)A_1 + \left(2\mu\beta A_2 + \frac{\mu\,\eta^2A_1^2}{\gamma\sigma^2B_1^2} + 2\mu\beta\eta A_1B_1^{-1}B_2\right)e^{-\beta t} + \beta\eta A_1B_1^{-1}B_3 = 0$$

$$A_4' + \beta^2\sigma^2A_2 + \left[\mu(\theta - \eta)A_1 + \mu\beta A_3 + \frac{\mu^2\,\eta^2A_1^2}{2\gamma\sigma^2B_1^2}e^{-\beta t} + \mu\beta\eta A_1B_1^{-1}B_3\right]e^{-\beta t} = 0$$

$$B_1' + rB_1 = 0$$

$$B_2' + \frac{\eta^2A_1}{\gamma\sigma^2B_1} + 2\beta\eta B_2 = 0$$

$$B_3' + (\theta - \eta) B_1 + \beta\eta B_3 + 2\left[\frac{\mu\eta^2 A_1}{\gamma\sigma^2 B_1} + \mu\beta(1+\eta) B_2\right] e^{-\beta t} = 0$$

$$B_4' + \beta^2\sigma^2 B_2 + \left[\mu(\theta - \eta) B_1 + \frac{\mu^2\eta^2 A_1}{\gamma\sigma^2 B_1} e^{-\beta t} + \mu\beta(1+\eta) B_3\right] e^{-\beta t} = 0$$

结合边界值条件（B. 23）和式（B. 24）可得

$$A_1(t) = B_1(t) = e^{r(T-t)} \tag{B. 29}$$

$$A_2(t) = \frac{\eta}{2\gamma\beta\sigma^2}\left[e^{2\beta\eta(T-t)} - 1\right] - \frac{\eta^2}{2\gamma\sigma^2}(T-t) \tag{B. 30}$$

$$A_3(t) = \frac{\theta-\eta}{\beta\eta - r}\left[e^{\beta\eta(T-t)} - e^{r(T-t)}\right] + \frac{\mu\eta e^{2\beta\eta T}}{\gamma\beta\sigma^2}\left[e^{-\beta(1+2\eta)t} - e^{-\beta(1+2\eta)T}\right]$$
$$-\left(\frac{\mu\eta}{\gamma\beta\sigma^2} + \frac{\mu\eta^2 T}{\gamma\sigma^2}\right)\left(e^{-\beta t} - e^{-\beta T}\right) + \frac{\mu\eta^2}{\gamma\sigma^2}\left(te^{-\beta t} - Te^{-\beta T}\right) \tag{B. 31}$$

$$A_4(t) = \frac{\mu(\theta-\eta)e^{rT}}{r+\beta}\left[e^{-(r+\beta)t} - e^{-(r+\beta)T}\right] + \frac{\mu^2\eta^2}{4\gamma\beta\sigma^2}\left(e^{-2\beta t} - e^{-2\beta T}\right)$$
$$+ \beta^2\sigma^2\int_t^T A_2(s)\,\mathrm{d}s + \mu\beta\int_t^T e^{-\beta s} A_3(s)\,\mathrm{d}s + \mu\beta\eta\int_t^T e^{-\beta s} B_3(s)\,\mathrm{d}s \tag{B. 32}$$

$$B_2(t) = \frac{\eta}{2\gamma\beta\sigma^2}\left[e^{2\beta\eta(T-t)} - 1\right] \tag{B. 33}$$

$$B_3(t) = \frac{\theta-\eta}{\beta\eta - r}\left[e^{\beta\eta(T-t)} - e^{r(T-t)}\right] + \frac{\mu\eta e^{\beta\eta(2T-t)}}{\gamma\beta\sigma^2}\left[e^{-\beta(1+\eta)t} - e^{-\beta(1+\eta)T}\right]$$
$$+ \frac{\mu\eta e^{-\beta\eta t}}{\gamma\beta\sigma^2}\left[e^{\beta(\eta-1)T} - e^{\beta(\eta-1)t}\right] \tag{B. 34}$$

$$B_4(t) = \frac{\mu(\theta-\eta)e^{rT}}{r+\beta}\left[e^{-(r+\beta)t} - e^{-(r+\beta)T}\right] + \frac{\mu^2\eta^2}{2\gamma\beta\sigma^2}\left(e^{-2\beta t} - e^{-2\beta T}\right)$$
$$+ \mu\beta(1+\eta)\int_t^T e^{-\beta s} B_3(s)\,\mathrm{d}s + \beta^2\sigma^2\int_t^T B_2(s)\,\mathrm{d}s \tag{B. 35}$$

证明完成。

附录 C　再保险人的效用损失（第 5 章内容的补充）

5.4.3 节假设再保险人同时为保险人提供比例和超额损失再保险契约，保险人可以根据自己的实际情况选择一个再保险产品。当然再保险人也会权衡哪种再保险产品能为他带来更高的效用。本附录补充第 5 章的研究，结合数值实验讨论再保险人的效用损失，并且确定哪些参数区间使得一种再保险产品同时有利于保险人和再保险人，哪些参数区间使得一种保险产品对一方有利而对另一方不利。

采用与 5.4.3 节相同的方式，定义再保险人提供比例再保险契约产生的效用损失为：

$$\widehat{\Delta}(t)=1-\frac{\widehat{V}(t,\ W)}{V(t,\ W)}$$

其中 $V(t,\ W)$ 和 $\widehat{V}(t,\ W)$ 分别在式（5.11）和式（5.31）中给出。

图 C.1 显示再保险人的效用损失随着风险和模糊厌恶水平的变化总是小于零的。$\widehat{\Delta}(t)<0$ 等价于 $\widehat{V}(t,\ W)<V(t,\ W)$，即对再保险人而言比例再保险契约优于超额损失再保险契约。也就是说尽管超额损失再保险的价格高于比例再保险的价格，但是这仍然不能完全弥补此契约使再保险人面临的尾部风险。

另外再保险人的效用损失关于保险人的风险厌恶水平 γ，再保险人的风险和模糊厌恶水平 m 和 β 递减，即两种契约给再保险人带来的效用差别越来越大。换句话说随着风险和模糊厌恶增强，再保险人越来越偏好于能够平摊索赔风险的比例再保险契约。当然保险人和再保险人双方对两种再保险契约的偏好并非截然相反的。在其他参数值相同的情况下，当保险人的风险厌恶系数 γ 满足 $0<\gamma\leqslant 0.18$ 或者是再保险人的风险厌恶系数 m 满足 $m>0.45$，对双方来说比例再保险契约都优于超额损失再保险契约。对其他的参数值区间，对保险人来说超额损失再保险更优，但是对再保险人来说比例再保险更优。

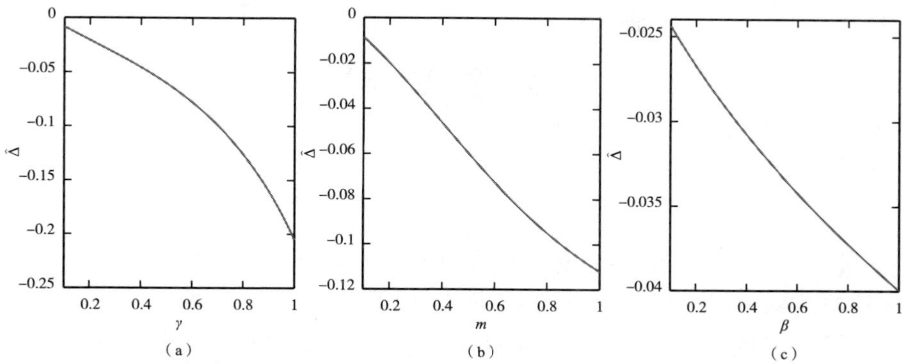

图 C.1 风险和模糊厌恶系数 γ，m，β 对再保险人效用损失的影响

上面的分析显示两种形式的再保险契约不能为再保险人产生相同的效用，所以使用相对安全载荷给再保险定价的结果不同于常用的效用无差异定价方法。即使如此，本章认为再保险人并不能在达到两个契约内部均衡的同时，通过调整再保险价格来使得两种契约对他来说是无差异的。因为比例再保险给再保险人带来更高的稳健效用，为了使两种契约为他产生相同的效用，他需要抬高超额损失再保险契约的价格或者是降低比例再保险契约的价格，无论他选择哪种行为，保险人会立即调整再保险需求以最大化自身的效用，这导致契约内部的均衡被破坏，此时对再保险人而言它就不再是最优的了。至于再保险人是否会因为比例再保险契约对他更优而只选择提供此种形式的契约还取决于外部条件，如他的信誉、地位以及与其他再保险人之间的竞争。如果再保险市场存在一定的竞争，其他的再保险人很有可能会提供对保险人而言更有利的再保险契约而抢走市场份额。具体的关于这方面的分析超出了本章的研究范围，在今后的研究中，希望能够结合实际来解答此类问题。

参考文献

[1] 陈华、王玉红：《保险消费者保护：市场失灵、政府介入与道德风险防范》，载《保险研究》2012 年第 10 期。

[2] 宫晓琳、杨淑振、胡金焱等：《非线性期望理论与基于模型不确定性的风险度量》，载《经济研究》2015 年第 11 期。

[3] 刘洁、赵秀兰：《保险公司的最优投资和再保险策略》，载《模糊系统与数学》2013 年第 3 期。

[4] 罗琰、杨招军：《保险公司最优投资及再保险策略》，载《财经理论与实践》2009 年第 3 期。

[5] 史鑫蕊：《中国再保险市场的竞争态势及发展策略》，载《保险研究》2012 年第 3 期。

[6] 王海燕、彭大衡：《不完备市场中再保险 - 投资的 M - V 及 M - VaR 最优策略》，载《中国管理科学》2011 年第 4 期。

[7] 王永茂、邓明民：《最大破产概率在再保险人分配额中的应用》，载《统计与决策》2012 年第 22 期。

[8] 张秀萍、赵明清：《关于停止损失再保险的调节系数最大化问题》，载《运筹与管理》2007 年第 3 期。

[9] 张敏：《保险公司全面风险管理研究》，南开大学，2010 年。

[10] Aase K K. Dynamic equilibrium and the structure of premiums in a reinsurance market. *Geneva Papers on Risk and Insurance Theory*, 1992, 17 (2): 93 - 136.

[11] Aase K K. The Nash bargaining solution vs. equilibrium in a reinsurance syndicate. *Scandinavian Actuarial Journal*, 2009, 2009 (3): 219 - 238.

[12] Alary D, Gollier C, Treich N. The effect of ambiguity aversion on insurance and self-protection. *Economic Journal*, 2013, 123 (573): 1188 - 1202.

[13] Anscombe F J, Aumann R J. A definition of subjective probability. *Annals of Mathematical Statistics*, 1963, 34 (1): 199 -205.

[14] Anderson E W, Hansen L P, Sargent T J. Risk and robustness in general equilibrium. 1998, http: //www. tomsargent. com/research/randrmarch, 1998 -03 -08.

[15] Anderson E W, Hansen L P, Sargent T J, et al. Robustness, detection and the price of risk. 2000, https: //core. ac. uk/display/23053923, 2000 -03 -27.

[16] Anderson E W, Hansen L P, Sargent T J. A quartet of semigroups for model specification, robustness, prices of risk, and model detection. *Journal of the European Economic Association*, 2003, 1 (1): 68 -123.

[17] Arrow K J. Uncertainty and the welfare economics of medical care. *American Economic Review*, 1963, 53 (3): 941 -973.

[18] Arrow K J. Essays in the theory of risk bearing. Chicago: Markham Publishing, 1971.

[19] Arrow K J. Risk perception in psychology and economics. *Economic Inquiry*, 1982, 20 (1): 1 -9.

[20] Asimit A V, Badescu A M, Verdonck T. Optimal risk transfer under quantile-based risk measurers. *Insurance: Mathematics and Economics*, 2013, 53 (1): 252 -265.

[21] Asmussen S, Højgaard B, Taksar M. Optimal risk control and dividend distribution policies. Example of excess-of loss reinsurance for an insurance corporation. *Finance and Stochastics*, 2000, 4 (3): 299 -324.

[22] Attanasio O P, Weber G. Is consumption growth consistent with intertemporal optimization? Evidence from the consumer expenditure survey. *Journal of Political Economy*, 1995, 103 (6): 1121 -1157.

[23] Bai L H, Guo J Y. Optimal proportional reinsurance and investment with multiple risky assets and no-shorting constraint. *Insurance: Mathematics and Economics*, 2008, 42 (3): 968 -975.

[24] Bajeux - Besnainou I, Portait R. Dynamic asset allocation in a mean-variance framework. *Management Science*, 1998, 44 (11): 79 -95.

[25] Balbás A, Balbás R, Garrido J. Extending pricing rules with general risk functions. *European Journal of Operational Research*, 2010, 201 (1): 23 -33.

[26] Balbás I D, Frangos N E, Yannacopoulos A N. Optimal investment and reinsurance policies in insurance markets under the effect of inside information. *Applied Stochastic Models in Business and Industry*, 2012, 28 (6): 506 -528.

[27] Barberis N. Psychology and the financial crisis of 2007 -2008. 2011, http: //dx. doi. org/10. 2139/ssrn. 1742463, 2011 -09 -03.

[28] Barberis N, Thaler R. A survey of behavioral finance. *Handbook of the Economics of Finance*, 2003, 1 (Part B): 1053 -1128.

[29] Barberis N, Greenwood R, Jin L, et al. X - CAPM: An extrapolative capital asset pricing model. *Journal of Financial Economics*, 2015, 115 (1): 1 -24.

[30] Basak S. A model of dynamic equilibrium asset pricing with heterogeneous beliefs and extraneous risk. *Journal of Economic Dynamics and Control*, 2000, 24 (1): 63 -95.

[31] Basak S. Asset pricing with heterogeneous beliefs. *Journal of Bank and Finance*, 2005, 29 (11): 2849 -2881.

[32] Basak S, Chabakauri G. Dynamic mean-variance asset allocation. *Review of Financial Studies*, 2010, 23 (8): 2970 -3016.

[33] Bensoussan A. Stochastic control of partially observable systems. *Cambridge University Press*, 2004.

[34] Bensoussan A, Chi C S, Yam S P, et al. A class of non-zero-sum stochastic differential investment and reinsurance games. Automatica, 2014, 50 (8): 2025 -2037.

[35] Bielecki T R, Jin H, Pliska S R, et al. Continuous-time mean-variance portfolio selection with bankruptcy prohibition. *Mathematical Finance*, 2005, 15 (2): 213 -244.

[36] Björk T, Murgoci A. A general theory of markovian time inconsistent stochastic control problems. 2010, http: //dx. doi. org/10. 2139/ssrn. 1694759, 2010 -09 -17.

[37] Boonen T J, Tan K S, Zhuang S C. Pricing in reinsurance bargaining with comonotonic additive utility functions. *Astin Bulletin*, 2016, 46 (2): 507 -530.

[38] Boonen T J, Tan K S, Zhuang S C. Pricing in reinsurance bargain-

ing with comonotonic additive utility functions. *Astin Bulletin*, 2016, 46 (2): 507 –530.

[39] Borch K. Reciprocal reinsurance treaties. *Astin Bulletin*, 1960a, 1 (4): 170 –191.

[40] Borch K. Optimal insurance arrangements. *Astin Bulletin*, 1975, 8 (3): 284 –290.

[41] Borch K. The safety loading of reinsurance premiums. *Scandinavian Actuarial Journal*, 1960b, 1960 (3 –4): 163 –184.

[42] Borch K. The utility concept applied to the theory of insurance. *Astin Bulletin*, 1961, 1 (5): 245 –255.

[43] Borch K. Equilibrium in a reinsurance market. *Econometrica*, 1962, 30 (3): 424 –444.

[44] Borch K. The optimal reinsurance treaty. *Astin Bulletin*, 1969, 5 (2): 293 –297.

[45] Branger N, Larsen L S. Robust portfolio choice with uncertainty about jump and diffusion risk. *Journal of Banking and Finance*, 2013, 37 (12): 5036 –5047.

[46] Brighetti G, Lucarelli C, Marinelli N. Do emotions affect insurance demand? . *Review of Behavioral Finance*, 2014, 6 (2): 136 –154.

[47] Browning M, Crossley T F. The life-cycle model of consumption and saving. *Journal of Economic Perspectives*, 2001, 15 (3): 3 –22.

[48] Browne M J, Hoyt R E. The demand for flood insurance: Empirical evidence. *Journal of Risk and Uncertainty*, 2000, 20 (3): 291 –306.

[49] Browne S. Optimal investment policies for a firm with a random risk process: Exponential utility and minimizing the probability of ruin. *Mathematics of Operations Research*, 1995, 20 (4): 937 –958.

[50] Botzen W W, van den Bergh J C J M. Risk attitudes to low-probability climate change risks: WTP for flood insurance. *Journal of Economic Behavior and Organization*, 2012, 82 (1): 151 –166.

[51] Bühlmann H. Mathematical methods in risk theory. *England*: *Springer*, 1970: 131 –200.

[52] Cabantous L. Ambiguity aversion in the field of insurance: Insurers' attitude to imprecise and conflicting probability estimates. *Theory and Decision*,

2007, 62 (3): 219 -240.

[53] Cabantous L, Hilton D, Kunreuther H, et al. Is imprecise knowledge better than conflicting expertise? Evidence from insurers' decisions in the United States. *Journal of Risk and Uncertainty*, 2011, 42 (3): 211 -232.

[54] Centeno M D L. Measuring the effects of reinsurance by the adjustment coefficient in the Sparre Anderson model. Insurance: *Mathematics and Economics*, 2002a, 30 (1): 37 -49.

[55] Centeno M D L. Measuring the effects of reinsurance by the adjustment coefficient. *Insurance: Mathematics and Economics*, 1986, 5 (2): 169 -182.

[56] Centeno M D L. Excess of loss reinsurance and Gerber's inequality in the Sparre Anderson model. *Insurance: Mathematics and Economics*, 2002b, 31 (3): 415 -427.

[57] Centeno M D L. Dependent risks and excess of loss reinsurance. *Insurance: Mathematics and Economics*, 2005, 37 (2): 229 -238.

[58] Chabakauri G. Asset pricing with heterogeneous preferences, beliefs, and portfolio constraints. *Journal of Monetary Economics*, 2015, 75: 21 -34.

[59] Chen H, Joslin S, Tran N K. Rare disasters and risk sharing with heterogeneous beliefs. *Review of Financial Studies*, 2012, 25 (7): 2189 -2224.

[60] Chen S, Hu D N, Wang H L. Optimal reinsurance problems with extrapolative claim expectation. *Optimal Control Applications and Methods*, 2018, 39 (1): 78 -94.

[61] Chen S M, Li Z F, Zeng Y. Optimal dividend strategies with time-inconsistent preferences. *Journal of Economic Dynamics and Control*, 2014, 46: 150 -172.

[62] Chen Z J, Epstein L. Ambiguity, risk, and asset returns in continuous time. *Econometrica*, 2002, 70 (4): 1403 -1443.

[63] Chi Y, Tan K S. Optimal reinsurance under VaR and CVaR risk measures: A simplified approach. Astin Bulletin, 2011, 41 (2): 487 -509.

[64] Choi J J, Benjamin I T D, Campbell J, et al. Extrapolative expectations and the equity premium. 2013, http: //faculty. som. yale. edu/jameschoi/extrapolative.

[65] Chun X A, Lai Y Z, Shao Y. Optimal excess-of-loss reinsurance

and investment problem with delay and jump-diffusion risk process under the CEV model. Journal of Computational and Applied Mathematics, 2018, 342: 317 – 336.

[66] Chung N Q. Effect of an excess of loss reinsurance on upper bounds of ruin probabilities. *Journal of Mathematical Finance*, 2017, 7 (4): 958 – 974.

[67] Cochrane J H. Where is the market going? Uncertain facts and novel theories. *Economic perspectives*, 1997, 21 (6): 3 – 37.

[68] Cong F, Oosterlee C W. On pre-commitment aspects of a time-consistent strategy for a mean-variance investor. *Journal of Economic Dynamics and Control*, 2016, 70: 178 – 193.

[69] Cong J F, Tan K S. Optimal VaR – based risk management with reinsurance. *Annals of Operations Research*, 2016, 237 (1 – 2): 1 – 26.

[70] Cooper R, Hayes B. Multi-period insurance contracts. *International Journal of Industrial Organization*, 1987, 5 (2): 211 – 231.

[71] Cozzi G, Davenport M. Extrapolative expectations and capital flows during convergence. *Journal of International Economics*, 2017, 108: 169 – 190.

[72] Dahlby B, West D S. Price dispersion in an automobile insurance market. *Journal of Political Economy*, 1986, 94 (2): 418 – 438.

[73] Deelstra G, Plantin G. Risk theory and reinsurance. *Springer London*, 2014.

[74] Diasparra M, Romera R. Inequalities for the ruin probability in a controlled discrete-time risk process. *European Journal of Operational Research*, 2010, 204 (3): 496 – 504.

[75] Dietz S, Walker O. Ambiguity and insurance: Capital requirements and premiums. *Journal of Risk and Insurance*, 2017, https://doi.org/10.1111/jori.12208.

[76] Dionne G. Adverse selection and repeated insurance contracts. *Geneva Papers on Risk and Insurance*, 1983, 8 (4): 316 – 332.

[77] Doherty N A, Tinic S M. Reinsurance under conditions of capital market equilibrium: A Note. *Journal of Finance*, 1981, 36 (4): 949 – 953.

[78] Doherty N A, Smetters K. Moral hazard in reinsurance markets. *Journal of Risk and Insurance*, 2005, 72 (3): 375 – 391.

[79] Du J H, Li Z M, Wu L J. Optimal stop-loss reinsurance under the

VaR and CTE risk measures: Variable transformation method. *Computational Economics*, 2017, 5: 1 – 19.

[80] Dupuis P, Ellis R S. A weak convergence approach to the theory of large deviations. Wiley Series in Probability and Statistics. *John Wiley and Sons*, 1997.

[81] Ehrlich I, Becker G S. Market insurance, self-insurance, and self-protection. *Journal of Political Economy*, 1972, 80 (4): 623 – 648.

[82] Eichler A, Leobacher G, Szölgyenyi M. Utility indifference pricing of insurance catastrophe derivatives. *European actuarial journal*, 2017, 7 (2): 515 – 534.

[83] Ellsberg D. Risk, ambiguity, and the Savage Axioms. *Quarterly Journal of Economics*, 1961, 75 (4): 643 – 669.

[84] Emms P, Haberman S. Pricing general insurance using optimal control theory. *Astin Bulletin*, 2005, 35 (2): 427 – 453.

[85] Emms P, Haberman S, Savoulli I. Optimal strategies for pricing general insurance. *Insurance: Mathematics and Economics*, 2007, 40 (1): 15 – 34.

[86] Emms P. Dynamic pricing of general insurance in a competitive market. *Astin Bulletin*, 2007a, 37 (1): 1 – 34.

[87] Emms P. Pricing general insurance with constraints. *Insurance: Mathematics and Economics*, 2007b, 40 (2): 335 – 355.

[88] Epstein L G, Ji S. Ambiguous volatility and asset pricing in continuous time. *Review of Financial Studies*, 2013, 26 (7): 1740 – 1786.

[89] Escobar M, Ferrando S, Rubtsov A. Robust portfolio choice with derivative trading under stochastic volatility. *Journal of Banking and Finance*, 2015, 61: 142 – 157.

[90] Escobar M, Ferrando S, Rubtsov A. Dynamic Derivative Strategies with Stochastic Interest Rates and Model Uncertainty. *Journal of Economic Dynamics and Control*, 2018, 86: 49 – 71.

[91] Fernández B, Hernández-hernández D, Meda A, et al. An optimal investment strategy with maximal risk aversion and its ruin probability. *Mathematical Methods of Operations Research*, 2008, 68 (1): 159 – 179.

[92] Fernández – Villaverde J, Krueger D. Consumption over the life cycle: Facts from consumer expenditure survey data. *Review of Economics and*

Statistics, 2007, 89 (3): 552 – 565.

[93] Fleming W H, Soner H M. Controlled markov processes and viscosity solutions. *Stochastics An International Journal of Probability*, 1993, 49 (1 – 2): 129 – 137.

[94] Froot K A. The market for catastrophe risk: A clinical examination. *Journal of Financial Economics*, 2001, 60 (2): 529 – 571.

[95] Fuster A, Laibson D, Mendel B. Natural expectations and macroeconomic fluctuations. *Journal of Economic Perspectives*, 2010, 24 (4): 67 – 84.

[96] Fuller D L. Adverse selection and moral hazard: Quantitative implications for unemployment insurance. *Journal of Monetary Economics*, 2014, 62 (1): 108 – 122.

[97] Gaier J, Grandits P, Schachermayer W. Asymptotic ruin probabilities and optimal investment. *Annals of Applied Probability*, 2003, 13 (3): 1054 – 1076.

[98] Gal S, Landsberger M. On "small sample" properties of experience rating insurance contracts. *Quarterly Journal of Economics*, 1989, 103 (1): 233 – 243.

[99] Garven J R, Tennant J L. The demand for reinsurance: Theory and empirical tests. *Insurance and Risk Management*, 2003, 7 (3): 217 – 237.

[100] Gerber H U. An introduction to mathematical risk theory. *Journal of the American Statistical Association*, 1979, 77 (1): 169.

[101] Gerber H U, Pafumi G. Utility functions: From risk theory to finance. *North American Actuarial Journal*, 1998, 2 (3): 74 – 100.

[102] Gilboa I, Schmeidler D. Maxmin expected utility with non-unique prior. *Journal of Mathematical Economics*, 1989, 18 (2): 141 – 153.

[103] Gilliam R. *The property catastrophe reinsurance contract*. New York: College of Insurance, 1980.

[104] Glaeser E L, Nathanson C G. An extrapolative model of house price dynamics. *Journal of Financial Economics*, 2017, 126 (1): 147 – 170.

[105] Gollier C. Optimal insurance design of ambiguous risks. *Economic Theory*, 2014, 57 (3): 555 – 576.

[106] Grandell J. *Aspects of risk theory*. Springer, New York, 1991: 33 – 56.

[107] Gu A L, Viens F G, Yao H L. Optimal robust reinsurance-investment strategies for insurers with mean reversion and mispricing. *Insurance: Mathematics and Economics*, 2018, 80: 93 –109.

[108] Guelman L, Guillén M. A causal inference approach to measure price elasticity in automobile insurance. *Expert Systems with Applications*, 2014, 41 (2): 387 –396.

[109] Hald M, Schmidli, H. On the maximisation of the adjustment coefficient under proportional reinsurance. *Astin Bulletin*, 2004, 34 (1): 75 –83.

[110] Hansen L P, Sargent T J. Discounted linear exponential quadratic Gaussian control. *IEEE Transactions on Automatic control*, 1995, 40 (5): 968 –971.

[111] Hansen L P, Sargent T J. Robust control and model uncertainty. *American Economic Review*, 2001, 91 (2): 60 –66.

[112] Hansen L P, Sargent T J. *Robustness*. Princeton and Oxford: Princeton University Press, 2008.

[113] Hansen L P, Sargent T J. Robustness and ambiguity in continuous time. *Journal of Economic Theory*, 2011, 146 (3): 1195 –1223.

[114] Henderson V. Explicit solutions to an optimal portfolio choice problem with stochastic income. *Journal of Economic Dynamics and Control*, 2005, 29 (7): 1237 –1266.

[115] Henriet D, Klimenko N, Rochet J C. The dynamics of insurance prices. *Geneva Risk and Insurance Review*, 2016, 41 (1): 2 –18.

[116] Hipp C. Asymptotics of ruin probabilities for controlled risk processes in the small claims case. *Scandinavian Actuarial Journal*, 2004, 2004 (5): 321 –335.

[117] Hirshleifer D. Investor psychology and asset pricing. *Journal of Finance*, 2001, 56 (4): 1533 –1597.

[118] Hirshleifer D, Li J, Yu J F. Asset pricing in production economies with extrapolative expectations. *Journal of Monetary Economics*, 2015, 76 (2): 87 –106.

[119] Hogarth R M, Kunreuther H. Ambiguity and insurance decisions. *American Economic Review*, 1985, 75 (2): 386 –390.

[120] Hogarth R M, Kunreuther H. Risk, ambiguity, and insurance.

Journal of Risk and Uncertainty, 1989, 2 (1): 5 -35.

[121] Honda T, Kamimura S. On the verification theorem of dynamic portfolio-consumption problems with stochastic market price of risk. *Asia - Pacific Financial Markets*, 2011, 18 (2): 151 -166.

[122] Hosios A J, Peters M. Repeated insurance contracts with adverse selection and limited commitment. *Quarterly Journal of Economics*, 1989, 104 (2): 229 -253.

[123] Hu D N, Wang H L. Time-consistent investment and reinsurance under relative performance concerns. *Communications in Statistics - Theory and Methods*, 2018, 47 (7): 1193 -1717.

[124] Hu D N, Chen S, Wang H L. Robust reinsurance contracts in continuous time. *Scandinavian Actuarial Journal*, 2018, 2018 (1): 1 -22.

[125] Hu X, Zhang L Z, Sun W W. Risk model based on the first-order integer-valued moving average process with compound Poisson distributed innovations. *Scandinavian Actuarial Journal*, 2018, 2018 (5): 412 -425.

[126] Huang R J, Huang Y C, Tzeng L Y. Insurance bargaining under ambiguity. *Insurance: Mathematics and Economics*, 2013, 53 (3): 812 -820.

[127] Iglehart D L. Diffusion approximations in collective risk theory. *Journal of Applied Probability*, 1969, 6 (2): 285 -292.

[128] Irgens C, Paulsen J. Optimal control of risk exposure, reinsurance and investments for insurance portfolios. *Insurance: Mathematics and Economics*, 2004, 35 (1): 21 -51.

[129] Izhakian Y, Yermack D. Risk, ambiguity, and the exercise of employee stock options. *Journal of Financial Economics*, 2016, 124 (1): 65 -85.

[130] Jean - Baptiste E L, Santomero A M. The design of private reinsurance contracts. *Journal of Financial Intermediation*, 2000, 9 (3): 274 -297.

[131] Jang B G, Kim K T. Optimal reinsurance and asset allocation under regime switching. *Journal of Banking and Finance*, 2015, 56: 37 -47.

[132] Ju N J, Miao J J. Ambiguity, learning, and asset returns. *Econometrica*, 2012, 80 (2): 559 -591.

[133] Karatzas I, Shreve S E. *Brownian motion and stochastic calculus*. New York: Springer - Verlag, 1988.

[134] Kellner C, Le Quement M T. Endogenous ambiguity in cheap talk. *Journal of Economic Theory*, 2018, 173: 1-17.

[135] Kim T S, Omberg E. Dynamic nonmyopic portfolio behavior. *Review of Financial Studies*, 1996, 9 (1): 141-161.

[136] Kihlstrom R E, Roth A E. Risk aversion and the negotiation of insurance contracts. *Journal of Risk and Insurance*, 1982, 49 (3): 372-387.

[137] Klibanoff P, Marinacci M, Mukerji S. A smooth model of decision making under ambiguity. *Econometrica*, 2005, 73 (6): 1849-1892.

[138] Klibanoff P, Marinacci M, Mukerji S. Recursive smooth ambiguity preferences. *Journal of Economic Theory*, 2009, 144 (3): 930-976.

[139] Klugman S A, Panjer H H, Willmot G E. Loss models: From data to decisions. *Journal of the American Statistical Association*, 2008, 48 (2): 692-692.

[140] Knight F. Risk, ambiguity, and profit. Boston, MA: Houghton Mifflin, 1921.

[141] Kraft H, Munk C, Seifried F T, et al. Consumption habits and humps. *Economic Theory*, 2017, 64 (2): 305-330.

[142] Kunreuther H. The role of actuaries and underwriters in insuring ambiguous risks. *Risk Analysis*, 1989, 9 (3): 319-328.

[143] Landriault D, Li B, Li D P, et al. A pair of optimal reinsurance-investment strategies in the two-sided exit framework. *Insurance: Mathematics and Economics*, 2016, 71: 284-294.

[144] Lemaire J. Bonus-malus systems in automobile insurance. Springer, 2012.

[145] Lewis C M, Murdock K C. The role of government contracts in discretionary reinsurance markets for natural disasters. *Journal of Risk and Insurance*, 1996, 63 (4): 567-597.

[146] Li C S, Lin C H, Liu C C, et al. Dynamic pricing in regulated automobile insurance markets with heterogeneous insurers: Strategies nice versus nasty for customers. *Journal of Business Research*, 2012, 65 (7): 968-976.

[147] Li B, Li D P, Xiong D W. Alpha-robust mean-variance reinsurance-investment strategy. *Journal of Economic Dynamics and Control*, 2016, 70: 101-123.

[148] Li C S, Lin C H, Liu C C, et al. Dynamic pricing in regulated automobile insurance markets with heterogeneous insurers: Strategies nice versus nasty for customers. *Journal of Business Research*, 2012, 65 (7): 968 – 976.

[149] Li R, Williams N. Optimal unemployment insurance and cyclical fluctuations. SSRN: https://ssrn.com/abstract = 2684619, 2015 – 08 – 01.

[150] Liang Z B. Optimal proportional reinsurance for controlled risk process which is perturbed by diffusion. *ACTA Mathematicae Applicatae Sinica*, 2007, 23 (3): 477 – 488.

[151] Liang Z B. Optimal investment and reinsurance for the jump-diffusion surplus processes. *Acta Mathematica Sinica*, *Chinese Series*, 2008, 51 (6): 1195 – 1204.

[152] Liang Z B, Guo J Y. Optimal proportional reinsurance and ruin probability. *Stochastic Models*, 2007, 23 (2): 333 – 350.

[153] Liang Z B, Guo J Y. Upper bound for ruin probabilities under optimal investment and proportional reinsurance. *Applied Stochastic Models in Business and Industry*, 2008, 24 (2): 109 – 128.

[154] Liang Z B, Yuen K C, Guo J Y. Optimal proportional reinsurance and investment in a stock market with Ornstein – Uhlenbeck process. *Insurance: Mathematics and Economics*, 2011, 49 (2): 207 – 215.

[155] Liang X Q, Young V R. Minimizing the probability of ruin: Two riskless assets with transaction costs and proportional reinsurance. *Statistics and Probability Letters*, 2018, 140: 157 – 175.

[156] Lo A. A unifying approach to risk-measure-based optimal reinsurance problems with practical constraints. *Scandinavian Actuarial Journal*, 2017 (7): 584 – 605.

[157] Maccheroni F, Marinacci M, Rustichini A. Ambiguity aversion, robustness, and the variational representation of preferences. *Econometrica*, 2006, 74 (6): 1447 – 1498.

[158] Maenhout P J. Robust portfolio rules and asset pricing. *Review of Financial Studies*, 2004, 17 (4): 951 – 983.

[159] Maenhout P J. Robust portfolio rules and detection-error probabilities for a mean-reverting risk premium. *Journal of Economic Theory*, 2006, 128 (1): 136 – 163.

[160] Markowitz H. Portfolio selection. Journal of Finance, 1952, 7 (1): 77 -91.

[161] Mathewson G F. Information, search, and price variability of individual life insurance contracts. *Journal of Industrial Economics*, 1983, 32 (2): 131 -148.

[162] Merton R C. Lifetime portfolio selection under uncertainty: The continuous-time case. *Review of Economics and Statistics*, 1969, 51 (3): 247 -257.

[163] Merton R C. On estimating the expected return on the market: An exploratory investigation. *Journal of Financial Economics*, 1980, 8 (4): 323 -361.

[164] Meyer R J. Failing to learn from experience about catastrophes: The case of hurricane preparedness. *Journal of Risk and Uncertainty*, 2012, 45 (1): 25 -50.

[165] Miao J J, Rivera A. Robust contracts in continuous time. *Econometrica*, 2016, 84 (4): 1405 -1440.

[166] Moore K S, Young V R. Optimal insurance in a continuous-time model. *Insurance: Mathematics and Economics*, 2006, 39 (1): 47 -68.

[167] Olaosebikan O. The determinants of the profitability of micro-life insurers in Nigeria. *Geneva Papers on Risk and Insurance Issues and Practice*, 2013, 38 (1): 140 -159.

[168] Palmowski Z, Tumilewicz J. Pricing insurance drawdown-type contracts with underlying Lévy assets. *Insurance: Mathematics and Economics*, 2018, 79: 1 -14.

[169] Piatti I. Heterogeneous beliefs about rare event risk in the Lucas Orchard. SSRN Electronic Journal, 2017, https: //ssrn. com/abstract =2427628, 2017 -02 -18.

[170] Plantin G. Does reinsurance need reinsurers? . *Journal of Risk and Insurance*, 2006, 73 (1): 153 -168.

[171] Promislow S D, Young V R. Minimizing the probability of ruin when claims follow Brownian motion with drift. *North American Actuarial Journal*, 2005, 9 (3): 110 -128.

[172] Pu M, Fan G Z, Ban C S. The pricing of mortgage insurance pre-

miums under systematic and idiosyncratic shocks. *Journal of Risk and Insurance*, 2016, 83 (2): 447 – 474.

[173] Quiggin J, Chambers R G. Bargaining power and efficiency in insurance contracts. *Geneva Risk and Insurance Review*, 2009, 34 (1): 47 – 73.

[174] Ranyard R, Mchugh S. Defusing the risk of borrowing: The psychology of payment protection insurance decisions. *Journal of Economic Psychology*, 2012, 33 (4): 738 – 748.

[175] Rothschild M, Stiglitz J. Equilibrium in competitive insurance markets: An essay on the economics of imperfect information. *Quarterly Journal of Economics*, 1976, 90 (4): 629 – 649.

[176] Rubinstein A, Yaari M E. Repeated insurance contracts and moral hazard. *Journal of Economic Theory*, 1983, 30 (1): 74 – 97.

[177] Savage L J. *The foundations of statistics*. New York: Wiley, 1954: 95 – 111.

[178] Schlesinger H, Von der Schulenburg J M G. Search costs, switching costs and product heterogeneity in an insurance market. *Journal of Risk and Insurance*, 1991, 58 (1): 109 – 119.

[179] Schmidli H. Optimal proportional reinsurance policies in a dynamic setting. *Scandinavian Actuarial Journal*, 2001, 2001 (1): 55 – 68.

[180] Seog S H. Equilibrium price dispersion in the insurance market. *Journal of Risk and Insurance*, 2002, 69 (4): 517 – 536.

[181] Sheikh S, Syed A M, Shah S S A. Corporate reinsurance utilisation and capital structure: Evidence from Pakistan insurance industry. *The Geneva Papers on Risk and Insurance-Issues and Practice*, 2017, 43 (2): 1 – 35.

[182] Shen W W, Zeng Z G, Zou F. *A fractional-order chaotic circuit based on memristor and its generalized projective synchronization*. International Conference on Intelligent Computing. Springer International Publishing, 2014, 838 – 844.

[183] Shreve S E. Stochastic calculus for finance Ⅱ: Continuous time models. *Springer – Verlag*, 2007.

[184] Spinnewijn J. Insurance and perceptions: How to screen optimists and pessimists. *Economic Journal*, 2013, 123 (569): 606 – 633.

[185] Taksar M, Zeng X D. Optimal non-proportional reinsurance control

and stochastic differential games. *Insurance: Mathematics and Economics*, 2011, 48 (1): 64 –71.

[186] Taksar M I, Markussen C. Optimal dynamic reinsurance policies for large insurance portfolios. *Finance and Stochastics*, 2003, 7 (1): 97 –121.

[187] Thurow L C. The optimum lifetime distribution of consumption expenditures. *American Economic Review*, 1969, 59 (3): 324 –330.

[188] Topel R H. On layoffs and unemployment insurance. *American Economic Review*, 1983, 73 (4): 541 –559.

[189] Topel R H, Welch F. Unemployment insurance: Survey and extensions. *Economica*, 1980, 47 (187): 351 –379.

[190] Veprauskaite E, Adams M B. Leverage and reinsurance effects on loss reserves in the United Kingdom's property-casualty insurance industry. *Accounting and Business Research*, 2018, 48 (4): 373 –399.

[191] Verlaaka R, Beirlant J. Optimal reinsurance programs: An optimal combination of several reinsurance protections on a heterogeneous insurance portfolio. *Insurance: Mathematics and Economics*, 2003, 33 (2): 381 –403.

[192] Viceira L M. Optimal portfolio choice for long-horizon investors with nontradable labor income. *Journal of Finance*, 2001, 56 (2): 433 –470.

[193] Viscusi W K. Insurance and individual incentives in adaptive contexts. *Econometrica*, 1979, 47 (5): 1195 –1207.

[194] Von Neumann J, Morgenstern O. *Theory of games and economic behavior*. Princeton NJ: University Press Princeton, 1944: 2 –14.

[195] Watt R, Vazquez F J. Full insurance, Bayesian updated premiums, and adverse selection. *Geneva Papers on Risk and Insurance Theory*, 1997, 22 (2): 135 –150.

[196] Weiss N A. *A course in probability*. Academic Press, 2006.

[197] Yang H L, Zhang L H. Optimal investment for insurer with jump-diffusion risk process. *Insurance: Mathematics and Economics*, 2005, 37 (3): 615 –634.

[198] Yi B, Li Z F, Viens F G, et al. Robust optimal control for an insurer with reinsurance and investment under Heston's stochastic volatility model. *Insurance: Mathematics and Economics*, 2013, 53 (3): 601 –614.

[199] Yi B, Viens F, Li Z F, et al. Robust optimal strategies for an

insurer with reinsurance and investment under benchmark and mean-variance criteria. *Scandinavian Actuarial Journal*, 2015, 2015 (8): 725 – 751.

[200] Young V R, Zariphopoulou T. Pricing dynamic insurance risks using the principle of equivalent utility. *Scandinavian Actuarial Journal*, 2002, 2002 (4): 246 – 279.

[201] Zeng X D. A stochastic differential reinsurance game. *Journal of Applied Probability*, 2010, 47 (2): 335 – 349.

[202] Zeng Y, Li D P, Gu A L. Robust equilibrium reinsurance-investment strategy for a mean-variance insurer in a model with jumps. *Insurance: Mathematics and Economics*, 2016, 66: 138 – 152.

[203] Zeng Y, Li Z F. Optimal reinsurance-investment strategies for insurers under mean – CaR criteria. *Journal of Industrial and Management Optimization*, 2013, 8 (3): 673 – 690.

[204] Zeng Y, Li Z F, Lai Y Z. Time-consistent investment and reinsurance strategies for mean-variance insurers with jumps. *Insurance: Mathematics and Economics*, 2013, 52 (3): 498 – 507.

[205] Zhang Y Y, Li X H, Cheung K C. On heterogeneity in the individual model with both dependent claim occurrences and severities. *Astin Bulletin*, 2018, 48 (2): 817 – 839.

[206] Zhao H, Rong X M, Zhao Y G. Optimal excess-of-loss reinsurance and investment problem for an insurer with jump-diffusion risk process under the Heston model. *Insurance: Mathematics and Economics*, 2013, 53 (3): 504 – 514.

后　记

本书是在我博士学位论文研究的基础上，加之博士毕业后发表的一些相关论文整理、补充和完善而成。在此专著完成之际，心中感慨颇多，7年的硕博连读生涯对我的人生影响甚大，得到的不只是一张博士文凭，更在于所形成的研究思维和生活态度。回首这段时光，有成功的喜悦，也有失败的沮丧，所幸的是一路走来遇到了诸多的良师益友。在工作的这两年时间，我也得到了许多经验丰富的老师的指导。书稿得以完成，离不开他们的悉心指导和帮助！在此，感谢一路以来关心、支持和帮助我的老师，同学和家人！

首先，谨以最诚挚的敬意感谢我的博士生导师陈收教授。感谢您对我生活和学习的关心和帮助，为我提供优良的学习环境和科研条件。7年前我从数学专业转到现在的管理科学与工程专业，没有任何的经济学背景，是您耐心地指引我学会用经济学思维思考问题，注重研究背景和研究意义。在我的印象中您一直很忙，但您经常会利用吃饭和午休的时间来和大家讨论学术和经济前沿问题，这开阔了我的研究视野，提升了我的学术水平。从我开题，到小论文的每一次修改，再到毕业论文的撰写，您都给予悉心的指导，及时耐心地帮助我解决遇到的问题。您那循循善诱的教导方式和不拘一格的思路给了我无尽的启迪。您渊博的知识、严谨细致的治学态度、高度的责任心以及一丝不苟的工作作风深深影响着我，让我在学习和工作中时刻严格要求自己，不断追求上进。在前期的历练中我有了明确的研究方向，为我今后的科研工作奠定了坚实的基础。在书稿完成之际，谨向陈老师表示深深的敬意和衷心的感谢！

其次，我要衷心感谢我学术道路上的另一位恩师，硕士导师易泰山教授给予我的鼓励和指点！每次遇到困难想放弃的时候，我就会想起您是以怎样的态度来面对困难，谢谢您对我潜移默化的影响！另外，感谢南昌大学经济管理学院对青年教师本书出版给予的支持；感谢同事在工作和本书出版方面给予的建议和帮助。

再次，真诚感谢含辛茹苦培养我成长的爸爸妈妈，是你们在我二十余载的求学生涯中无私奉献、鼓励我、支持我；感谢姐姐和弟弟一直以来对我的关心、理解和支持；感谢老公对我科研工作提供的支持和帮助；感谢两个可爱宝宝给予了我家庭的温暖，再苦再累，只要回到家看到你们纯真的笑容，我会觉得一切都是值得的。亲人的鼓励和支持是我前进的动力源泉！

最后，我也要特别感谢经济科学出版社的编辑老师对本书的悉心指导和帮助！

胡杜妮

2020 年 7 月 3 日